Le droit d'auteur et les bibliothèques

Le droit d'auteur et les bibliothèques

sous la direction de
Yves Alix

avec la collaboration de
Emmanuel Pierrat

et de
Michèle Battisti, Françoise Danset, Anne-Sophie Étienne, Henri Gay, Anne Labalette, Nathalie Léman

préface de
Jean-Claude Zylberstein

Collection Bibliothèques | ÉDITIONS DU CERCLE DE LA LIBRAIRIE

Catalogage Electre-Bibliographie

Le droit d'auteur et les bibliothèques / dir. Yves Alix ; collab. Emmanuel Pierrat, Michèle Battisti, Françoise Danset et al. ; préf. Jean-Claude Zylberstein – Paris : Electre-Éditions du Cercle de la Librairie, 2000. – (Bibliothèques)
ISBN 2-7654-0785-1

Rameau :	droit d'auteur : pays de l'Union européenne droit d'auteur : droits de prêt au public bibliothèques : droit : pays de l'Union européenne
Dewey :	346.33 : Droit privé. Propriété artistique et littéraire. Droit d'auteur
Public concerné :	Professionnel, spécialiste

35, rue Grégoire-de-Tours – 75006 Paris
ISBN 2-7654-0785-1
ISSN 0184-0886

[...]
Puis un jour tout d'vint tranquille
On n'entendit plus d'java
Dans les champs et dans les villes
Savez-vous pourquoi ?

Parce que le Diable s'aperçut
qu'il n'touchait pas de droits d'auteur
Tout ça c'était d'l'argent foutu
Puisqu'il n'était même pas éditeur !

Charles Trenet,
La Java du Diable

Les Auteurs

Michèle Battisti est chargée de mission auprès de l'Association des professionnels de l'information et de la documentation (Adbs)

Françoise Danset, conservateur des bibliothèques, dirige la bibliothèque départementale de prêt des Bouches-du-Rhône

Anne-Sophie Étienne est chargée de mission à la Direction du livre et de la lecture

Henri Gay, conservateur des bibliothèques, dirige la bibliothèque Georges-Brassens à Paris

Anne Labalette est chargée de mission au service technique des bibliothèques de la Ville de Paris

Nathalie Léman est conservateur à la bibliothèque départementale du Pas-de-Calais

Maître Emmanuel Pierrat est avocat au barreau de Paris

Sommaire

Les notices du guide pratique ont été rédigées par Yves Alix et Anne Labalette, sauf : « Adav », « Artiste-interprète », « Consultation des phonogrammes et des vidéogrammes », « Copie privée des phonogrammes et des vidéogrammes », « Licence légale », « Phonogramme », « Rémunération équitable », « Sacem », « Spre », « Vidéogramme », rédigées par Nathalie Léman, « OMPI », par Anne-Sophie Étienne, « CFC » et « Reprographie », par Yves Alix et Henri Gay.

Dans l'ensemble de l'ouvrage,
la mention *Code de la propriété intellectuelle* est abrégée en CPI.

Pour tous les autres sigles et acronymes, la règle adoptée est de donner dans chaque article la forme développée lors de la première mention, la forme abrégée ensuite.

Préface

Je suis particulièrement heureux de l'opportunité qui m'est donnée, en préfaçant cet ouvrage, de dire tout le bien que je pense de l'effort pédagogique que représentent son édition et la diffusion qui s'ensuivra, la plus large possible je le souhaite.

En effet, ce livre me fournit l'occasion d'exprimer deux observations que j'estime tout à fait fondamentales et qui pourtant sont généralement passées sous silence.

La première tient à ce que, dans nos sociétés contemporaines et en particulier dans la société française, le droit est un savoir qui paraît devoir demeurer, faute de toute initiative contraire de la part de ses édiles ou de ses élites, un véritable secret, voire une sorte de trésor à protéger du plus grand nombre. De quoi faire se retourner Jules Ferry dans sa tombe.

La seconde tient aux conséquences dommageables de ma première observation. Car dans la mesure où, de même que la lecture, source de tout esprit critique, est un ressort fondamental de la démocratie, la connaissance du droit – qui emporte celle des droits des individus – est une condition nécessaire de l'état de citoyen, cette dernière notion s'opposant à celle de sujet, catégorie que – pour rejoindre ma première observation – nos politiques ont tendance à accepter un peu trop benoîtement.

C'est en vain que, par le passé, j'ai pu tenter avec quelques amis de faire passer ce message dans les colonnes d'un grand quotidien du soir. Pour paraphraser Jean Paulhan, je dirai que si ma voix est faible, je ne me lasserai pas de me répéter sur ce sujet grave.

Pour en venir à l'ouvrage que vous tenez entre vos mains, il m'apparaît donc éminemment satisfaisant et bienséant que l'ensemble des aspects juridiques liés à la propriété intellectuelle, dans le fonctionnement des bibliothèques, autour de la lecture et du livre, fassent l'objet de la synthèse très complète constituée par les travaux ici réunis, juridiques certes, mais clairs et accessibles au plus grand nombre

On appréciera tout particulièrement, dans la première partie, le fait que les dispositions du droit interne exposées avec un vrai souci de précision pédagogique par Emmanuel Pierrat soient complétées par l'étude d'Anne-Sophie Étienne sur les directives européennes et les traités Ompi qui situe la réglementation française dans un cadre international destiné à accompagner cette dernière, voire à y suppléer, et dont il faut se rappeler qu'il s'impose à nos cours et tribunaux.

Quant au guide pratique figurant dans la troisième partie de l'ouvrage, fruit d'un sérieux effort tout à la fois d'analyse et de synthèse, il mériterait à lui seul (compte tenu de son caractère remarquablement exhaustif et s'agissant, à mon humble avis, d'une sorte de tour de force pédagogique) une publication particulière qui lui permettrait d'être mis entre les mains de tous ceux qui abordent la sphère de ce que l'on nomme aujourd'hui les industries culturelles.

On appréciera enfin les réflexions et analyses consacrées aux thèmes abordés dans la seconde partie de l'ouvrage qui présentent un caractère d'actualité marqué, puisqu'aucun des sujets qui agitent aujourd'hui le monde de la propriété littéraire et artistique n'a été omis : de l'accès aux ressources électroniques (traité par Michèle Battisti avec une clarté exemplaire) à la reprographie en passant par l'étude de l'utilisation des documents sonores et audiovisuels, que la « convergence » annoncée rend indispensable au praticien contemporain de l'Internet.

J'ai gardé « pour la bonne bouche » l'article d'Yves Alix sur le droit de prêt. Après avoir situé la problématique dans son environnement juridique, il en dégage des conclusions auxquelles, en ma double qualité d'éditeur et de défenseur des droits d'auteur (ce n'est pas toujours incompatible, bien au contraire), je ne puis qu'adhérer.

Il ne me reste qu'à souhaiter au présent ouvrage le vif succès qu'il mérite : du droit pour tous, c'est une aubaine à saisir !

Jean-Claude ZYLBERSTEIN,
avocat à la cour d'appel de Paris.

Introduction

Les bibliothèques face au droit d'auteur

Les organismes documentaires, bibliothèques et médiathèques, centres de documentation, services d'archives, etc., collectent, conservent et communiquent au public, sous des formes multiples et en évolution constante, des documents de toute nature protégés au titre de la propriété intellectuelle, c'est-à-dire du droit d'auteur et des droits voisins. Cette protection est ancienne (au moins en ce qui regarde les auteurs) et très élevée. Cependant, jusqu'à ces dernières années, elle ne semblait pas faire obstacle à l'exercice par les bibliothèques de leurs missions fondamentales. La situation est pourtant en train de changer radicalement, en France comme ailleurs, sous la pression conjuguée de plusieurs facteurs. D'une part, l'évolution très rapide des modes de diffusion des œuvres de toute nature entraîne inéluctablement une remise en cause des garanties comme des modalités de la protection accordée aux titulaires de droit et de l'exploitation de leurs œuvres. D'autre part, les possibilités d'accès et de transmission à distance, la circulation internationale de la documentation et de l'information, la dématérialisation des supports contraignent les pouvoirs publics aussi bien que les titulaires de droit à rechercher une harmonisation des législations et des mécanismes de protection au plan international. Enfin, le développement des bibliothèques publiques et l'extension de leurs services suscitent chez les titulaires de droit des inquiétudes quant à la garantie de bonne exploitation économique des œuvres. Dans un tel contexte, les bibliothèques peuvent d'autant moins rester à l'écart du débat et des évolutions en cours, qu'elles ne sont plus considérées par les producteurs de l'information comme un canal négligeable ou non concurrentiel de sa diffusion, et qu'elles font donc désormais partie des enjeux. Le droit d'auteur est aujourd'hui devenu, pour reprendre la terminologie courante, une question « incontournable » pour les bibliothèques.

1. La situation en France avant l'« explosion documentaire »

La protection des œuvres instituée par la loi est ancienne, avons-nous dit. Elle remonte, quant à ses principes essentiels, au moins à la Révolution française. Durant tout le XIXe siècle et la première moitié du XXe, les bibliothèques publiques, essentiellement vouées à la conservation du patrimoine et à l'étude, ont pérennisé, quant à la communication des œuvres, un usage institutionnel qui ne portait pas atteinte à cette protection. Respectant le droit moral (droit au respect de l'œuvre et de son auteur, droit de divulgation), les grandes institutions patrimoniales réservaient l'accès des œuvres à la communauté des chercheurs et n'en faisaient pas d'exploitation. Quant aux établissements universitaires, au moins jusqu'après la Deuxième Guerre mondiale, ils s'adressent à un public très limité en nombre, et sont confrontés à la faiblesse de leurs moyens. Du côté des bibliothèques publiques, l'intervalle écoulé entre l'adoption de deux lois fondamentales relatives à la propriété intellectuelle, celle de 1957 et celle de 1985, encadre assez bien la période où, émergeant d'une longue faiblesse, la lecture publique se développe enfin et devient un enjeu culturel – faire lire, relayer l'école – et social – accès de tous à l'information et démocratisation du savoir[1]. Cet élan se conjugue avec une situation de croissance démographique et économique favorable au développement de l'éducation et à la diffusion à grande échelle des produits culturels.

2. Progrès techniques et diffusion de masse

Plusieurs phénomènes peuvent être pris en compte pour caractériser dans cette période l'évolution des pratiques des bibliothèques dans l'utilisation des œuvres.

L'université, en accueillant un nombre toujours croissant d'étudiants, a dû faire face à une véritable explosion des besoins documentaires. Jusqu'à la fin des années 1980, elle n'a pu, faute de moyens, maintenir ses acquisitions au niveau nécessaire. S'est développée alors, largement facilitée par le progrès et la baisse du coût des matériels de reproduction, la pratique massive de la *photocopie*, des livres comme des périodiques. Cette pratique, étendue à l'enseignement secondaire, a contaminé aussi largement l'enseignement musical.

Le développement tardif mais spectaculaire de la lecture publique a entraîné une montée du *prêt* des œuvres (livres, revues, disques et cassettes puis supports vidéo), pratique qui, passé un certain seuil, à la fin des années 1980, s'est révélée problématique, aux yeux de certains tout au moins, en ce qui regarde la protection des auteurs. Il faut souligner en outre que, pour les documents sonores et audiovisuels, dont les producteurs ont accédé à la protection par la propriété intellectuelle en 1985, le prêt s'est révélé un facteur de facilitation de la copie à grande échelle. La copie sur cassette audio vierge et celle sur cassette vidéo[2] sont aujourd'hui relayées par les possibilités des graveurs de supports optiques numériques, qui font courir à l'édition musicale des dangers manifestes.

1. Consulter Martine Poulain (dir.), *Histoire des bibliothèques françaises*, t. IV : *Les bibliothèques au XXe siècle*, Promodis-Éd. du Cercle de la Librairie, 1992 et Anne-Marie Bertrand, *Les Villes et leurs bibliothèques : légitimer et décider, 1945-1985*, Éd. du Cercle de la Librairie, coll. « Bibliothèques », 1999.
2. Cette dernière, très répandue en ce qui concerne la fixation des programmes télévisés, est restée marginale dans son aspect duplication (copie d'une cassette vidéo éditée sur un support vierge).

Relayant les techniques de stockage et reproduction par microfiche et microfilm, la *numérisation* ouvre aujourd'hui des perspectives très encourageantes pour la conservation des textes et des documents, le stockage des informations et l'accès rapide aux sources et aux réservoirs documentaires. Conjuguée aux possibilités d'accès à distance quasi illimitées données par Internet, la numérisation constitue dans la sphère documentaire un progrès technique décisif, derrière lequel se profile aussi la dématérialisation progressive de l'information. Mais la numérisation d'un texte, d'une image ou d'une séquence sonore sont des reproductions qui, dès lors que les œuvres utilisées sont encore protégées au titre de la propriété intellectuelle ou du copyright, sont soumises à des règles contraignantes. Plus encore qu'avec les progrès antérieurs, on constate ici avec quelle force et quelle extraordinaire rapidité les avancées techniques bousculent les protections mises en place par la loi, créant d'incessantes « failles » juridiques – un abîme toujours plus profond entre les principes de la propriété intellectuelle et la pratique quotidienne des utilisateurs privés ou publics.

3. L'impossible maîtrise de la diffusion des œuvres

Du côté des éditeurs et des producteurs, l'évolution qui se dessine parallèlement à celle vécue par les utilisateurs, illustre clairement l'antinomie entre des règles d'usage implicites qu'elles voudraient voir respecter et l'usage réel des œuvres. La crise de l'édition de sciences humaines en fournit un bon exemple. L'augmentation du coût des ouvrages, la baisse des tirages et une très faible rentabilité obligent les éditeurs à pratiquer des prix de plus en plus élevés. Le « photocopillage » massif devient alors la réponse attendue de la part des consommateurs, et conduit à aggraver encore la situation. Mais on pourrait citer aussi l'édition de littérature générale, confrontée à une stagnation des ventes, et qui voit nécessairement dans l'explosion des prêts en bibliothèque une des raisons de ses difficultés. Plus généralement, les perspectives immédiates font craindre à tous ceux qui produisent et diffusent les œuvres une perte irrémédiable de la maîtrise économique de leur circulation. Cela est particulièrement vrai, naturellement, en ce qui concerne l'information et la documentation électroniques, dans tous les domaines et surtout les plus sensibles : musique, image, sciences. La seule parade semble bien être, pour conserver cette maîtrise, de retenir l'information à la source et d'en faire payer le prix dès son émission. On peut en voir une expression éloquente dans le domaine musical, où les producteurs défendent le droit exclusif d'autoriser et le principe d'une juste rémunération, contre les dispositifs de licence légale qui les privent, précisément, des moyens de maîtriser la diffusion des œuvres.

À cet égard, on constate aussi une évolution rapide de certains concepts, que les producteurs d'information souhaitent voir redéfinir d'une manière toujours plus restrictive : ainsi de la notion anglo-saxonne de *fair use* ou de la reproduction (suppression de l'exception pour copie privée par un projet de directive européenne en cours d'élaboration), pour n'en citer que deux. D'autre part, la revendication du droit exclusif tend également à faire privilégier par les producteurs le cadre contractuel sur la gestion collective. Cette tendance, manifeste dans le domaine des documents numériques, fait peser sur les utilisateurs la menace d'un renchérissement considérable – et impossible à maîtriser – des coûts d'utilisation.

4. Les bibliothèques confrontées au droit d'auteur

Si les grandes institutions comme la Bibliothèque nationale de France, qui doivent manifester dans le cadre de leur mission patrimoniale et scientifique une exigence constante d'équilibre entre le respect des œuvres et la diffusion du savoir, entretiennent une « veille » juridique constante, si les bibliothécaires spécialisés et les documentalistes, confrontés les premiers au transfert de l'information sur les documents électroniques, ont pris conscience très tôt de la nécessité de s'intéresser au statut des œuvres, force est de reconnaître que la situation dans la grande majorité des bibliothèques, et singulièrement dans les bibliothèques de lecture publique, est dans l'ensemble désastreuse. La formation initiale ou continue des professionnels des bibliothèques ignore presque complètement la propriété intellectuelle. La plupart des bibliothécaires manifestent une grave ignorance de leurs devoirs et de leurs droits en la matière.

Hormis quelques juristes ou quelques curieux, les bibliothécaires ne s'intéressent pas au droit d'auteur, croyant qu'il ne les concerne pas. En lecture publique en particulier, si l'on en juge par exemple par les interventions spontanées qu'on peut lire sur la liste de diffusion biblio.fr, à la confusion des notions élémentaires se mêle une grande ignorance des principes fondateurs (le droit d'auteur), des règles en vigueur (le Code de la propriété intellectuelle) et des mécanismes contractuels d'autorisation et de rémunération. Cette ignorance bien partagée, conséquence le plus souvent des lacunes de la formation et d'une indifférence coupable des tutelles, est d'autant plus regrettable que, de plus en plus, les bibliothécaires prennent conscience parallèlement de la nécessité impérieuse pour eux de s'inscrire dans le schéma général de l'économie de l'information, dont la propriété intellectuelle est un des aspects essentiels.

Le constat est-il caricatural ? Sans doute. Qu'on veuille bien cependant y voir, plutôt qu'une mise en cause, l'appel à une prise de conscience. C'est en effet dans la seule mesure où les bibliothécaires auront une connaissance claire et exacte du statut des œuvres qu'ils mettent à la disposition du public qu'ils pourront efficacement participer à l'élaboration de règles d'utilisation satisfaisantes de ces œuvres.

5. Le droit d'auteur dans les bibliothèques : enjeux et défis

L'ambition de cet ouvrage est précisément d'apporter à la communauté des bibliothécaires une synthèse des connaissances essentielles et des éléments d'appréciation susceptibles de les aider à clarifier leurs relations avec les titulaires de droits sur les œuvres.

Pour les bibliothèques, l'enjeu essentiel, dans ce domaine, est de garantir à tous les citoyens l'accès aux sources d'information et à la documentation, et de contribuer à l'action culturelle démocratique. Le respect nécessaire du droit d'auteur doit donc se faire dans des conditions qui n'entravent pas l'exercice de ces missions. La réalisation d'un tel enjeu suppose de relever un défi que les débats récents sur la reprographie ou le droit de prêt ont permis de mieux cerner : le service public, non commercial, doit être compris dans toutes ses dimensions et sa nécessité reconnue par les éditeurs et producteurs, et dans cette tâche les bibliothécaires sont les mieux à même de faire constater l'intérêt essentiel pour tous, auteurs, éditeurs, utilisateurs, de leur mission spécifique. L'objectif est de faire accepter une approche renouvelée des relations entre d'une part ceux qui produisent les œuvres et d'autre part ceux qui en assurent la diffusion institutionnelle, pour le bénéfice de toutes les catégories d'utilisateurs.

Dans cette perspective, le livre a été structuré en trois parties complémentaires.

La première propose, à l'intention des non-juristes, une approche d'ensemble de la propriété littéraire et artistique, sous la forme d'un « panorama général » qu'a bien voulu brosser pour nous Me Emmanuel Pierrat. Cette synthèse du Code de la propriété intellectuelle est complétée par une approche de la question dans sa dimension communautaire, avec la présentation des directives européennes et de leurs complexes mécanismes de transposition dans le droit national.

La deuxième partie présente la situation des œuvres dans les bibliothèques, au regard des principes et des règles exposés dans la synthèse de la première partie. Quatre aspects principaux ont été retenus : la reprographie, les documents numériques, le droit de prêt, la situation spécifique des documents sonores et audiovisuels.

L'action des professionnels des bibliothèques et de la documentation dans les instances nationales et internationales fait l'objet d'un développement particulier.

La troisième partie offre, au lecteur désireux de trouver rapidement une information ou la réponse à une question précise, un guide pratique sous la forme d'un répertoire alphabétique. Des renvois multiples permettent de compléter l'information immédiate par la consultation de la synthèse juridique de la première partie ou des développements spécifiques de la deuxième partie. Bien entendu, le recours à un guide de ce type entraîne nécessairement des répétitions et des redites, mais nous pensons que l'utilisation de l'ouvrage par les lecteurs en sera ainsi facilitée.

Avec ses défauts inévitables, cette première édition du *Droit d'auteur et les bibliothèques* rendra, nous l'espérons, des services utiles à tous les professionnels. Si ce livre peut contribuer en outre à faire avancer les idées et à combattre les préjugés des uns et des autres, il aura atteint tous ses objectifs. Je remercie tous les collaborateurs qui ont soutenu cette ambition d'avoir accepté de faire bénéficier de leur expertise un projet qui, c'est en tout cas notre espoir, vient à son heure.

Yves ALIX

Première partie

Approche du cadre législatif et réglementaire

I. Panorama général du droit de la propriété littéraire et artistique

L'analyse qui va suivre ne veut pas être une exégèse savante de toutes les règles, parfois très complexes ou techniques, afférentes au droit d'auteur. Il s'agit plus d'une présentation générale, parfois détaillée, de l'ensemble de la matière, de ses principes et de l'esprit qui les régissent, aux termes des textes officiels et de leur application jurisprudentielle. Le lecteur qui cherche des informations plus spécifiques se reportera donc ensuite aux chapitres qui développent nombre des questions intéressant le plus les bibliothèques.

1. Les sources du droit d'auteur

Les sources historiques

Il existe de multiples théories juridiques élaborées par les spécialistes afin de déterminer la nature exacte du droit d'auteur. Chacun s'accorde cependant à reconnaître que c'est à partir de 1777 que les auteurs eux-mêmes ont pu bénéficier de privilèges tels que ceux qui étaient d'ores et déjà accordés aux éditeurs ; mais ce sont deux lois, votées en 1791 et 1793, qui assoiront définitivement l'émergence de ce qu'il est aujourd'hui convenu d'appeler la conception française du droit d'auteur. La protection des œuvres est alors toutefois conditionnée à un dépôt auprès de la Bibliothèque nationale.

Ce socle législatif issu de la Révolution ne connaîtra que de légères modifications jusqu'à la moitié du XXe siècle, puisque seule une dizaine de nouveaux textes viendront peu ou prou s'y greffer : protection accordée aux œuvres dramatiques, abandon de la formalité de dépôt, prorogations de la durée des droits pour tenir compte des deux guerres mondiales, etc. Un bref décret isolé du 20 février 1809 – officiellement toujours en vigueur mais oublié depuis fort longtemps – concerne « la reproduction des manuscrits des archives des bibliothèques et autres établissements publics ».

La loi de 1957

L'adhésion de la France aux grandes conventions internationales sur la propriété littéraire et artistique ainsi que l'apparition de nouveaux modes d'exploitation des œuvres inciteront le législateur à voter, le 11 mars 1957, un texte entièrement remanié. Celui-ci ne s'éloigne cependant pas des principes posés par les lois révolutionnaires et viendra essentiellement transposer en droit positif les décisions jurisprudentielles – forgeant, par exemple, la notion de droit moral – qui avaient complété le laconisme ou l'obsolescence de la législation précédente.

La loi du 3 juillet 1985, intégrée à celle de 1957, a pris tardivement en compte l'importance de l'audiovisuel et a permis la reconnaissance, dans les textes législatifs, des droits dits voisins, au profit des artistes-interprètes, c'est-à-dire des comédiens et musiciens, qui ne sont pas, à strictement parler, des auteurs.

Le Code de la propriété intellectuelle

Le Code de la propriété intellectuelle (CPI), voté par le Parlement le 1er juillet 1992, a essentiellement permis, pour ce qui concerne le droit de la propriété littéraire et artistique, de réorganiser l'articulation des dispositions issues des lois de 1957 et de 1985.

Depuis son adoption, le CPI a déjà connu plusieurs modifications. C'est ainsi que la loi du 5 février 1994 a étendu les moyens d'action des douanes en matière de contrefaçon. Les lois des 18 décembre 1996 et 1er juillet 1998 ont mis en place un nouveau droit propre aux bases de données. La durée légale des droits d'auteur a été notamment modifiée, par une loi du 27 mars 1997, afin de prendre en compte les prorogations prévues par une directive communautaire.

Les bibliothèques auront pour leur part connu, en premier lieu, la loi du 3 janvier 1995 relative à la gestion collective du droit de reproduction par reprographie, suivie du décret du 14 avril 1995 et de l'arrêté du 7 avril 1997, qui ont véritablement servi d'acte fondateur au Centre français du droit de copie[1].

L'influence communautaire et internationale

Parallèlement aux initiatives nationales, le droit de la propriété littéraire et artistique français est aujourd'hui soumis à de nombreuses influences internationales. C'est ainsi que la France est adhérente à la convention de Berne, qui reste la convention la plus représentative dans le monde en matière de propriété littéraire et artistique et a prévu depuis 1996 un additif propre au multimédia. Elle a également ratifié la Convention dite universelle sur le droit d'auteur et les conventions de Rome et de Genève sur les droits voisins. Parallèlement à ces textes incontournables, de multiples traités bilatéraux ou multilatéraux abordent le droit d'auteur. Par exemple, la France est liée par le traité de Montevideo – dont sont

1. Voir *infra*, « Les copies privées ».

signataires cinq États d'Amérique du Sud et quatre pays européens – qui ne présente plus d'intérêt particulier puisque ses membres sont tous adhérents de la Convention de Berne, tout aussi protectrice. Quant à l'arrangement de Vienne relatif à la typographie, il n'est toujours pas entré en vigueur.

D'autre part, la France a adopté, le 8 juillet 1964, une loi portant sur la réciprocité des droits en matière de propriété littéraire et artistique. L'article L. 111-4 du CPI précise à cet effet :

« Sous réserve des dispositions des conventions internationales auxquelles la France est partie, dans le cas où, après consultation du ministre des Affaires étrangères, il est constaté qu'un État n'assure pas aux œuvres divulguées pour la première fois en France sous quelque forme que ce soit une protection suffisante et efficace, les œuvres divulguées pour la première fois sur le territoire de cet État ne bénéficient pas de la protection reconnue en matière de droit d'auteur par la législation française.

« Toutefois, aucune atteinte ne peut être portée à l'intégrité ni à la paternité de ces œuvres.

« Dans l'hypothèse prévue à l'alinéa 1er ci-dessus, les droits d'auteur sont versés à des organismes d'intérêt général désignés par décret. »

Le Gatt[1] a abordé les questions de propriété intellectuelle sous un angle transnational.

L'influence communautaire s'est déjà fait sentir par des modifications importantes apportées au droit national. Plusieurs directives communautaires ou projets de directives, dont la directive du 19 novembre 1992 relative au droit de prêt ou le projet plus récent portant sur la société de l'information, doivent encore être à moyen terme transposées ou appliquées en droit interne et sont au centre de vives discussions.

Quant au multimédia, il est aussi l'objet de nombreux commentaires, notamment de portée internationale, tant de la part des spécialistes du droit d'auteur, des professionnels concernés que des autorités. Mais pour l'heure, le législateur français comme le gouvernement se sont essentiellement contentés d'observer, et seule la jurisprudence a concrètement commencé à appréhender cette nouvelle donne juridique dans ses aspects liés au droit d'auteur[2].

On l'aura donc compris : le droit français de la propriété littéraire et artistique est le fruit d'une délicate alchimie. Sont à prendre en considération aussi bien un ensemble lacunaire de textes législatifs, aujourd'hui codifiés, qu'une intervention de plus en plus forte des textes internationaux, en particulier issus de Bruxelles, que des éclaircissements régulièrement apportés par les décisions de justice, tant françaises que communautaires.

1. General Agreement on Tariffs and Trade (Accord général sur les tarifs douaniers et le commerce).
2. Voir *infra*, « Les nouvelles technologies ».

2. Ce qui est protégé par le droit d'auteur

La quasi-totalité des œuvres qui constituent les collections des bibliothèques, centres de documentation et autres médiathèques sont protégeables par le droit d'auteur. Les règles du droit de la propriété littéraire et artistique français permettent en effet de protéger une large part des créations.

L'absence totale de formalités en droit français

Le droit d'auteur français repose aujourd'hui sur un système qui refuse de lier la protection de l'œuvre à l'accomplissement d'une quelconque formalité. L'article L. 111-2 du CPI dispose à cet égard que « l'œuvre est réputée créée, indépendamment de toute divulgation publique, du seul fait de la réalisation, même inachevée, de la conception de l'auteur ».

Il s'agit là d'un régime différent de celui qui a prévalu originellement en France ou de celui qui continue d'être en vigueur dans certaines législations étrangères. De même, le droit d'auteur ne doit donc pas être confondu avec d'autres branches du droit de la propriété intellectuelle (marques, brevets, dessins et modèles, etc.), qui imposent l'accomplissement de formalités de protection.

Le dépôt de l'œuvre auprès d'une société de gestion collective (telle que la Sacem[1]) n'est en rien constitutif en tant que tel de droits de propriété littéraire et artistique ; il permet en revanche de prouver efficacement l'antériorité d'une création.

Les critères de protection

Deux conditions classiques subsistent cependant pour qu'une œuvre de l'esprit puisse être considérée comme protégée en droit français.

Une création de forme

L'œuvre doit en premier lieu se matérialiser en « une création de forme ». Ce qui signifie qu'elle ne peut pas rester à l'état de projet évanescent mais doit bel et bien être concrétisée pour être protégée. *A contrario*, les simples idées sont exclues du champ de la protection : Il est du reste habituel de dire qu'elles « sont de libre parcours ».

Par exemple, l'idée d'un *Annuaire des auteurs à correspondance abondante* n'est pas protégeable, mais sa mise en forme (style rédactionnel, présentation, etc.), peut être couverte par le droit d'auteur. D'autres techniques juridiques – telles que la concurrence déloyale, les clauses de confidentialité... – peuvent cependant parfois pallier plus ou moins efficacement une absence de protection par la propriété intellectuelle.

---

1. Voir *infra*, « Sociétés de perception et de répartition ».

La nécessaire originalité

L'œuvre doit également porter la trace d'une originalité pour bénéficier du régime du droit d'auteur.

Cette notion d'originalité n'est pas objective et demeure difficile à définir. Il est d'usage en justice de chercher si l'œuvre porte « l'empreinte de la personnalité » de son auteur, en bref, de déterminer s'il a opéré de véritables choix. On doit ainsi se demander si, par exemple, la technique utilisée, le format ou encore les couleurs, ont été en quelque sorte imposés à l'artiste ou sont issus d'un véritable choix qui lui est propre. Les tribunaux se rattachent à certaines données, en fonction du genre de l'œuvre, pour apprécier son originalité : en musique, il est ainsi fait appel aux notions de rythme, d'harmonie et de mélodie. Si un seul de ces éléments est original, l'œuvre est alors considérée comme protégée.

L'originalité ne doit toutefois pas être confondue avec la nouveauté : il est en effet possible de créer une œuvre originale sans qu'elle soit par ailleurs nouvelle, en traitant sous un angle personnel un thème préexistant.

L'exclusion des autres critères

L'article L. 112-1 du CPI rappelle que « les dispositions du présent code protègent les droits des auteurs sur toutes les œuvres de l'esprit, quels que soient le genre, la forme d'expression, le mérite ou la destination ». La loi souligne donc expressément que le genre (pornographique, humoristique, etc.), la forme d'expression (orale, écrite, etc.), le mérite (bon, nul, etc.) ou encore la destination (administrative, pratique, esthétique, etc.) de l'œuvre ne doivent pas être retenus pour l'appréciation de sa protection.

En clair, seules les notions d'originalité et de « création de forme » sont à prendre en compte. Cela revient aujourd'hui en pratique, au vu de la jurisprudence toujours plus extensive en la matière, à accorder une protection à une part extrêmement importante de la création.

Tableau non exhaustif des œuvres protégeables

Fort des critères décrits ci-avant, il est possible d'élaborer un tableau des œuvres protégeables en parcourant rapidement les textes du CPI. Il faut toutefois garder à l'esprit que les listes élaborées par le législateur ne sont pas exhaustives et sont l'objet d'accroissements réguliers dus à la jurisprudence.

La liste indicative donnée par la loi

L'article L. 112-2 dispose :

« Sont considérés notamment comme œuvres de l'esprit au sens du présent code :

« 1° Les livres, brochures et autres écrits littéraires, artistiques et scientifiques ;

« 2° Les conférences, allocutions, sermons, plaidoiries et autres œuvres de même nature ;

« 3° Les œuvres dramatiques ou dramatico-musicales ;

« 4° Les œuvres chorégraphiques, les numéros et tours de cirque, les pantomimes, dont la mise en œuvre est fixée par écrit ou autrement ;

« 5° Les compositions musicales avec ou sans paroles ;

« 6° Les œuvres cinématographiques et autres œuvres consistant dans les séquences animées d'images, sonorisées ou non, dénommées ensemble œuvres audiovisuelles ;

« 7° Les œuvres de dessin, de peinture, d'architecture, de sculpture, de gravure, de lithographie ;

« 8° Les œuvres graphiques et typographiques ;

« 9° Les œuvres photographiques et celles réalisées à l'aide de techniques analogues à la photographie ;

« 10° Les œuvres des arts appliqués ;

« 11° Les illustrations, les cartes géographiques ;

« 12° Les plans, croquis et ouvrages relatifs à la géographie, à la topographie, à l'architecture et aux sciences ;

« 13° Les logiciels, y compris le matériel de conception préparatoire ;

« 14° Les créations des industries saisonnières de l'habillement et de la parure. Sont réputées industries saisonnières de l'habillement et de la parure les industries qui, en raison, des exigences de la mode, renouvellent fréquemment la forme de leurs produits, et notamment la couture, la fourrure, la lingerie, la broderie, la mode, la chaussure, la ganterie, la maroquinerie, la fabrique de tissus de haute nouveauté ou spéciaux à la haute couture, les productions des paruriers et des bottiers et les fabriques de tissus d'ameublement. »

L'application par la jurisprudence

L'examen de la jurisprudence permet d'affiner quelque peu une telle énumération des œuvres admises à bénéficier du régime du droit d'auteur.

Tous les écrits (littéraires, scientifiques, artistiques, etc.) sont protégeables. Cela peut inclure, selon les tribunaux, aussi bien un roman qu'une fiche de cuisine, une histoire drôle, tout comme des articles de presse (s'ils sont formalisés autrement qu'en une simple information brute en style télégraphique), des interviews, des lettres, etc.

Les noms de personnages, et parfois leurs traits de caractère, sont potentiellement protégés : les juges se sont déjà penchés favorablement, par exemple, sur le cas de Tarzan.

Les œuvres orales, telles que les discours, plaidoiries et autres cours sont depuis longtemps admis à protection, à l'instar des œuvres dramatiques, y compris des simples sketches. Quant aux œuvres chorégraphiques, aux tours de cirque, aux pantomimes, ils sont également à inscrire sans conteste au rang des créations susceptibles de bénéficier des droits liés à la propriété littéraire et artistique.

Si les compositions musicales sont bien évidemment concernées, les œuvres audiovisuelles (films de cinéma, émissions de télévision, jeux vidéo, etc.) ont peu à peu été adjointes à cette liste. Les avancées technologiques ont permis d'y incorporer depuis de nombreuses années les logiciels.

Les textes légaux visent aussi depuis longtemps les dessins, peintures, sculptures, gravures, cartes géographiques, etc. Ils mentionnent de même les œuvres d'architecture, tant en ce qui concerne les plans que pour la réalisation finale. Les œuvres typographiques (polices de caractères, composition...) ne sont pas en reste. Pour leur part, les photographies sont en quasi-totalité admises à protection depuis 1985.

La protection s'étend également aux œuvres des arts appliqués (le design, par exemple) ou de la mode. Les juges s'interrogent à l'heure actuelle sur le sort des coiffures et parfums.

Les œuvres dérivées

Le droit de la propriété littéraire et artistique a élaboré une catégorie particulière de créations de l'esprit admises à protection, désignées sous le nom d'« œuvres dérivées » : ce sont par exemple les traductions, les adaptations, les anthologies, mais aussi certaines œuvres multimédias et bases de données.

L'article L. 112-3 du CPI précise à cet égard : « Les auteurs de traductions, d'adaptations, transformations ou arrangements des œuvres de l'esprit jouissent de la protection instituée par le présent code sans préjudice des droits de l'auteur de l'œuvre originale. Il en est de même des auteurs d'anthologies ou recueils d'œuvres ou de données diverses qui, par le choix et la disposition des matières, constituent des créations intellectuelles. »

Il existe alors un double niveau de protection, puisque l'œuvre d'origine est protégeable en tant que telle et que l'œuvre dérivée l'est également. La doctrine la plus autorisée en matière de droit de la propriété littéraire et artistique s'interroge à l'heure actuelle sur la possibilité de reconnaître un tel droit au profit des initiateurs de collections. Cette hypothèse n'a pas encore été véritablement confirmée par la jurisprudence.

Les titres

Les titres font l'objet de dispositions propres. Aux termes de l'article L. 112-4 du CPI, « le titre d'une œuvre de l'esprit, dès lors qu'il présente un caractère original, est protégé comme l'œuvre elle-même. Nul ne peut, même si l'œuvre n'est plus protégée [...], utiliser ce titre pour individualiser une œuvre du même genre, dans des conditions susceptibles de provoquer une confusion. »

Les titres sont donc protégeables indépendamment de la protection de l'œuvre qu'ils désignent. D'autre part, la loi prévoit expressément leur protection par la concurrence déloyale quand ils ne sont pas protégés par le droit d'auteur, par exemple pour défaut d'originalité.

3. Les droits accordés par la propriété littéraire et artistique

Le droit français de la propriété littéraire et artistique accorde aux créateurs d'œuvres protégées deux droits de nature très différente. L'article L. 111-1 du CPI dispose en effet que « l'auteur d'une œuvre de l'esprit jouit sur cette œuvre, du seul fait de sa création, d'un droit de propriété incorporelle, exclusif et opposable à tous. Ce droit comporte des attributs d'ordre intellectuel et moral ainsi que des attributs d'ordre patrimonial ».

Les droits patrimoniaux

L'auteur est notamment bénéficiaire de droits dits patrimoniaux. Il s'agit là d'une sorte de monopole d'exploitation, qui lui permet de s'opposer à toute utilisation de son œuvre sans autorisation et, *a fortiori*, sans rémunération. L'article L. 122-4 du CPI prévient notamment que « toute représentation ou reproduction intégrale ou partielle faite sans le consentement de l'auteur ou de ses ayants droit ou ayants cause est illicite. Il en est de même pour la traduction, l'adaptation ou la transformation, l'arrangement ou la reproduction par un art ou un procédé quelconque. »

C'est en ce sens que l'article L. 122-1 du CPI dispose que « le droit d'exploitation appartenant à l'auteur comprend le droit de représentation et le droit de reproduction[1] ».

Le droit de reproduction

Le droit de reproduction concerne, aux termes de l'article L. 122-3 du CPI, la « fixation matérielle de l'œuvre par tous procédés qui permettent de la communiquer au public d'une manière indirecte ». Et il précise que la reproduction « peut s'effectuer notamment par imprimerie, dessin, gravure, photographie, moulage et tout procédé des arts graphiques et plastiques, enregistrement mécanique, cinématographique ou magnétique. Pour les œuvres d'architecture, la reproduction consiste également dans l'exécution répétée d'un plan ou d'un projet type ».

En clair, la fabrication d'un disque, d'un livre, d'une cassette audio ou vidéo, d'un journal ou encore d'un cédérom mettent en jeu le droit de reproduction.

Le droit de représentation

Quant au droit de représentation, il vise, selon l'article L. 122-2 du CPI, « la communication de l'œuvre au public par un procédé quelconque, et notamment :

« 1° Par récitation publique, exécution lyrique, représentation dramatique, pré-

1. La loi mentionne expressément et essentiellement, au titre de ces droits patrimoniaux, le droit de reproduction et le droit de représentation ; mais il existe également un droit de suite, qui permet aux auteurs d'œuvres d'art de percevoir un pourcentage du prix de vente de leurs œuvres aux enchères.

sentation publique, projection publique et transmission dans un lieu public de l'œuvre télédiffusée ;

« 2° Par télédiffusion.

« La télédiffusion s'entend de la diffusion par tout procédé de télécommunication de sons, d'images, de documents, de données et de messages de toute nature.

« Est assimilée à une représentation l'émission d'une œuvre vers un satellite. »

La représentation, dans son acception juridique, désigne donc un spectacle vivant, une projection cinématographique, une télédiffusion, une consultation sur un réseau...

Une distinction en voie d'obsolescence mais toujours impérative

On peut encore tenter d'appréhender les notions de reproduction et de représentation en assimilant l'une aux supports matériels et l'autre aux exploitations évanescentes.

La distinction entre droit de reproduction et droit de représentation peut sembler obsolète à l'heure des nouvelles technologies. Ces deux termes sont cependant toujours expressément présents dans le CPI, qui précise même que la cession de l'un de ces droits n'emporte en aucun cas celle de l'autre[1].

Il est donc toujours habituel, voire nécessaire, de se référer à ces deux expressions dans tout contrat relatif à des droits d'auteur.

Les droits patrimoniaux sont en effet cessibles et à ce titre peuvent faire l'objet de contrats, ce qui les distingue des droits dits moraux[2]. L'article L. 123-1 du CPI précise même : « l'auteur jouit, sa vie durant, du droit exclusif d'exploiter son œuvre sous quelque forme que ce soit et d'en tirer un profit pécuniaire. Au décès de l'auteur, ce droit persiste au bénéfice de ses ayants droit pendant l'année civile en cours et les soixante-dix années qui suivent. » Les droits patrimoniaux se caractérisent donc également par leur limitation dans le temps : ils ne peuvent plus être exercés lorsque l'œuvre « tombe dans le domaine public ». Chacun peut alors l'exploiter librement, sans avoir à solliciter d'autorisation ni à verser de rémunération, sous réserve toutefois de toujours respecter les droits moraux.

Les droits moraux

Parallèlement à des droits patrimoniaux, le CPI accorde donc à l'auteur des droits dits moraux, qui sont au nombre de quatre.

Le droit de divulgation

L'article L. 121-2 du CPI dispose que « l'auteur a seul le droit de divulguer son œuvre. [...] Il détermine le procédé de divulgation et fixe les conditions de celle-ci ».

1. Voir *infra*, « Les contrats ».
2. Voir *infra*, « Les droits moraux ».

C'est ainsi que tout créateur possède un droit dit de divulgation, qui lui permet de déterminer seul la partie de sa production digne d'être livrée au public. Il peut en effet estimer que telle toile ne peut être exposée, que tel manuscrit est impubliable, que telle correspondance doit rester secrète, etc.

Personne ne peut se substituer à l'auteur (ou, après son décès, à ses ayants droit) pour décider à sa place d'exercer ce droit. Il est donc strictement impossible de se dispenser de son autorisation expresse pour, par exemple, extraire un texte inédit d'un carton d'archives afin de l'exposer, de le publier, etc.

Le droit au respect du nom et de la qualité

L'auteur dispose aussi d'un droit au respect de son nom et de sa qualité, visé à l'article L. 121-1 du CPI. Cela signifie qu'il peut exiger, à l'occasion de toute exploitation de son œuvre, la mention de son nom et de ses titres (ces derniers doivent rester dans une limite raisonnable : par exemple, pour un écrivain, on admet « de l'Académie française »). La couverture, la pochette ou encore le générique devront donc porter l'entier patronyme de l'auteur ; chaque photographie devra être « créditée » et chaque texte signé. Les juridictions sanctionnent fréquemment les mentions telles que « D. R. » (abréviation de « droits réservés »), qui, outre qu'elles laissent souvent généralement supposer une absence totale d'autorisation, violent pleinement le droit au respect du nom. Il en est de même de la pratique, dans le milieu de l'audiovisuel, qui consiste parfois à diffuser une œuvre musicale sans mention de son ou de ses auteurs.

Cette exigence de la mention du nom de l'auteur perdure même lorsque celui-ci a cédé l'ensemble des droits patrimoniaux relatifs à son œuvre, ainsi qu'en cas d'utilisation d'un pseudonyme. Elle s'impose également, en théorie, à tous les documents promotionnels de l'œuvre : affiches, encarts publicitaires...

Le droit au respect de l'œuvre

En vertu de cette autre prérogative morale que constitue le droit au respect de l'œuvre, également visé à l'article L. 121-1 du CPI, aucune modification ne peut être apportée à une création sans le consentement de son auteur. Nul ne sera donc en droit d'altérer, par exemple, en « colorisant », coupant, ou encore en allongeant, sans avoir recueilli l'assentiment de l'auteur. Un texte ne peut donc librement contenir de résumés de certains passages, une photographie ne peut être retouchée ou recadrée, une projection de film ne peut être privée de bande sonore, etc.

Le droit de retrait ou de repentir

Il existe enfin un droit de retrait ou de repentir, dont l'exercice reste très rare en pratique. Ce droit permet en effet à l'auteur de revenir à tout moment sur une décision de divulgation, et cela quand bien même l'exploitation de son œuvre serait bel et bien avancée. L'article L. 121-4 du CPI le régit comme suit : « Nonobstant la cession de son droit d'exploitation, l'auteur, même postérieurement à la publication de son œuvre, jouit d'un droit de repentir ou de retrait vis-à-vis du cessionnaire. Il ne peut toutefois exercer ce droit qu'à charge d'indemniser préalablement le cessionnaire du préjudice que ce repentir ou ce retrait peut lui causer.

Lorsque, postérieurement à l'exercice de son droit de repentir ou de retrait, l'auteur décide de faire publier son œuvre, il est tenu d'offrir par priorité ses droits d'exploitation au cessionnaire qu'il avait originairement choisi et aux conditions originairement déterminées. »

Ce droit moral est donc très limité, puisqu'il ne peut en outre être motivé par des considérations financières (par exemple, parce que le pourcentage des droits négociés se révélerait finalement trop faible selon l'auteur). En raisons des enjeux économiques, un tel droit est encore plus restreint dans l'audiovisuel et est même inexistant pour les auteurs de logiciels.

Les caractères des droits moraux

Les droits moraux sont réputés être beaucoup plus forts que les droits patrimoniaux ; et les tribunaux ne se privent pas de le rappeler en prononçant des condamnations parfois très lourdes lorsqu'ils sont violés sans vergogne.

Les attributs moraux de l'auteur sont en effet inaliénables et incessibles : ils ne peuvent faire l'objet d'un contrat qui en priverait l'auteur. Toute clause qui prévoirait une dérogation à ce régime serait nulle. C'est ainsi que le « nègre » embauché par un éditeur peut à tout moment, nonobstant son contrat, révéler son existence et exiger l'apposition de son nom sur la couverture du livre.

Les droits moraux sont même considérés par les juridictions françaises comme relevant de l'ordre public international : cela signifie qu'ils peuvent être revendiqués en France malgré toute renonciation consentie préalablement et valablement par l'auteur sous le règne d'une législation étrangère moins favorable. Les héritiers du réalisateur américain John Huston ont ainsi obtenu l'interdiction de la diffusion, sur le territoire français, d'une version « colorisée » de l'un de ses films, légalement exploitée aux États-Unis, pays d'origine de l'œuvre.

L'exercice des droits moraux est, par essence, quasi discrétionnaire, l'auteur étant le plus à même de juger du sort qui doit être réservé à son œuvre. Les droits sont toutefois transmissibles aux ayants droit du créateur à son décès. Ils ne connaissent pas de domaine public et sont par conséquent perpétuels, à la différence des droits patrimoniaux[1].

Il faut préciser que la loi a toutefois prévu pour l'exercice des droits moraux – comme du reste pour celui des droits patrimoniaux – des freins aux abus qui pourraient être commis par les ayants droit d'un auteur[2].

Les exceptions aux droits patrimoniaux

Le législateur a prévu expressément plusieurs hypothèses en vertu desquelles l'exploitation d'une œuvre encore protégée peut être effectuée sans autorisation de l'auteur, sous réserve que ses droits moraux soient respectés.

---

1. Voir *supra*, « Les droits patrimoniaux ».
2. Voir *infra*, « Le droit d'auteur et les successions ».

Au titre de ces exceptions, l'article L. 122-5 du CPI dispose :

« Lorsque l'œuvre a été divulguée, l'auteur ne peut interdire :

« 1° Les représentations privées et gratuites effectuées exclusivement dans un cercle de famille ;

« 2° Les copies ou reproductions strictement réservées à l'usage privé du copiste et non destinées à une utilisation collective, à l'exception des copies des œuvres d'art destinées à être utilisées pour des fins identiques à celles pour lesquelles l'œuvre originale a été créée ; et des copies d'un logiciel autres que la copie de sauvegarde [...] ;

« 3° Sous réserve que soient indiqués clairement le nom de l'auteur et la source :

« *a)* Les analyses et courtes citations justifiées par le caractère critique, polémique, pédagogique, scientifique ou d'information de l'œuvre à laquelle elles sont incorporées ;

« *b)* Les revues de presse ;

« *c)* La diffusion, même intégrale, par voie de presse ou de télédiffusion, à titre d'information d'actualité, des discours destinés au public prononcés dans les assemblées politiques, administratives, judiciaires ou académiques, ainsi que dans les réunions publiques d'ordre politique et les cérémonies officielles ;

« *d)* Les reproductions, intégrales ou partielles d'œuvres d'art graphiques ou plastiques destinées à figurer dans le catalogue d'une vente aux enchères publiques effectuées en France par un officier public ou ministériel pour les exemplaires qu'il met à la disposition du public avant la vente dans le seul but de décrire les œuvres d'art mises en vente. Un décret en Conseil d'État fixe les caractéristiques des documents et les conditions de leur distribution.

« 4° La parodie, le pastiche et la caricature, compte tenu des lois du genre.

« 5° Les actes nécessaires à l'accès au contenu d'une base de données électronique pour les besoins et dans les limites de l'utilisation prévue au contrat. »

Toutes ces situations sont des entorses à l'exercice habituel des droits patrimoniaux, qui exige une autorisation et une rémunération de l'auteur ou de ses ayants droit. La jurisprudence interprète donc restrictivement les exceptions prévues par la loi. Ceux qui souhaitent les mettre à profit doivent par conséquent le faire avec prudence et respect, les magistrats sanctionnant sévèrement les abus.

Les représentations privées

La première exception envisagée par le CPI concerne les représentations privées. Ces représentations ne permettent toutefois de s'affranchir des règles relatives aux droits patrimoniaux que lorsqu'elles sont gratuites. De plus, il est nécessaire qu'elles aient lieu dans le « cercle de famille », c'est-à-dire, selon les tribunaux, en présence d'un nombre très restreint de personnes. La lecture collective ou encore la projection dans une bibliothèque publique ne peut être assimilée à un tel cas de figure.

Les copies privées

Le CPI compte également les copies privées au rang des dérogations au principe du monopole de l'auteur[1]. Les copies privées sont définies comme les copies destinées à l'usage privé de celui qui les a réalisées : en clair, la photocopie doit être effectuée par l'utilisateur final lui-même sur sa propre machine, et l'utilisation de la copie réalisée ne peut en aucun cas être collective.

Une taxe parafiscale a été instaurée, dès 1976, pour compenser l'inévitable manque à gagner que subissent les auteurs et leurs ayants droit, du fait de l'accroissement du nombre de copies privées de leurs œuvres. Cette taxe est perçue sur les appareils de reprographie fabriqués ou importés en France. Les recettes ainsi collectées transitent par le Centre national du livre et contribuent au financement des commandes des bibliothèques.

Ce dispositif visant la reprographie – aussi appelée par certains professionnels « photocopillage » – a été complété par une récente réforme de la législation, intervenue le 3 janvier 1995, et qui met en place un système de gestion collective.

L'article L. 122-10 du CPI prévoit en effet désormais : « La publication d'une œuvre emporte cession du droit de reproduction par reprographie à une société [...] agréée à cet effet par le ministre chargé de la culture. Les sociétés agréées peuvent seules conclure toute convention avec les utilisateurs aux fins de gestion du droit ainsi cédé, sous réserve, pour les stipulations autorisant les copies aux fins de vente, de location, de publicité ou de promotion, de l'accord de l'auteur ou de ses ayants droit. À défaut de désignation par l'auteur ou son ayant droit à la date de la publication de l'œuvre, une des sociétés agréées est réputée cessionnaire de ce droit. »

Ce nouveau dispositif concerne la reprographie entendue comme « reproduction sous forme de copie sur papier ou support assimilé par une technique photographique ou d'effet équivalent permettant une lecture directe ».

Enfin, les articles L. 311-2 et suivants du CPI détaillent le régime spécifique de rémunération destiné à compenser le préjudice subi du fait des copies privées réalisées sur des cassettes et sur des CD enregistrables, qui intéressent cette fois les titulaires de droits d'auteur mais aussi de droits voisins[2].

Le droit de prêt

La question du droit de prêt, qui n'est pas envisagée expressément en droit interne, fait néanmoins l'objet de vives discussions entre professionnels, depuis l'adoption, le 19 novembre 1992, d'une directive communautaire sur ce sujet[3].

Il faut cependant relever que les nouvelles dispositions législatives afférentes aux bases de données[4] semblent indiquer que le producteur de telles bases ne peut interdire leur prêt public.

---

1. Pour une analyse détaillée des rapports entre droit et reprographie, voir le chapitre « La reprographie » par Henri Gay, *infra*.
2. Sur cette notion de droits voisins, voir *infra*, « Droits voisins ».
3. Pour une analyse détaillée du droit de prêt, voir le chapitre « Le droit de prêt » par Yves Alix, *infra*.
4. Voir *infra*, « Bases de données ».

Les citations et analyses

Les citations et analyses ne nécessitent pas non plus l'assentiment du titulaire des droits. Cependant, elles doivent pour cela être justifiées par leur caractère critique, polémique, pédagogique, scientifique ou d'information.

Par surcroît, la loi impose qu'elles restent « courtes », sans plus de précisions. Les tribunaux n'ont pas plus déterminé de limite claire – par exemple, en nombre de lignes – en deçà de laquelle la citation serait « courte » et donc licite. Mais il est usuel de considérer que la citation doit rester très mineure, tant en comparaison de l'œuvre dont elle est issue que de l'œuvre dans laquelle elle est destinée à être intégrée.

Les plus récentes évolutions de la jurisprudence montrent d'autre part que les citations en tant que telles ne sont admises sans coup férir que dans le seul domaine de l'écrit : il n'existe donc plus *a priori* de faculté de « citer » de la musique ou des images.

En tout état de cause, celui qui entend user du droit de citation doit prendre garde au nécessaire respect de l'œuvre, qui constitue un des attributs moraux de l'auteur et lui permet de s'opposer aux véritables dénaturations de sa création[1]. La source des citations doit également toujours être mentionnée.

Quant aux « analyses », également librement admises par la loi, elles ne peuvent permettre au public d'éviter de consulter l'œuvre commentée elle-même : en pratique, l'analyse est libre si elle ne concurrence pas la création qui constitue son sujet.

La loi autorise aussi les revues de presse et les bases de données. Elle sont dispensées d'autorisation, mais seulement si elles sont diffusées au sein d'un organe d'information.

Enfin, la jurisprudence admet – avec des réserves de plus en plus grandes – la reproduction, au sein d'une image, d'une œuvre exposée dans un lieu public, quand ladite œuvre ne constitue pas le sujet central de ladite image. Les sculptures, fontaines ou immeubles peuvent donc être reproduits ou représentés librement s'ils le sont au sein d'une vue beaucoup plus générale.

Les discours, les textes légaux, les décisions judiciaires et les hymnes nationaux

Sont de même dispensées d'autorisation les exploitations des discours officiels et politiques qui ont été entendus dans les assemblées politiques, administratives, judiciaires ou académiques, les réunions d'ordre politique ou encore les cérémonies officielles. Elles doivent pour cela être effectuées à titre d'information d'actualité ; cela signifie que cette exception aux droits patrimoniaux des auteurs de discours est limitée à la période qui suit de peu leur prononcé.

Les textes légaux, les décisions judiciaires comme les hymnes nationaux sont exempts de l'exercice de quelconques droits patrimoniaux.

---

1. Voir *supra*, « Droit moral ».

La parodie, le pastiche et la caricature

Le CPI prévoit encore expressément que l'autorisation du titulaire des droits n'est pas nécessaire en cas de parodies, de pastiches et de caricatures. La doctrine considère traditionnellement que ces trois termes, contenus dans la loi sans plus d'éclaircissements, correspondent respectivement aux genres musical, littéraire et artistique. Les juridictions estiment que ceux qui s'y exercent doivent s'abstenir de toute intention de nuire à l'œuvre ou l'auteur d'origine, avec lesquels aucune confusion ne doit du reste être possible aux yeux du public.

4. La titularité des droits de propriété littéraire et artistique

Plusieurs grands principes sont à garder à l'esprit pour déterminer le véritable titulaire des droits sur une œuvre protégée. Ces principes doivent cependant être nuancés à la lumière de quelques cas particuliers, prévus tout aussi expressément par le CPI.

Les grands principes

L'auteur, titulaire initial

En droit français, l'auteur est toujours le titulaire initial des droits sur son œuvre. Cela n'est en revanche pas le cas dans certaines législations étrangères – en particulier anglo-saxonnes – en vertu desquelles le commanditaire (et donc le financier) de la création peut se voir accorder les droits *ab initio*.

Les œuvres dites « de commande » ne connaissent pas de régime dérogatoire à ce principe : en droit français, le donneur d'ordres ne peut qu'exceptionnellement revendiquer une part dans la titularité des droits initiaux sur l'œuvre. Et cela même s'il lui est bien entendu loisible de se faire céder valablement les droits, sous réserve de respecter les règles propres aux contrats de cession de droits d'auteur[1].

Ce n'est que dans l'hypothèse rarissime où les directives seraient extraordinairement précises que le commanditaire peut revendiquer la qualité de coauteur de la création.

L'auteur, personne physique

D'autre part, seule une personne physique peut avoir la qualité d'auteur, à l'exception du cas particulier de l'œuvre collective[2], telle que le journal ou l'encyclopédie.

Quant aux œuvres créées à l'aide d'un ordinateur ou même d'une machine, les spécialistes refusent toujours d'admettre une quelconque cotitularité au profit de

1. Voir *infra*, « Les contrats ».
2. Voir *infra*, « L'œuvre collective ».

ceux qui auraient conçu ces appareils : ces interventions demeurent, en droit – et cela malgré leurs possibles complexité ou autres performances technologiques –, assimilables à celles de simples outils au service de l'auteur.

Enfin, la qualité d'auteur appartient *a priori* à celui qui divulgue l'œuvre sous son nom, comme le précise expressément l'article L. 113-1 du CPI. Tout contestataire d'une telle attribution de principe aura donc la charge d'établir la preuve contraire.

Pour ce qui est des œuvres anonymes ou pseudonymes, il est cependant fréquent de considérer celui qui commercialise comme un mandataire de l'auteur, pouvant le représenter valablement auprès des tiers. L'article L. 113-6 du CPI envisage ce cas particulier puisqu'il prévoit : « Les auteurs des œuvres pseudonymes et anonymes jouissent sur celles-ci des droits reconnus [...]. Ils sont représentés dans l'exercice de ces droits par l'éditeur ou le publicateur originaire, tant qu'ils n'ont pas fait connaître leur identité civile et justifié de leur qualité. La déclaration prévue à l'alinéa précédent peut être faite par testament [...]. »

Toutefois, la loi précise que ces dispositions « ne sont pas applicables lorsque le pseudonyme adopté par l'auteur ne laisse aucun doute sur son identité civile ».

La distinction entre la propriété intellectuelle et la propriété matérielle

L'article L. 111-3 du CPI dispose que « la propriété incorporelle [...] est indépendante de la propriété de l'objet matériel. L'acquéreur de cet objet n'est investi, du fait de cette acquisition, d'aucun des droits prévus par le présent code [...]. Ces droits subsistent en la personne de l'auteur ou de ses ayants droit qui, pourtant, ne pourront exiger du propriétaire de l'objet matériel la mise à leur disposition de cet objet pour l'exercice desdits droits. Néanmoins en cas d'abus notoire du propriétaire empêchant l'exercice du droit de divulgation, le tribunal de grande instance peut prendre toute mesure appropriée [...]. »

Le droit de la propriété littéraire et artistique distingue donc nettement la propriété matérielle de la propriété intellectuelle. C'est ainsi que celui qui se voit remettre un manuscrit, un cliché ou encore un tableau ne détient jamais de ce seul fait l'autorisation de l'exploiter : il pourra uniquement jouir de la propriété matérielle de l'œuvre.

Ce principe connaît cependant une exception. Elle concerne les œuvres posthumes d'un auteur dont l'ensemble des créations connues sont tombées dans le domaine public. C'est alors le propriétaire matériel de l'inédit original qui devient titulaire des droits exclusifs, et cela pour une période de vingt-cinq ans. Mais les détenteurs de simples copies d'inédits ne peuvent bénéficier d'un tel régime, véritablement dérogatoire du droit commun.

Enfin, le décret du 20 février 1809 sur la reproduction des manuscrits des archives des bibliothèques et autres établissements publics, qui tend à leur conférer des droits de propriété intellectuelle sur leurs collections, est aujourd'hui en pleine contradiction avec les principes majeurs du CPI. En droit, l'application de ce texte oublié mais officiellement toujours en vigueur ne peut donc être sérieusement envisagée.

Les salariés

Quand bien même un auteur est salarié, il n'en conserve pas moins, par principe, la plénitude des droits sur ses créations. L'article L. 111-1 du CPI dispose en effet que « l'existence ou la conclusion d'un contrat de louage d'ouvrage ou de service par l'auteur d'une œuvre de l'esprit n'emporte aucune dérogation à la jouissance du droit ».

L'employeur ne peut devenir titulaire des droits sur les œuvres de ses salariés que si deux conditions essentielles sont réunies. En premier lieu, le contrat de travail doit porter une clause mentionnant expressément la cession des droits à son profit ; il ne peut s'agir d'un simple article du règlement intérieur de l'entreprise. La jurisprudence, longtemps contradictoire à ce sujet, est aujourd'hui de plus en plus ferme : les tribunaux n'admettent plus la notion de cession tacite, qui était souvent revendiquée par certaines entreprises.

Par surcroît, pour que la cession s'exerce en faveur de l'employeur, l'œuvre doit correspondre au secteur d'activité de celui-ci : par exemple, une société de métallurgie ne pourra s'attribuer les droits sur les poèmes écrits par ses salariés, mais seulement sur leurs travaux techniques.

Les logiciels suivent en revanche un régime particulier, très favorable aux employeurs. De même, les fonctionnaires subissent une cession d'office de leurs droits au profit de leur administration. Cette exception ne concerne cependant pas les professeurs, qui peuvent ainsi librement exploiter leurs cours sous forme de publications.

Les journalistes

Les journalistes connaissent un régime qui se rapproche en pratique du principe aujourd'hui reconnu pour l'ensemble des salariés : ils restent, par principe, titulaires des droits sur leurs œuvres.

Cependant, le Code du travail, comme le CPI, abordent le cas des journalistes dans le cadre de dispositions législatives particulières. L'article L. 121-8 du CPI précise notamment : « L'auteur a seul le droit de réunir ses articles et ses discours en recueil et de les publier ou d'en autoriser la publication sous cette forme. Pour toutes les œuvres publiées ainsi dans un journal ou recueil périodique, l'auteur conserve, sauf stipulation contraire, le droit de les faire reproduire et de les exploiter, sous quelque forme que ce soit, pourvu que cette reproduction ou cette exploitation ne soit pas de nature à faire concurrence à ce journal ou à ce recueil périodique. »

La loi, corroborée par la jurisprudence, considère donc que l'organe de presse bénéficie seulement d'une autorisation *de facto* de première exploitation des œuvres commandées. En l'absence de clause expresse, l'entreprise ne peut réutiliser l'œuvre initialement produite. Mais le journaliste, s'il est en théorie libre de réutiliser sa contribution, ne doit pas le faire en concurrence de la première exploitation.

La loi et les juridictions n'établissent pas de distinction, dans l'application de ce régime, entre les pigistes et les salariés permanents de l'entreprise de presse.

Les récentes décisions de justice relatives à la réutilisation des articles sur Internet, que des organes de presse avaient effectuée sans y être autorisés par leurs journalistes, ont rappelé la fermeté de ce mécanisme de titularité, qui reste très en faveur des auteurs.

Les créations dues à plusieurs auteurs

Lorsque une œuvre de l'esprit est créée à partir des interventions de plusieurs auteurs, les règles de titularité s'en trouvent modifiées.

Le CPI envisage ainsi clairement plusieurs cas de figure, annoncés à l'article L. 113-2 du CPI : l'œuvre de collaboration (qui désigne également toute œuvre audiovisuelle), l'œuvre composite et l'œuvre collective.

L'œuvre de collaboration

L'œuvre de collaboration est celle à laquelle concourent plusieurs personnes physiques.

Les apports de chacun des auteurs peuvent du reste être de nature très variée. Les bandes dessinées (mêlant scénario et illustration), les chansons (texte et musique) ou encore les livres d'entretiens sont autant d'œuvres de collaboration. En pratique, elles se distinguent essentiellement des œuvre dites collectives[1].

L'article L. 113-3 du CPI dispose à cet égard que « l'œuvre de collaboration est la propriété commune des coauteurs. Les coauteurs doivent exercer leurs droits d'un commun accord. En cas de désaccord, il appartient à la juridiction civile de statuer ».

L'autorisation de tous est donc nécessaire pour exploiter l'œuvre commune. La rémunération est partagée selon une répartition fixée entre les coauteurs. Mais si les participations appartiennent à des genres différents, il reste loisible à chaque créateur d'exploiter seul son apport, sous réserve de ne pas porter tort à l'œuvre commune.

Enfin, en cas d'atteinte aux droits patrimoniaux portant sur l'œuvre de collaboration, les tribunaux ne peuvent se prononcer que si l'ensemble des créateurs sont « dans la cause », c'est-à-dire sont parties, volontaires ou non, au procès. Cela n'est pas le cas pour une violation des droits moraux, à la suite de laquelle chaque coauteur peut agir seul en justice afin d'obtenir réparation.

L'œuvre audiovisuelle

Les œuvres audiovisuelles sont expressément qualifiées par le CPI d'œuvres de collaboration ; et les parties ne peuvent en rien modifier cet état de droit en arguant d'un autre statut.

L'article L. 113-7 du CPI prévoit en outre qu'« ont la qualité d'auteur d'une œuvre audiovisuelle la ou les personnes physiques qui réalisent la création intellectuelle de cette œuvre.

1. Voir *infra*, « L'œuvre collective ».

« Sont présumés, sauf preuve contraire, coauteurs d'une œuvre audiovisuelle réalisée en collaboration :

« 1° L'auteur du scénario ;

« 2° L'auteur de l'adaptation ;

« 3° L'auteur du texte parlé ;

« 4° L'auteur des compositions musicales avec ou sans paroles spécialement réalisées pour l'œuvre ;

« 5° Le réalisateur.

« Lorsque l'œuvre audiovisuelle est tirée d'une œuvre ou d'un scénario préexistants encore protégés, les auteurs de l'œuvre originaire sont assimilés aux auteurs de l'œuvre nouvelle. »

Cette qualification implique donc d'importantes conséquences pour ce qui concerne notamment la durée de protection des droits[1].

L'œuvre composite

La loi vise également le cas des œuvres composites, que l'on peut aussi appeler des œuvres dérivées. L'article L. 113-2 du CPI précise que l'œuvre composite est « l'œuvre nouvelle à laquelle est incorporée une œuvre préexistante sans la collaboration de l'auteur de cette dernière ».

Il s'agit donc là des créations qui sont élaborées à partir d'une première œuvre due à un autre auteur. Un DVD sur Picasso ou une traduction de Joyce sont ainsi juridiquement des œuvres composites. L'exploitation d'une telle œuvre nécessite en principe l'autorisation de l'auteur de l'œuvre première. L'article L. 113-4 du CPI souligne en effet que « l'œuvre composite est la propriété de l'auteur qui l'a réalisée, sous réserve des droits de l'auteur de l'œuvre préexistante ».

L'œuvre collective

L'œuvre collective est, aux termes de l'article L. 113-2 du CPI, « créée sur l'initiative d'une personne physique ou morale qui l'édite, la publie et la divulgue sous sa direction et son nom et dans laquelle la contribution personnelle des divers auteurs participant à son élaboration se fond dans l'ensemble en vue duquel elle est conçue, sans qu'il soit possible d'attribuer à chacun d'eux un droit distinct sur l'ensemble réalisé ».

Cette définition a été affinée par la jurisprudence : les encyclopédies ou encore les journaux sont, par exemple, sans coup férir, qualifiés d'œuvres collectives. En pratique, de telles œuvres sont en effet celles qui font appel à un nombre important de participants, ce qui les distingue en particulier des œuvres de collaboration[2].

Les droits naissent alors directement au profit de celui qui divulgue l'œuvre sous son nom. L'article L. 113-5 du CPI dispose en effet : « L'œuvre collective est, sauf preuve contraire, la propriété de la personne physique ou morale sous le nom de laquelle elle est divulguée. Cette personne est investie des droits de

---

1. Voir *infra*, « Durée des droits ».
2. Voir *supra*, « L'œuvre de collaboration ».

l'auteur. » Il s'agit donc du seul cas où, en droit français, une personne morale – telle qu'une société ou une association – peut être le titulaire initial de droits d'auteur[1].

Enfin, les qualifications juridiques applicables aux œuvres dues à plusieurs auteurs (l'œuvre de collaboration, l'œuvre composite et l'œuvre collective) peuvent parfois être cumulées. C'est ainsi qu'une comédie musicale peut être désignée comme une œuvre de collaboration, si elle est écrite conjointement par un compositeur et un parolier ; mais elle est également considérée comme une œuvre composite, si elle est en plus tirée d'un roman préalablement publié.

L'influence des régimes matrimoniaux

Les régimes matrimoniaux ne sont pas sans influence sur la titularité des droits de propriété littéraire et artistique. Mais les textes législatifs en la matière – les articles L. 121-9 et L. 123-6 du CPI – sont des plus hermétiques pour le profane.

En bref, quels que soient le régime et la pérennité de l'union matrimoniale, le créateur conserve *ad vitam aeternam* la plénitude de ses droits moraux ainsi que le contrôle du monopole d'exploitation (c'est-à-dire la possibilité de statuer sur le sort commercial des œuvres). En revanche, les rémunérations d'auteur perçues pendant le mariage, du fait de l'exploitation des œuvres créées avant ou pendant ce même mariage, suivent le régime de celui-ci : les redevances peuvent donc parfois appartenir à la communauté.

Ce mécanisme ne s'applique pas aux œuvres créées avant le 12 mars 1958 (date d'entrée en vigueur de la loi du 11 mars 1957) pour les unions célébrées avant cette même date. Le monopole d'exploitation est alors également commun aux époux – qui doivent décider ensemble ce qui va être fait de la production littéraire et artistique de chacun –, sauf si le mariage a été conclu selon le régime de la communauté réduite aux acquêts.

Le droit d'auteur et les successions

Malgré l'absence, là encore, de clarté du CPI (pris en ses articles L. 121-2 et suivants), la jurisprudence considère aujourd'hui que les droits moraux, comme les droits patrimoniaux, sont transmissibles par voie de succession.

Les droits moraux

Seul le droit de retrait ou de repentir échapperait aux possibilités de dévolution successorale, en raison de sa nature, qui empêcherait tout autre que l'auteur lui-même de l'exercer[2]. Pour tous les autres droits moraux, les tribunaux s'accordent aujourd'hui à considérer qu'ils peuvent faire l'objet de legs, et cela y compris au profit d'héritiers qui n'appartiennent pas à la famille de l'auteur.

1. Voir *supra*, « L'auteur, personne physique ».
2. Voir *supra*, « Le droit de retrait ou de repentir ».

Les droits moraux peuvent être confiés à un exécuteur testamentaire. Le cas de celui-ci est particulier : en général, les juridictions considèrent que la mission n'est pas susceptible d'être transmise à son tour par l'exécuteur à son propre héritier. En clair, au décès de l'exécuteur testamentaire, les droits moraux qu'il avait pour charge d'exercer reviennent en général dans le giron familial de l'auteur.

À défaut de désignation d'un exécuteur testamentaire et sauf volonté contraire de l'auteur, les attributs moraux sont dévolus aux descendants de celui-ci ; à leur défaut, ils sont transmis à son conjoint s'il n'en était pas séparé judiciairement ; et enfin, à défaut, ce sont les autres héritiers qui les recueilleront.

Les droits patrimoniaux

Quant aux droits patrimoniaux, leur situation est encore plus simple puisqu'ils suivent, toujours à défaut de dispositions testamentaires contraires, la dévolution successorale classique. Il existe même un usufruit au profit du conjoint survivant, sous réserve des droits des héritiers réservataires et que rien d'autre n'ait été expressément prévu au testament.

Les abus de la part de ceux qui sont titulaires de droits après la mort de l'auteur

Il ne faut pas croire que celui qui se prétend héritier d'un créateur est nécessairement habilité à tout autoriser ou interdire. Il est en effet fréquent de rencontrer des situations extrêmement complexes : un auteur peut avoir véritablement réparti, par voie de legs, ses différents droits à des personnes qui n'ont aucun lien entre elles. Par exemple, l'une gère les droits de divulgation sur les textes inédits, une autre exerce les droits sur les tableaux, plusieurs autres encore perçoivent les redevances... Il faut donc, pour chaque exploitation envisagée de l'œuvre d'un auteur décédé, s'assurer de l'identité du ou des véritables titulaires des droits.

Enfin, le CPI a expressément envisagé les situations dans lesquelles les représentants de l'auteur décédé pourraient abuser de leurs droits tant patrimoniaux que moraux. La loi ouvre alors la voie aux actions en justice, que celles-ci visent à faire condamner un mauvais usage des droits comme leur non-usage. L'article L. 121-3 dispose, par exemple : « En cas d'abus notoire dans l'usage ou le non-usage du droit de divulgation de la part des représentants de l'auteur décédé [...], le tribunal de grande instance peut ordonner toute mesure appropriée. Il en est de même s'il y a conflit entre lesdits représentants, s'il n'y a pas d'ayant droit connu ou en cas de vacance ou de déshérence. Le tribunal peut être saisi notamment par le ministre chargé de la culture. »

5. La durée des droits d'auteur

La durée de principe

La durée de principe des droits patrimoniaux est aujourd'hui de soixante-dix ans après la mort de l'auteur. L'article L. 123-1 du CPI dispose, plus précisément, que « l'auteur jouit, sa vie durant, du droit exclusif d'exploiter son œuvre sous quelque forme que ce soit et d'en tirer un profit pécuniaire. Au décès de l'auteur, ce droit persiste au bénéfice de ses ayants droit pendant l'année civile en cours et les soixante-dix années qui suivent ».

Au-delà, l'œuvre rejoint ce qu'il est convenu d'appeler le domaine public. Il faut, par ailleurs, rappeler que les droits moraux ne sont pas limités dans le temps, et que leur exercice est par conséquent perpétuel.

La durée de principe de protection des droits patrimoniaux a été prolongée à la faveur de l'entrée en vigueur de la loi du 27 mars 1997, adoptée en application d'une directive communautaire visant à harmoniser les durées de protection entre les États membres. Jusqu'alors, la durée de référence était de cinquante ans à compter du décès de l'auteur, sauf pour ce qui concerne les compositions musicales, qui bénéficiaient déjà, depuis 1985, d'une période de protection de soixante-dix ans *post mortem auctoris*.

La durée de protection des créations à plusieurs auteurs et des œuvres anonymes ou sous pseudonymes

L'œuvre de collaboration suit un régime particulier puisque sa durée de protection est calculée en fonction du décès du dernier de ses coauteurs. En effet, aux termes de l'article L. 123-2 du CPI, « l'année civile prise en considération est celle de la mort du dernier vivant des collaborateurs ». Cette même disposition précise que, « pour les œuvres audiovisuelles, l'année civile prise en considération est celle de la mort du dernier vivant des collaborateurs suivants : l'auteur du scénario, l'auteur du texte parlé, l'auteur des compositions musicales, avec ou sans paroles spécialement réalisées pour l'œuvre, le réalisateur principal ».

L'œuvre collective est quant à elle protégée pendant une durée de soixante-dix ans à compter de sa divulgation. Les œuvres anonymes ou divulguées sous pseudonyme sont elles aussi soumises au régime d'une période de protection de soixante-dix ans seulement à compter de leur divulgation. Cela n'est cependant vrai que si l'auteur reste réellement masqué.

L'article L. 123-3 du CPI dispose cependant : « Au cas où une œuvre pseudonyme, anonyme ou collective est publiée de manière échelonnée, le délai court à compter du 1er janvier de l'année civile qui suit la date à laquelle chaque élément a été publié. »

Mais, si une telle œuvre est divulguée en plusieurs parties et qu'un délai de vingt ans s'écoule entre la divulgation du premier morceau et du dernier, le délai de soixante-dix ans court à compter de la divulgation de cette dernière partie et bénéficie à l'ensemble de l'œuvre. Ce mécanisme compliqué vise à protéger les travaux de type encyclopédique, dont la rentabilité et la viabilité ne sont parfois envisagées qu'à long terme.

Les œuvres posthumes

Selon l'article L. 123-4 du CPI, « pour les œuvres posthumes, la durée du droit exclusif est celle prévue [habituellement par la loi]. Pour les œuvres posthumes divulguées après l'expiration de cette période, la durée du droit exclusif est de vingt-cinq années à compter du 1er janvier de l'année civile suivant celle de la publication.

« Le droit d'exploitation des œuvres posthumes appartient aux ayants droit de l'auteur si l'œuvre est divulguée au cours de la période [de protection habituelle].

« Si la divulgation est effectuée à l'expiration de cette période, il appartient aux propriétaires, par succession ou à d'autres titres, de l'œuvre, qui effectuent ou font effectuer la publication.

« Les œuvres posthumes doivent faire l'objet d'une publication séparée, sauf dans le cas où elles ne constituent qu'un fragment d'une œuvre précédemment publiée. Elles ne peuvent être jointes à des œuvres du même auteur précédemment publiées que si les ayants droit de l'auteur jouissent encore sur celles-ci du droit d'exploitation. »

Les inédits posthumes connaissent donc une protection de vingt-cinq ans à partir de leur divulgation (et au profit du propriétaire du support matériel), si celle-ci est effectuée alors que le reste de l'œuvre du même auteur est tombé dans le domaine public. Avant cela, les droits, dans leur durée comme dans leur titularité, suivent le régime applicable aux œuvres déjà connues.

Le sort des prorogations liées à la guerre

Une mauvaise rédaction de la loi française de 1997, qui a prolongé la durée de principe de protection, conduira sans doute la jurisprudence à lever plusieurs incertitudes.

Celles-ci concernent tout d'abord le maintien du régime des prorogations spéciales dues à la guerre. Deux articles spécifiques, aujourd'hui intégrés au CPI, n'ont subi aucune modification depuis fort longtemps et sont toujours officiellement en vigueur. L'article L. 123-8 dispose que « les droits accordés par la loi [...] sur les droits des héritiers et des ayants cause des auteurs aux héritiers et autres ayants cause des auteurs, compositeurs ou artistes sont prorogés d'un temps égal à celui qui s'est écoulé entre le 2 août 1914 et la fin de l'année suivant le jour de la signature du traité de paix pour toutes les œuvres publiées avant cette dernière date et non tombées dans le domaine public le 3 février 1919 ». Et l'article L. 123-9 prévoit pour sa part que « les droits accordés [...] aux héritiers et ayants cause des auteurs, compositeurs ou artistes sont prorogés d'un temps égal à celui qui s'est écoulé entre le 3 septembre 1939 et le 1er janvier 1948, pour toutes les œuvres publiées avant cette date et non tombées dans le domaine public à la date du 13 août 1941 ». En clair, les œuvres qui ne sont pas tombées dans le domaine public le 3 février 1919, et ont été divulguées entre le 2 août 1914 et le 31 décembre 1919, se voient accorder un rajout de protection d'une durée de 6 ans et 152 jours. De même, celles qui n'étaient pas tombées dans le domaine public au 13 août 1941 et qui ont été divulguées avant le 1er janvier 1948 bénéficient d'une protection complémentaire d'une durée de 8 ans et 120 jours.

Les créations des auteurs morts pour la France (et reconnus comme tels par décret) sont protégées pendant une période supplémentaire de trente ans, aux termes de l'article L. 123-10 du CPI.

Toutes ces prorogations exceptionnelles peuvent en outre se cumuler. C'est par exemple le cas de l'œuvre d'Alain-Fournier, mort au combat pendant la Première Guerre mondiale, qui bénéficie donc encore d'une longue durée de protection.

Les œuvres d'origine étrangère

Enfin, l'article L. 123-12 du CPI précise que : « Lorsque le pays d'origine de l'œuvre [...] est un pays tiers à la Communauté européenne et que l'auteur n'est pas un ressortissant d'un État membre de la Communauté, la durée de protection est celle accordée dans le pays d'origine de l'œuvre sans que cette durée puisse excéder celle prévue » en droit interne français, soit jusqu'à soixante-dix ans après la mort de l'auteur. Ce mécanisme est appelé par les spécialistes le « principe de comparaison des délais » et est issu des grandes conventions internationales sur le droit de la propriété littéraire et artistique auxquelles la France est adhérente.

6. Les droits voisins

La jurisprudence a depuis longtemps pris conscience que, parallèlement aux œuvres en tant que telles, les interprétations de ces mêmes œuvres méritaient largement elles aussi d'être protégées. La Convention de Rome de 1961 était déjà consacrée à ce qu'il est convenu d'appeler aujourd'hui les droits voisins. 1971 a vu la naissance d'une Convention de Genève spécifique aux droits voisins des producteurs de phonogrammes. Pour sa part, la France a attendu la loi du 3 juillet 1985 pour inscrire cette reconnaissance en droit positif interne.

Les dispositions communes à tous les titulaires de droits voisins

C'est ainsi que les artistes-interprètes bénéficient expressément de droits inscrits dans le CPI, qui ont été également reconnus au profit des producteurs de phonogrammes (c'est-à-dire de disques) et de vidéogrammes (c'est-à-dire des cassettes vidéo), ainsi qu'aux entreprises de communication audiovisuelle.

L'article L. 211-1 du CPI prévoit cependant que « les droits voisins ne portent pas atteinte aux droits des auteurs. En conséquence, aucune disposition [...] ne doit être interprétée de manière à limiter l'exercice du droit d'auteur par ses titulaires ».

La protection des droits voisins est limitée, aux termes de l'article L. 211-4 du CPI, à une durée de cinquante années à partir de « l'interprétation pour les artistes-interprètes », de « la première fixation d'une séquence [...] pour les producteurs » et de « la première communication au public [...] pour les entreprises de communication audiovisuelle ».

Et selon l'article L. 214-1 du CPI, « lorsqu'un phonogramme a été publié à des fins de commerce, l'artiste-interprète et le producteur ne peuvent s'opposer :

« 1° À sa communication directe dans un lieu public, dès lors qu'il n'est pas utilisé dans un spectacle ;

« 2° À sa radiodiffusion, non plus qu'à la distribution par câble simultanée et intégrale de cette radiodiffusion.

« Ces utilisations des phonogrammes publiés à des fins de commerce, quel que soit le lieu de fixation de ces phonogrammes, ouvrent droit à rémunération au profit des artistes-interprètes et des producteurs. »

Et le législateur a prévu tout un dispositif propre à ce que les spécialistes appellent le principe de la rémunération équitable.

De plus, l'article L. 211-3 prévoit, à l'instar du régime existant en matière de droits d'auteur, que « les bénéficiaires [des droits voisins] ne peuvent interdire :

« 1° Les représentations privées et gratuites effectuées exclusivement dans un cercle de famille ;

« 2° Les reproductions strictement réservées à l'usage privé de la personne qui les réalise et non destinées à une utilisation collective ;

« 3° Sous réserve d'éléments suffisants d'identification de la source :

« *a)* Les analyses et courtes citations justifiées par le caractère critique, polémique, pédagogique, scientifique ou d'information de l'œuvre à laquelle elles sont incorporées ;

« *b)* Les revues de presse ;

« *c)* La diffusion, même intégrale, à titre d'information d'actualité, des discours destinés au public dans les assemblées politiques, administratives, judiciaires ou académiques, ainsi que dans les réunions publiques d'ordre politique et les cérémonies officielles ;

« 4° La parodie, le pastiche et la caricature, compte tenu des lois du genre. »

Depuis 1997, le CPI comprend également, aux articles L. 217-1 et suivants, des dispositions spécifiques à la télédiffusion par satellite et à la retransmission par câble.

Enfin, parallèlement à ces dispositions communes, chaque catégorie de bénéficiaires de droits voisins est aussi soumise à un régime qui lui est propre.

Les artistes-interprètes

Les acteurs, comme les musiciens ou encore les chanteurs, se voient tous accorder des droits voisins.

Seuls les artistes dits de complément, tels que les figurants, sont écartés d'une telle protection. L'article L. 212-1 du CPI dispose en effet que, « à l'exclusion de l'artiste de complément, considéré comme tel par les usages professionnels, l'artiste-interprète ou exécutant est la personne qui représente, chante, récite, déclame, joue ou exécute de toute autre manière une œuvre littéraire ou artistique, un numéro de variétés, de cirque ou de marionnettes ».

Les artistes-interprètes sont titulaires de droits moraux sur leur interprétation. Les droits moraux des artistes-interprètes sont toutefois moins nombreux que ceux des auteurs. Selon l'article L. 212-2 du CPI, « l'artiste-interprète a le droit au respect de son nom, de sa qualité et de son interprétation. Ce droit inaliénable et imprescriptible est attaché à sa personne. Il est transmissible à ses héritiers pour la protection de l'interprétation de la mémoire du défunt ». Il ne peut donc user, de par la loi, ni d'un droit de divulgation ni d'un droit de retrait ou de repentir[1].

Les droits patrimoniaux permettent à l'artiste-interprète d'autoriser (seulement par écrit) ou de s'opposer, aux termes de l'article L. 212-3 du CPI, à « la fixation de sa prestation, sa reproduction, et sa communication au public, ainsi que toute utilisation séparée du son et de l'image de la prestation lorsque celle-ci a été fixée à la fois pour le son et l'image ».

Il existe de véritables présomptions de cession des droits que peuvent revendiquer à leur profit les producteurs d'œuvres audiovisuelles à l'encontre des artistes qu'ils engagent, présomptions prévues par l'article L. 212-4 du CPI.

Quant à la rémunération, l'article L. 212-5 du CPI dispose notamment que « lorsque ni le contrat ni une convention collective ne mentionnent de rémunération pour un ou plusieurs modes d'exploitation, le niveau de celle-ci est fixé par référence à des barèmes établis par voie d'accords spécifiques conclus, dans chaque secteur d'activité, entre les organisations de salariés et d'employeurs représentatives de la profession ».

Il est surtout à noter, à l'article L. 212-10 du CPI, que « les artistes-interprètes ne peuvent interdire la reproduction et la communication publique de leur prestation si elle est accessoire à un événement constituant le sujet principal d'une séquence d'une œuvre ou d'un document audiovisuel ».

Les producteurs

Le législateur français a également reconnu un droit voisin aux producteurs de disques (juridiquement appelés phonogrammes) – et de cassettes vidéo (vidéogrammes).

L'article L. 213-1 du CPI précise que « le producteur de phonogrammes est la personne, physique ou morale, qui a l'initiative de la responsabilité de la première fixation d'une séquence de son ». Il dispose également que « l'autorisation du producteur de phonogrammes est requise avant toute reproduction, mise à la disposition du public par la vente, l'échange ou le louage, ou communication au public de son phonogramme ».

---

1. Voir *supra*, « Les droits moraux ».

Quant au producteur de vidéogrammes, il s'agit, selon l'article L. 215-1 du CPI, de « la personne physique ou morale, qui a l'initiative de la responsabilité de la première fixation d'une séquence d'images sonorisées ou non ». Le législateur prévoit à cet égard que « l'autorisation du producteur de vidéogrammes est requise avant toute reproduction, mise à la disposition du public par la vente, l'échange ou le louage, ou communication au public de son vidéogramme ». Le même article du CPI ajoute enfin que « les droits reconnus au producteur d'un vidéogramme [...], les droits d'auteur et les droits des artistes-interprètes dont il disposerait sur l'œuvre fixée sur ce vidéogramme ne peuvent faire l'objet de cessions séparées ».

Les entreprises de communication audiovisuelle

L'article L. 216-1 du CPI dispose laconiquement que « sont dénommés entreprises de communication audiovisuelle les organismes qui exploitent un service de communication audiovisuelle au sens de la loi [...] du 30 septembre 1986 relative à la liberté de communication, quel que soit le régime applicable à ce service ».

En clair, bénéficient de droits voisins les chaînes de télévision et de radio, publiques ou privées. Et le même texte précise que « sont soumises à l'autorisation de l'entreprise de communication audiovisuelle la reproduction de ses programmes, ainsi que leur mise à disposition du public par vente, louage ou échange, leur télédiffusion, et leur communication au public dans un lieu accessible à celui-ci moyennant paiement d'un droit d'entrée ».

7. Les nouvelles technologies

Le multimédia

De nombreuses craintes se sont fait jour avec l'apparition du multimédia.

Les juristes ont écarté la notion de « vide juridique », hâtivement proclamée par certains, et ont réaffirmé la pleine application des règles classiques du droit de la propriété intellectuelle au secteur des nouvelles technologies. Les premières décisions jurisprudentielles sont venues conforter cette conviction et ont permis de s'assurer que le droit positif n'avait pas à être fondamentalement modifié.

Les tribunaux sanctionnent donc les exploitations sans autorisation sur un support numérique d'une œuvre préexistante (par exemple, la visualisation d'une photographie sur internet) ; comme ils entérinent la protection par le droit d'auteur des œuvres spécialement créées en vue d'une utilisation multimédia (par exemple, l'architecture d'un site web).

Quant à « la nature du support multimédia », il a déjà été jugé qu'elle ne modifie en rien les règles afférentes tant au droit patrimonial qu'au droit moral.

Seules des difficultés pratiques perdurent, en raison notamment du caractère transnational des exploitations. L'Organisation mondiale de la propriété intellectuelle (OMPI) a adopté en conséquence, le 20 décembre 1996, un nouveau traité destiné à compléter la Convention de Berne[1].

L'attribution des noms de domaine continue également de susciter d'âpres débats judiciaires, qui se terminent aujourd'hui inéluctablement par la condamnation de ceux qui les ont déposés en fraude des droits des titulaires de marques préexistantes.

La réalisation d'une œuvre multimédia représente aujourd'hui un travail de longue haleine en termes d'identification des ayants droit et d'obtention des autorisations. Sesam (Société du droit d'auteur dans l'univers multimédia), entité créée en 1996 à l'initiative notamment de la Sacem (Société des auteurs compositeurs éditeurs de musique), de la SACD (Société des auteurs et compositeurs dramatiques), de la Scam (Société civile des auteurs multimédias) ainsi que de l'ADAGP (Société des auteurs dans les arts graphiques et plastiques)[2] et destinée à faciliter la gestion collective des droits en vue d'une exploitation multimédia, est en pratique restée lettre morte. Sofia (Société française des intérêts des auteurs de l'écrit), destinée à gérer les droits des auteurs de textes numérisés, a vu le jour à son tour, en 1999, sous l'égide de la SGDL (Société des gens de lettres).

Les innovations techniques permettent, en théorie, de protéger les exploitations multimédia de toute contrefaçon. En revanche, aucun système de codage ou de tatouage ne s'est encore véritablement imposé en pratique chez les opérateurs[3].

Les bases de données

Depuis 1998, les bases de données bénéficient d'un régime particulier puisque le législateur français a transposé en droit national les prescriptions issues d'une directive communautaire. Celle-ci a instauré un double mécanisme de protection, d'une part par le biais du droit d'auteur, mais aussi grâce à la création d'un droit spécifique.

C'est ainsi que l'article L. 341-1 du CPI dispose désormais que « le producteur d'une base de données, entendu comme la personne qui prend l'initiative et le risque des investissements correspondants, bénéficie d'une protection du contenu de la base lorsque la constitution, la vérification ou la présentation de celui-ci atteste d'un investissement financier, matériel ou humain substantiel ».

En application de ce nouveau régime, l'article L. 342-1 du CPI indique :

« Le producteur de bases de données a le droit d'interdire :

« 1° L'extraction, par transfert permanent ou temporaire de la totalité ou d'une partie qualitativement ou quantitativement substantielle du contenu d'une base de données sur un autre support, par tout moyen et sous toute forme que ce soit ;

1. Voir *supra*, « L'influence communautaire et internationale ».
2. Toutes sociétés de perception et de répartition, voir *infra*.
3. Sur le multimédia, voir *infra*, le chapitre de Michèle Battisti sur les documents numériques.

« 2° La réutilisation, par la mise à disposition du public de la totalité ou d'une partie qualitativement ou quantitativement substantielle du contenu de la base, quelle qu'en soit la forme. »

De même, aux termes de l'article L. 342-2 du CPI, « le producteur peut également interdire l'extraction ou la réutilisation répétée et systématique de parties qualitativement ou quantitativement non substantielles du contenu de la base lorsque ces opérations excèdent manifestement les conditions d'utilisation normale de la base de données ».

Le nouveau dispositif ajoute encore que « ces droits peuvent être transmis ou cédés ou faire l'objet d'une licence » et que « la transmission en ligne d'une base de données n'épuise pas le droit du producteur de contrôler la revente dans tous les États membres d'une copie matérielle de cette base ou d'une partie de celle-ci. »

Mais la loi dispose que « le prêt public n'est pas un acte d'extraction ou de réutilisation ».

De surcroît, l'article L. 342-3 du CPI précise :

« lorsqu'une base de données est mise à la disposition du public par le titulaire des droits, celui-ci ne peut interdire :

« 1° L'extraction ou la réutilisation d'une partie non substantielle, appréciée de façon qualitative ou quantitative, du contenu de la base, par la personne qui y a licitement accès ;

« 2° L'extraction à des fins privées d'une partie qualitativement ou quantitativement substantielle du contenu d'une base de données non électronique sous réserve du respect des droits d'auteur ou des droits voisins sur les œuvres ou éléments incorporés dans la base.

« Toute clause contraire au 1° ci-dessus est nulle. »

Enfin, la durée des droits est particulière puisque l'article L. 342-5 du CPI dispose que « les droits [...] prennent effet à compter de l'achèvement de la fabrication de la base de données. Ils expirent quinze ans après le 1er janvier de l'année civile qui suit celle de l'achèvement ». Mais il est également prévu que « toutefois, dans le cas où une base de données protégée fait l'objet d'un nouvel investissement substantiel, sa protection expire quinze ans après le 1er janvier de l'année civile suivant celle de ce nouvel investissement ».

8. Les mécanismes contractuels

L'ensemble de la législation sur la propriété littéraire et artistique a été rédigé dans le but de favoriser la création en protégeant les auteurs, notamment contre leurs cocontractants que sont les éditeurs et autres producteurs. C'est ainsi que plusieurs règles générales ont été adoptées qui rendent les accords avec les auteurs bien plus draconiens que ne le prévoient les dispositions présidant habituellement aux engagements contractuels classiques. De plus, plusieurs contrats spécifiques (dont le contrat d'édition, le contrat de production audiovisuelle et celui de représentation) font l'objet d'un régime légal encore plus précis.

Les règles communes

La cession des droits

L'auteur dispose notamment, au titre de ses attributs patrimoniaux, d'un droit de reproduction et d'un droit de représentation[1]. Et le législateur a pris soin de rappeler, à l'article L. 122-7 du CPI, que « le droit de représentation et le droit de reproduction sont cessibles à titre gratuit ou à titre onéreux », mais que « la cession du droit de représentation n'entraîne pas celle du droit de reproduction. La cession du droit de reproduction n'entraîne pas celle du droit de représentation. Lorsqu'un contrat comporte cession totale de l'un des deux droits visés au présent article, la portée en est limitée aux modes d'exploitation prévus au contrat ».

De plus, il existe un principe essentiel du droit d'auteur, dit principe d'interprétation restrictive, en vertu duquel l'auteur ne cède que ce qui a été expressément prévu au contrat. Tout droit non mentionné lui est donc automatiquement réservé. L'article L. 131-3 du CPI précise à cet égard : « La transmission des droits de l'auteur est subordonnée à la condition que chacun des droits cédés fasse l'objet d'une mention distincte dans l'acte de cession et que le domaine d'exploitation des droits cédés soit délimité quant à son étendue et à sa destination, quant au lieu et quant à la durée. »

Cela signifie, selon la jurisprudence, que les clauses de type « tous droits cédés » ne sont pas valables pour des exploitations autres que la première exploitation clairement entendue entre les parties. La jurisprudence est aujourd'hui très ferme sur ce point, les juridictions se prononçant par principe en faveur des créateurs.

En outre, l'article L. 131-6 du CPI dispose que « la clause de cession qui tend à conférer le droit d'exploiter sous une forme non prévisible ou non prévue à la date du contrat doit être expresse et stipuler une participation corrélative aux profits d'exploitation ». En clair, il est possible de viser dans un contrat les « supports inconnus » ou « à venir », sous réserve qu'un pourcentage soit d'ores et déjà prévu au profit de l'auteur ; ce qui est en pratique très difficile à respecter puisque, par essence, l'économie des supports non encore connus n'est pas non plus imaginable...

D'autre part, selon l'article L. 131-1 du CPI, « la cession globale des œuvres futures est nulle ». Un auteur ne peut donc s'engager à céder toute sa production future au même cocontractant. La seule dérogation à ce principe concerne le droit de préférence réservé au contrat d'édition[2].

La rémunération de l'auteur

La proportionnalité de la rémunération de l'auteur reste également un des grands principes du droit de la propriété littéraire et artistique. L'article L. 131-4 du CPI dispose en effet :

« La cession par l'auteur de ses droits sur son œuvre [...] doit comporter au

1. Voir *supra*, « Les droits patrimoniaux ».
2. Voir *infra*, « Le contrat d'édition ».

profit de l'auteur la participation proportionnelle aux recettes provenant de la vente ou de l'exploitation.

« Toutefois la rémunération de l'auteur peut être évaluée forfaitairement dans les cas suivants :

« 1° La base de calcul de la participation proportionnelle ne peut être pratiquement déterminée ;

« 2° Les moyens de contrôler l'application de la participation font défaut ;

« 3° Les frais des opérations de calcul et de contrôle seraient hors de proportion avec les résultats à atteindre ;

« 4° La nature ou les conditions de l'exploitation rendent impossible l'application de la règle de la rémunération proportionnelle, soit que la contribution de l'auteur ne constitue pas l'un des éléments essentiels de la création intellectuelle de l'œuvre, soit que l'utilisation de l'œuvre ne présente qu'un caractère accessoire par rapport à l'objet exploité ;

« 5° En cas de cession des droits sur un logiciel ;

« 6° Dans les autres cas prévus au présent code.

« Est également licite la conversion entre les parties, à la demande de l'auteur, des droits provenant des contrats en vigueur en annuités forfaitaires pour des durées à déterminer entre les parties. »

C'est ainsi que le législateur a néanmoins prévu des exceptions au principe du pourcentage versé à l'auteur. L'évolution de la technologie, notamment de l'informatique, rend cependant, aux yeux de la jurisprudence, les cas de recours licite au forfait de plus en plus restreints. Seules les exploitations purement gratuites ou encore, par exemple, le caractère très mineur d'une contribution permettent de rémunérer forfaitairement le créateur.

La loi a toutefois prévu un régime particulier pour l'édition, qui bénéficie de dispositions complémentaires autorisant le versement d'un forfait[1].

Mais, aux termes de l'article L. 131-5 du CPI, « en cas de cession du droit d'exploitation, lorsque l'auteur aura subi un préjudice de plus de sept douzièmes dû à une lésion ou à une prévision insuffisante des produits de l'œuvre, il pourra provoquer la révision des conditions de prix du contrat. Cette demande ne pourra être formée que dans le cas où l'œuvre aura été cédée moyennant une rémunération forfaitaire ».

D'autre part, selon l'article L. 131-8 du CPI, les auteurs bénéficient, en cas de faillite de leur cocontractant, d'un privilège « en vue du paiement des redevances et rémunérations qui leur sont dues pour les trois dernières années à l'occasion de la cession, de l'exploitation ou de l'utilisation de leurs œuvres ».

De même, la loi prévoit, aux articles L. 333-1 et suivants du CPI, un régime particulier en matière de saisie des redevances dues aux créateurs.

1. Voir *infra*, « Le contrat d'édition ».

Les contrats prévus expressément par la loi

L'article L. 131-2 du CPI prévoit que « les contrats de représentation, d'édition et de production audiovisuelle définis au présent titre doivent être constatés par écrit. Il en est de même des autorisations gratuites d'exécution ».

Et le code d'envisager expressément, tour à tour, les modalités propres à chacun de ces trois contrats, ainsi que celles auxquelles doivent répondre également le contrat de commande pour la publicité et le contrat de nantissement du droit d'exploitation des logiciels.

Le contrat d'édition

L'article L. 132-1 du CPI définit le contrat d'édition comme « le contrat par lequel l'auteur d'une œuvre de l'esprit ou ses ayants droit cèdent à des conditions déterminées à une personne appelée éditeur le droit de fabriquer ou de faire fabriquer en nombre des exemplaires de l'œuvre, à charge pour elle d'en assurer la publication et la diffusion ».

Il se distingue ainsi du contrat dit à compte d'auteur, dont il est dit à l'article L. 132-2 du CPI, que « par un tel contrat, l'auteur ou ses ayants droit versent à l'éditeur une rémunération convenue, à charge par ce dernier de fabriquer en nombre, dans la forme et suivant les modes d'expression déterminés au contrat, des exemplaires de l'œuvre et d'en assurer la publication et la diffusion ». Le contrat à compte d'auteur constitue donc un « louage d'ouvrage ».

De même, selon l'article L. 132-3 du CPI, « ne constitue pas un contrat d'édition, au sens de l'article L. 132-1, le contrat dit de compte à demi. Par un tel contrat, l'auteur ou ses ayants droit chargent un éditeur de fabriquer, à ses frais et en nombre, des exemplaires de l'œuvre, dans la forme et suivant les modes d'expression déterminés au contrat, et d'en assurer la publication et la diffusion, moyennant l'engagement réciproquement contracté de partager les bénéfices et les pertes d'exploitation, dans la proportion prévue ». Le législateur qualifie du reste ce contrat de « société en participation ».

Pour ce qui concerne le contrat d'édition, l'article L. 132-7 du CPI précise que « le consentement personnel et donné par écrit de l'auteur est obligatoire ». De plus, depuis 1985, aux termes de l'article L. 131-3, « les cessions portant sur les droits d'adaptation audiovisuelle doivent faire l'objet d'un contrat écrit sur un document distinct du contrat relatif à l'édition proprement dite de l'œuvre imprimée ».

Selon les prescriptions de l'article L. 132-9 du CPI, « l'auteur doit mettre l'éditeur en mesure de fabriquer et de diffuser les exemplaires de l'œuvre », et pour ce faire est tenu de « remettre à l'éditeur, dans le délai prévu au contrat, l'objet de l'édition en une forme qui permette la fabrication normale ». Mais, « sauf convention contraire ou impossibilités d'ordre technique, l'objet de l'édition fournie par l'auteur reste la propriété de celui-ci. L'éditeur en sera responsable pendant le délai d'un an après l'achèvement de la fabrication ».

En outre, l'article L. 132-8 du CPI rappelle que « l'auteur doit garantir à l'éditeur l'exercice paisible et, sauf convention contraire, exclusif du droit cédé » et qu'« il est tenu de faire respecter ce droit et de le défendre contre toutes atteintes qui lui seraient portées ».

Quant à l'éditeur, il est d'abord tenu, conformément à l'article L. 132-11 du CPI, « d'effectuer ou de faire effectuer la fabrication selon les conditions, dans la forme et suivant les modes d'expression prévus au contrat, dans un délai fixé par les usages de la profession ». Le contrat d'édition, ainsi que le précise l'article L. 132-10 du CPI, « doit indiquer le nombre minimum d'exemplaires constituant le premier tirage ».

L'article L. 132-12 du CPI précise que, par la suite, « l'éditeur est tenu d'assurer à l'œuvre une exploitation permanente et suivie et une diffusion commerciale, conformément aux usages de la profession ». Le CPI prévoit cependant que « l'éditeur pourra toutefois procéder, pendant trois ans après cette expiration, à l'écoulement, au prix normal, des exemplaires restant en stock, à moins que l'auteur ne préfère acheter ces exemplaires moyennant un prix qui sera fixé à dire d'experts à défaut d'accord amiable, sans que cette faculté reconnue au premier éditeur interdise à l'auteur de faire procéder à une nouvelle édition dans un délai de trente mois ».

D'autre part, l'article L. 132-17 du CPI dispose que « le contrat d'édition prend fin [...] lorsque l'éditeur procède à la destruction totale des exemplaires. La résiliation a lieu de plein droit lorsque, sur mise en demeure de l'auteur lui impartissant un délai convenable, l'éditeur n'a pas procédé à la publication de l'œuvre ou, en cas d'épuisement, à sa réédition. L'édition est considérée comme épuisée si deux demandes de livraisons d'exemplaires adressées à l'éditeur ne sont pas satisfaites dans les trois mois ».

Le droit de préférence est autorisé, par dérogation au principe général de prohibition de cession des œuvres futures[1]. L'article L. 132-4 du CPI indique cependant à cet égard que « ce droit est limité pour chaque genre à cinq ouvrages nouveaux à compter du jour de la signature du contrat d'édition conclu pour la première œuvre ou à la production de l'auteur réalisée dans un délai de cinq ans à compter du même jour.

« L'éditeur doit exercer le droit qui lui est reconnu en faisant connaître par écrit sa décision à l'auteur, dans le délai de trois mois à dater de la remise par celui-ci de chaque manuscrit définitif.

« Lorsque l'éditeur bénéficiant du droit de préférence aura refusé successivement deux ouvrages nouveaux présentés par l'auteur dans le genre déterminé au contrat, l'auteur pourra reprendre immédiatement et de plein droit sa liberté quant aux œuvres futures qu'il produira dans ce genre. Il devra toutefois, au cas où il aurait reçu sur ses œuvres futures des avances du premier éditeur, effectuer préalablement le remboursement de celles-ci ».

1. Voir *supra*, « Les règles communes ».

La rémunération forfaitaire de l'auteur est possible – en sus des cas d'ores et déjà prévus par le CPI pour l'ensemble des contrats d'auteur[1] –, aux termes de l'article L. 132-6, « en ce qui concerne l'édition de librairie, [...] pour la première édition, avec l'accord formellement exprimé de l'auteur, dans les cas suivants :

« 1° Ouvrages scientifiques ou techniques ;
« 2° Anthologies et encyclopédies ;
« 3° Préfaces, annotations, introductions, présentations ;
« 4° Illustrations d'un ouvrage ;
« 5° Éditions de luxe à tirage limité ;
« 6° Livres de prières ;
« 7° À la demande du traducteur pour les traductions ;
« 8° Éditions populaires à bon marché ;
« 9° Albums bon marché pour enfants.

« Peuvent également faire l'objet d'une rémunération forfaitaire les cessions de droits à ou par une personne ou une entreprise établie à l'étranger.

« En ce qui concerne les œuvres de l'esprit publiées dans les journaux et recueils périodiques de tout ordre et par les agences de presse, la rémunération de l'auteur, lié à l'entreprise d'information par un contrat de louage d'ouvrage ou de services, peut également être fixée forfaitairement ».

Selon l'article L. 132-13 du CPI, « l'éditeur est tenu de rendre compte » et « l'auteur pourra, à défaut de modalités spéciales prévues au contrat, exiger au moins une fois l'an la production par l'éditeur d'un état mentionnant le nombre d'exemplaires fabriqués en cours d'exercice et précisant la date et l'importance des tirages et le nombre des exemplaires en stock. Sauf usage ou conventions contraires, cet état mentionnera le nombre des exemplaires vendus par l'éditeur, celui des exemplaires inutilisables ou détruits par cas fortuit ou force majeure, ainsi que le montant des redevances dues ou versées à l'auteur ». Le CPI est à cet égard très coercitif, puisqu'il est prévu à l'article L. 132-14, que « l'éditeur est tenu de fournir à l'auteur toutes justifications propres à établir l'exactitude de ses comptes » et que « faute par l'éditeur de fournir les justifications nécessaires, il y sera contraint par le juge ».

Enfin, l'article L. 132-15 du CPI envisage le sort du contrat d'édition en cas de faillite de l'éditeur et l'article L. 132-16 l'hypothèse de la cession du fonds de commerce de la maison d'édition.

Le contrat de représentation

Selon l'article L. 132-18 du CPI, « le contrat de représentation est celui par lequel l'auteur d'une œuvre de l'esprit et ses ayants droit autorisent une personne physique ou morale à représenter ladite œuvre à des conditions qu'ils déterminent ».

Cet article précise qu'« est dit contrat général de représentation le contrat par lequel un organisme professionnel d'auteurs confère à un entrepreneur de specta-

1. Voir *supra*, « La rémunération de l'auteur ».

cles la faculté de représenter, pendant la durée du contrat, les œuvres actuelles ou futures, constituant le répertoire dudit organisme aux conditions déterminées par l'auteur ou ses ayants droit ».

L'article L. 132-19 du CPI prévoit par ailleurs que « le contrat de représentation est conclu pour une durée limitée ou pour un nombre limité de communications au public. [...] La validité des droits exclusifs accordés par un auteur dramatique ne peut excéder cinq années ; l'interruption des représentations au cours de deux années consécutives y met fin de plein droit ».

Ce même article prévoit – à la différence du mécanisme mis en place pour le contrat d'édition – que « sauf stipulation expresse de droits exclusifs, il ne confère à l'entrepreneur de spectacles aucun monopole d'exploitation ».

L'entrepreneur de spectacles est cependant tenu de façon expresse à plusieurs obligations. C'est ainsi que l'article L. 132-21 du CPI lui impose « de déclarer à l'auteur ou à ses représentants le programme exact des représentations ou exécutions publiques et de leur fournir un état justifié de ses recettes. Il doit acquitter aux échéances prévues, entre les mains de l'auteur ou de ses représentants, le montant des redevances stipulées. Toutefois, les communes, pour l'organisation de leurs fêtes locales et publiques, et les sociétés d'éducation populaire, agréées par l'autorité administrative, organisées par elles dans le cadre de leurs activités, doivent bénéficier d'une réduction de ces redevances ».

De même, aux termes de l'article L. 132-22 du CPI, « l'entrepreneur de spectacles doit assurer la représentation ou l'exécution publique dans des conditions techniques propres à garantir le respect des droits intellectuels et moraux de l'auteur ».

Enfin, le législateur a pris soin, aux articles L. 132-20 et suivants du CPI, conformément aux prescriptions communautaires, de préciser le régime propre aux rapports entre autorisation de télédiffusion hertzienne et retransmission par câble.

Le contrat de production audiovisuelle

L'article L. 132-23 du CPI définit le producteur de l'œuvre audiovisuelle comme « la personne physique ou morale qui prend l'initiative et la responsabilité de la réalisation de l'œuvre ».

Contrairement à l'esprit général qui préside aux relations entre les auteurs et leurs cocontractants, il existe en l'espèce un mécanisme légal de présomption de cession des droits exclusifs d'exploitation au profit du producteur. C'est ainsi que l'article L. 132-24 du CPI dispose que « le contrat qui lie le producteur aux auteurs d'une œuvre audiovisuelle, autres que l'auteur de la composition musicale avec ou sans paroles, emporte, sauf clause contraire [...], cession au profit du producteur des droits exclusifs d'exploitation de l'œuvre audiovisuelle ». Mais la loi précise que « le contrat de production audiovisuelle n'emporte pas cession au producteur des droits graphiques et théâtraux sur l'œuvre ».

L'article L. 132-25 dispose que « la rémunération des auteurs est due pour chaque mode d'exploitation » et que « lorsque le public paie un prix pour recevoir communication d'une œuvre audiovisuelle déterminée et individualisable, la rémunération est proportionnelle à ce prix, compte tenu des tarifs dégressifs éventuels accordés par le distributeur à l'exploitant ; elle est versée aux auteurs par le producteur ».

À l'instar de l'obligation qui incombe légalement à l'éditeur, l'article L. 132-27 oblige le producteur à « assurer à l'œuvre audiovisuelle une exploitation conforme aux usages de la profession ». Et le producteur, aux termes de l'article L. 132-28 du CPI, doit fournir « au moins une fois par an, à l'auteur et aux coauteurs un état de recettes provenant de l'exploitation de l'œuvre selon chaque mode d'exploitation. À leur demande, il fournit toute justification propre à établir l'exactitude des comptes, notamment la copie des contrats par lesquels il cède à des tiers tout ou partie des droits dont il dispose ».

D'autre part, le CPI, en son article L. 132-24, oblige le producteur à prévoir par contrat « la liste des éléments ayant servi à la réalisation de l'œuvre qui sont conservés ainsi que les modalités de cette conservation ». En clair, il s'agit de déterminer, par exemple, dans quel laboratoire le film d'origine sera entreposé pour pouvoir en tirer ultérieurement des copies d'exploitation.

Quant à l'auteur, il « doit garantir au producteur l'exercice paisible des droits cédés », selon les prescriptions de l'article L. 132-26 du CPI. Mais l'article L. 132-29 du même code l'autorise « sauf convention contraire » à « disposer librement de la partie de l'œuvre qui constitue sa contribution personnelle en vue de son exploitation dans un genre différent ».

Le contrat de commande pour la publicité et le contrat de nantissement du droit d'exploitation des logiciels

L'article L. 132-31 du CPI vise toute particulièrement le régime des œuvres conçues pour la publicité. Il prévoit en effet que « dans le cas d'une œuvre de commande utilisée pour la publicité, le contrat entre le producteur et l'auteur entraîne, sauf clause contraire, cession au producteur des droits d'exploitation de l'œuvre, dès lors que ce contrat précise la rémunération due pour chaque mode d'exploitation de l'œuvre en fonction notamment de la zone géographique, de la durée de l'exploitation, de l'importance du tirage et de la nature du support ». Ce même article et les suivants du CPI détaillent les modalités de fixation d'une telle rémunération.

Enfin, depuis 1994, l'article L. 132-34 précise les modalités particulières de conclusion des contrats de « nantissement du droit d'exploitation des logiciels ».

Les codes des usages

D'autre part, bon nombre de milieux professionnels liés à la culture connaissent des « codes des usages ». Ceux-ci sont, dans la plupart des cas, de simples recommandations à destination des adhérents des organisations signataires et ne constituent pas en tant que tels des sources de droit qui s'imposent à tous.

Ces « codes » peuvent aussi bien concerner des contrats par ailleurs envisagés expressément par le CPI – tel que le contrat d'édition –, ou encore aborder des cas de figure qui ne font l'objet d'aucune précision législative ou réglementaire spécifique.

Enfin, la pratique de certains secteurs a forgé de véritables modèles de contrats-types, desquels il est concrètement assez peu dérogé. Il en est ainsi, par exemple, des contrats du secteur de la musique où il existe un « contrat de licence », un « contrat d'enregistrement », etc.

9. Les sociétés de perception et de répartition

Afin de faciliter le contrôle par les auteurs de l'exploitation de leurs œuvres, ainsi que la collecte des rémunérations afférentes, se sont instaurées des sociétés dites « de gestion collective ». En regroupant les intérêts des créateurs, elles peuvent affirmer leur force et négocier au mieux la moindre utilisation du catalogue des œuvres de leurs membres. Leur importance et le mode de fonctionnement de certaines d'entre elles font régulièrement l'objet de débats parfois très polémiques.

Il existe aujourd'hui près d'une vingtaine de sociétés de perception et de répartition des droits, qui se sont réparti les différents secteurs de la création et collectent les droits d'auteur proprement dits comme les droits voisins. Les plus connues sont sans doute la Sacem (Société des auteurs compositeurs et éditeurs de musique), la SACD (Société des auteurs et compositeurs dramatiques), l'ADAGP (Association de défense des arts graphiques et plastiques), ou encore, par exemple, le CFC (Centre français d'exploitation du droit de copie). La toute récente Sofia (Société française des intérêts des auteurs de l'écrit) a vocation à intervenir aussi bien en matière de multimédia que de « droit de prêt ».

Le législateur, qui les désigne sous le nom de « sociétés de perception et de répartition », leur a réservé un régime particulier.

L'article L. 321-1 du CPI précise, à cet égard, que « les sociétés de perception et de répartition des droits d'auteur et des droits des artistes-interprètes et des producteurs de phonogrammes et de vidéogrammes sont constituées sous forme de sociétés civiles ».

Les associés doivent être des auteurs, des artistes-interprètes, des producteurs de phonogrammes ou de vidéogrammes, des éditeurs, ou leurs ayants droit. Ces sociétés civiles régulièrement constituées ont qualité pour ester en justice pour la défense des droits dont elles ont statutairement la charge.

Ces sociétés sous placées sous la tutelle du ministère de la Culture. L'article L. 321-3 du CPI dispose en effet que « les projets de statuts et de règlements généraux des sociétés de perception et de répartition des droits sont adressés au ministre chargé de la Culture. Dans le mois de leur réception, le ministre chargé de la Culture peut saisir le tribunal de grande instance au cas où des motifs réels et sérieux s'opposeraient à la constitution d'une de ces sociétés. Le tribunal apprécie la qualification professionnelle des fondateurs de ces sociétés, les moyens humains et matériels qu'ils proposent de mettre en œuvre pour assurer le recouvrement des droits et l'exploitation de leur répertoire ». Elles bénéficient en particulier d'agents assermentés, ce qui leur permet de constater plus aisément les infractions au CPI.

L'article L. 321-7 du même code prévoit cependant que « les sociétés de perception et de répartition des droits doivent tenir à la disposition des utilisateurs éventuels le répertoire complet des auteurs et compositeurs français et étrangers qu'elles représentent ».

De même, aux termes de l'article L. 321-9 du CPI, « ces sociétés doivent utiliser à des actions d'aide à la création, à la diffusion du spectacle vivant et à des actions de formation d'artistes 50 p. 100 des sommes non répartissables [...] et 25 p. 100 des sommes provenant de la rémunération pour copie privée ».

10. La répression des atteintes au droit d'auteur

La notion de contrefaçon

C'est la notion de contrefaçon qui domine le mécanisme de la répression des atteintes au droit de la propriété littéraire et artistique.

À cet égard, l'article L. 335-2 du CPI dispose laconiquement que « toute édition d'écrits, de composition musicale, de dessin, de peinture ou de toute autre production, imprimée ou gravée en entier ou en partie, au mépris des lois et règlements relatifs à la propriété des auteurs, est une contrefaçon ; et toute contrefaçon est un délit ». Il est seulement complété par l'article L. 335-3 du même code, qui précise qu'« est également un délit de contrefaçon toute reproduction, représentation ou diffusion, par quelque moyen que ce soit, d'une œuvre de l'esprit en violation des droits de l'auteur, tels qu'ils sont définis et réglementés par la loi. Est également un délit de contrefaçon la violation de l'un des droits de l'auteur d'un logiciel ».

En clair, et selon l'application qui est faite par la jurisprudence de ces dispositions, toute exploitation d'une œuvre qui est effectuée hors des règles draconiennes prévues par le CPI est une contrefaçon. Celle-ci revêt donc de nombreuses formes : par exemple, il peut s'agir d'une fabrication industrielle – telle qu'elle se pratique notamment en matière de piraterie de disques ou de vidéocassettes –, comme du démarquage d'un roman – que l'on qualifie communément de plagiat[1] –, ou encore d'un emprunt trop long, qui sortirait donc du cadre de l'exception de citation.

Le non-respect par un cocontractant de l'auteur des stipulations contractuelles qui limitent l'exploitation autorisée est également une contrefaçon : un nombre d'exemplaires supérieur à celui prévu, une vente effectuée dans un territoire non visé, la reproduction sur un support non mentionné sont autant de contrefaçons.

Et la loi sanctionne avec la même rigueur « le débit, l'exportation et l'importation des ouvrages contrefaits ».

1. Terme que les spécialistes du droit d'auteur ne réservent en théorie qu'aux emprunts suffisamment subtils pour ne pas être répréhensibles.

Les sanctions de la contrefaçon

La contrefaçon peut être poursuivie devant les juridictions civiles, auprès desquels la victime pourra essentiellement obtenir des dommages-intérêts, ou bien devant une juridiction pénale. L'article L. 331-1 du CPI prévoit en effet : « Toutes les dispositions relatives à l'application des dispositions de la première partie du présent code, qui relèvent des juridictions de l'ordre judiciaire sont portées devant les tribunaux compétents, sans préjudice du droit pour la partie lésée de se pourvoir devant la juridiction répressive dans les termes du droit commun. »

Ce même texte précise également que « les organismes de défense professionnelle régulièrement constitués ont qualité pour ester en justice pour la défense des intérêts dont ils ont statutairement la charge ».

En cas d'action pénale, le tribunal correctionnel peut, en sus des indemnités, prononcer une véritable peine : aux termes mêmes de l'article L. 335-2 du CPI, « la contrefaçon en France d'ouvrages publiés en France ou à l'étranger est punie de deux ans d'emprisonnement et de 1 000 000 francs d'amende ».

L'article L. 335-5 dispose en outre que, dans certains cas, « le tribunal peut ordonner la fermeture totale ou partielle, définitive ou temporaire, pour une durée au plus de cinq ans, de l'établissement ayant servi à commettre l'infraction ».

Dans le même esprit, l'article L. 335-6 du CPI prévoit également que le tribunal « peut également ordonner, aux frais du condamné, l'affichage du jugement prononçant la condamnation [...], ainsi que sa publication intégrale ou par extraits dans les journaux qu'il désigne, sans que les frais de cette publication puissent excéder le montant maximum de l'amende encourue ».

De plus, l'article L. 335-1 du CPI autorise « les officiers de police judiciaire compétents [à] procéder à la constatation des infractions prévues [au] présent code, à la saisie de phonogrammes et vidéogrammes reproduits illicitement, des exemplaires et objets fabriqués ou importés illicitement et des matériels spécialement installés en vue de tels agissements ». De même, selon l'article L. 335-6, « le tribunal peut prononcer la confiscation de tout ou partie des recettes procurées par l'infraction ainsi que celle de tous les phonogrammes, vidéogrammes, objets et exemplaires contrefaisants ou reproduits illicitement et du matériel spécialement installé en vue de la réalisation du délit ».

Enfin, l'article L. 335-8 du CPI précise que « les personnes morales peuvent être déclarées responsables pénalement », c'est-à-dire que les sociétés ou les associations peuvent être condamnées au versement des amendes. L'article L. 335-9 envisage pour sa part qu'« en cas de récidive des infractions définies [...] ou si le délinquant est ou a été lié par convention avec la partie lésée, les peines encourues sont portées au double ».

La saisie-contrefaçon

Le législateur a pris le soin de faciliter la recherche de la preuve en matière de contrefaçon. L'article L. 331-2 du CPI dispose à cet égard : « Outre les procès-verbaux des officiers ou agents de police judiciaire, la preuve de la matérialité de toute infraction [...] relative aux droits d'auteur et aux droits voisins des artistes-interprètes, des producteurs de phonogrammes et de vidéogrammes et des entreprises de communication audiovisuelle peut résulter des constatations d'agents assermentés désignés selon les cas par le Centre national de la cinématographie, par les organismes professionnels d'auteurs et par les sociétés [de perception et de répartition des droits]. »

De plus, il existe une procédure particulière dite de saisie-contrefaçon. À ce titre, aux termes de l'article L. 332-1 du CPI, « les commissaires de police et, dans les lieux où il n'y a pas de commissaire de police, les juges d'instance sont tenus, à la demande de tout auteur d'une œuvre protégée, [...] de ses ayants droit ou de ses ayants cause, de saisir les exemplaires constituant une reproduction illicite de l'œuvre ».

Depuis 1994, et en réaction aux contrefaçons étrangères, les douanes disposent également de pouvoirs spécifiques, prévus notamment à l'article L. 335-10 du CPI.

L'action en concurrence déloyale

Enfin, il est de plus en plus fréquent, en matière de pillage d'œuvres, de recourir à l'action « en concurrence déloyale ». Celle-ci est notamment choisie lorsque l'œuvre de l'esprit ne répond pas aux critères de protection du CPI – par exemple, parce qu'elle est restée au stade de l'idée ou du simple concept. Cette action permet essentiellement de poursuivre le risque de confusion ou le « parasitisme ».

Le mécanisme judiciaire est alors celui de la responsabilité civile la plus classique, qui nécessite la démonstration d'une faute, d'un préjudice, et d'un lien entre cette faute et ce préjudice. En pratique, l'action en concurrence déloyale reste donc moins aisée que l'action en contrefaçon, mais constitue parfois un palliatif aux carences du droit de la propriété intellectuelle *stricto sensu*.

Emmanuel PIERRAT

II. La protection harmonisée du droit d'auteur dans l'Europe communautaire

1. Fondements et objectifs de l'action communautaire en matière de protection du droit d'auteur

Dans son rapport public de 1992, le Conseil d'État mettait déjà l'accent sur l'importance grandissante du droit communautaire en précisant que dorénavant la Communauté européenne introduisait chaque année dans notre droit national plus de règles que le gouvernement français. Le droit d'auteur n'échappe pas à cette influence du droit communautaire. Désormais, la majeure partie de la législation française en matière de propriété intellectuelle est en effet d'origine communautaire. Il est devenu impossible, pour qui s'intéresse au cadre juridique de l'exploitation des œuvres de l'esprit, d'ignorer ce droit ainsi que les mécanismes par lesquels il s'applique en France.

Les formes de plus en plus nombreuses d'exploitation de la propriété intellectuelle dans le contexte du nouvel environnement technologique ne connaissent pas de frontières nationales. S'entendre au niveau communautaire et international sur des normes minimales de protection n'a donc jamais été aussi important.

Au sein des sources de protection internationale des droits d'auteur, le droit communautaire occupe une place à part. Il ne s'agit pas en effet d'un droit étranger ou d'un droit extérieur pluri-étatique. Il s'agit bien du droit propre de chacun des États membres. Le droit communautaire fait en effet partie intégrante de l'ordre juridique applicable sur le territoire de chacun des États membres. Qui plus est, la primauté du droit communautaire sur les droits nationaux constitue l'un des grands principes de la construction européenne.

L'émergence d'un droit d'auteur européen

La dernière décennie du XXe siècle a vu l'émergence d'un véritable droit d'auteur européen. Les sources de ce droit se situent à un double niveau :

– les règles du traité instituant la Communauté européenne dont le sens a été précisé par voie interprétative par la Cour de justice des Communautés européennes ;

– le droit communautaire dérivé qui recouvre en l'espèce les travaux de la Commission matérialisés sous la forme d'une série de « livres verts » relatifs au droit d'auteur, et surtout les directives destinées à rapprocher les législations des États membres en droit de la propriété littéraire et artistique.

L'application au droit d'auteur du traité instituant la Communauté européenne

Il est intéressant de faire rapidement état d'une polémique historiquement dépassée qui a porté sur le point de savoir si le traité pouvait en tant que tel s'appliquer à la propriété intellectuelle. Il est vrai que le traité de Rome, fondateur de la Communauté économique européenne ne semblait pas dans sa version première s'intéresser au régime de protection internationale du droit de la propriété littéraire et artistique. Se fondant sur le rôle éminemment culturel de cette branche du droit, rôle étranger à la mission première purement économique de la Communauté, certains théoriciens considéraient que la matière échappait à l'emprise du droit communautaire. L'importance économique croissante de la matière devait néanmoins conduire à une interprétation extensive du traité. Dès le milieu des années 1960, la Cour de justice des Communautés européennes a été amenée à exclure toute appartenance du droit de la propriété littéraire et artistique à un domaine réservé, à l'intérieur duquel le droit communautaire n'aurait aucun droit de cité, et à considérer que les droits exclusifs conférés par la propriété littéraire et artistique étaient bien de nature à affecter les échanges de biens et de services et les rapports de concurrence à l'intérieur de la Communauté.

Les autorités communautaires n'ont pour leur part jamais douté de l'application du traité au droit d'auteur et ont envisagé dès le début des années 1980 l'harmonisation des législations.

La création d'instruments juridiques spécifiques au droit d'auteur

L'exercice d'interprétation de la Cour de justice a été accompagné depuis la fin des années 1980 par un travail très suivi de la Commission européenne qui a présenté deux Livres verts sur la propriété littéraire et artistique en 1988 et 1995 (*Livre vert sur le droit d'auteur et le défi technologique*, 1988 ; *Livre vert sur le droit d'auteur et les droits voisins dans la société de l'information*, 1995), lesquels ont débouché sur l'adoption de plusieurs directives :

– la directive du 14 mai 1991 concernant la protection juridique des programmes d'ordinateur ;

– la directive du 19 novembre 1992 relative au droit de location et de prêt et à certains droits voisins du droit d'auteur dans le domaine de la propriété intellectuelle ;

– la directive du 27 septembre 1993 relative à la coordination de certaines règles du droit d'auteur et des droits voisins du droit d'auteur applicables à la radiodiffusion par satellite et à la retransmission par câble ;

– la directive du 29 octobre 1993 relative à l'harmonisation de la durée de protection du droit d'auteur et de certains droits voisins ;
– la directive du 11 mars 1996 concernant la protection juridique des bases de données.

En outre, deux nouvelles propositions de directives sont actuellement discutées. La première concerne la question du droit de suite. Il s'agit du droit pour les artistes de percevoir un pourcentage du prix de leurs œuvres lors de la revente de celles-ci après une première cession effectuée par les artistes eux-mêmes. Cette proposition de directive concerne les différents acteurs du marché de l'art que sont les artistes, mais aussi les galeries et les commissaires-priseurs. Quant à la seconde proposition de directive en cours de discussion, elle porte sur l'harmonisation de certains aspects du droit d'auteur et des droits voisins dans la société de l'information. Les enjeux liés à cette action législative communautaire sont fondamentaux pour les bibliothèques dans la mesure où la nouvelle réglementation envisagée réglera parmi d'autres le problème des droits liés à l'utilisation des documents électroniques dans ces établissements.

La Commission poursuit ses travaux dans le domaine de la propriété intellectuelle, elle vient de présenter un *Livre vert sur la lutte contre la contrefaçon et la piraterie dans le marché intérieur*, et s'intéresse également à la question de la gestion collective des droits d'auteur.

Les directives sont adoptées par les autorités communautaires selon une procédure très précise.

Selon l'article 189 B du traité instituant la Communauté européenne (article 251 selon la nouvelle numérotation issue du traité d'Amsterdam), les directives adoptées en vue de la réalisation du marché intérieur sont dorénavant arrêtées par le Parlement conjointement avec le Conseil, sur proposition de la Commission. Il s'agit de la procédure dite de « codécision », qui tend à renforcer les pouvoirs du Parlement en matière législative, puisque celui-ci accède désormais au rôle de colégislateur et se trouve en mesure d'empêcher l'adoption d'un texte qu'il désapprouverait. La Commission conserve son rôle majeur puisque le pouvoir d'initiative lui est réservé. Du fait de la nécessaire conciliation à rechercher entre le Conseil et le Parlement, cette procédure de codécision peut s'avérer longue et complexe. Cette procédure a cependant bien fonctionné jusqu'à présent et peu de projets ont fait l'objet de rejet.

Étant donné l'importance des enjeux portés par les projets de directives dans le domaine de la propriété intellectuelle, pour le dynamisme culturel mais aussi pour l'exercice des missions de diffusion poursuivies par les bibliothèques, la négociation de ces textes donne habituellement lieu à des actions de lobbying exercées par les professionnels, qu'il s'agisse d'associations de bibliothécaires telles qu'Eblida (European bureau of library and documentation associations[1]), d'orga-

1. Voir, dans la IIe partie, le chapitre de Françoise Danset.

nismes représentant les éditeurs ou les producteurs, d'organisations d'auteurs, ou encore d'associations d'usagers. Il leur appartient en effet d'être vigilants en amont sur les transformations qui découleront des projets de directive dans les droits nationaux, et de ne pas attendre l'exercice de transposition interne pour défendre leurs droits et promouvoir leur vision de la société de l'information.

Les objectifs de la politique communautaire en matière de droit d'auteur

Le traité instituant la Communauté européenne a prévu l'emploi des directives dans certains domaines au rang desquels figure « le rapprochement des dispositions nationales qui ont pour objet l'établissement et le fonctionnement du marché intérieur » (article 100 A, correspondant à l'article 95 selon la nouvelle numérotation issue du traité d'Amsterdam).

C'est en partie sur la base de l'article 100 A du traité que les directives relatives aux droits d'auteur sont examinées et adoptées. La question de la base juridique sur laquelle se fonde la politique communautaire en la matière n'est pas anodine et permet de comprendre la façon dont le droit communautaire appréhende la propriété littéraire et artistique.

C'est bien dans la perspective de la réalisation du marché intérieur que ce rapprochement des législations des États membres a été entrepris. Dans la logique de la construction européenne, l'objectif en est plus économique que culturel. Il s'agit davantage de réduire les distorsions de concurrence et de favoriser la libre circulation des biens et des services que d'agir sur le caractère culturel de leurs contenus. Il n'est donc pas étonnant que le premier texte communautaire adopté ait porté sur la protection des logiciels, en leur qualité d'œuvres de l'esprit mais aussi comme expression du dynamisme de l'industrie informatique européenne.

L'un des grands principes d'action de la Communauté européenne consiste effectivement à favoriser l'éclosion d'une industrie culturelle compétitive aux niveaux communautaire et mondial. Pour ce faire, création et production doivent être mieux garanties. Le postulat qui sous-tend les travaux communautaires est que la juste rémunération de l'exploitation des œuvres améliore la rentabilisation des investissements et stimule par le fait la production des industries culturelles.

L'action communautaire ne va pas sans heurts et rencontre des difficultés dues en partie aux différences de conception qui peuvent exister entre les différents systèmes juridiques nationaux et à la recherche d'objectifs parfois contradictoires.

Les bibliothèques, en tant qu'acteurs de la diffusion des œuvres protégées par le droit d'auteur, sont au cœur de ces discussions.

Ainsi, la Communauté européenne cherche à fonder l'harmonisation du droit d'auteur sur un niveau de protection élevé tout en mettant en avant la diffusion de la culture. La volonté des instances européennes de ne pas entraver l'action des organismes d'intérêt général ayant une mission de diffusion culturelle comme les bibliothèques a justifié, en 1992, le régime dérogatoire permis pour ces institutions par la directive sur le droit de prêt. En revanche, si les âpres discussions autour du projet de directive sur la société de l'information et plus spécifiquement autour des éventuelles exceptions aux droits de reproduction et de représentation de l'auteur présentent les mêmes ressorts, il semble aujourd'hui primordial pour ces mêmes instances européennes de garantir la création et la production, fût-ce au détriment de la diffusion des œuvres.

On peut d'autre part s'interroger sur ce que sera l'approche communautaire définitive par rapport à des prérogatives jusqu'ici exemptes de toute disposition et dont les conditions d'application divergent très fortement d'un système juridique national à l'autre. Ainsi, la place réservée à la notion de droit moral de l'auteur dans le droit communautaire est une question aujourd'hui encore très embarrassante pour la Communauté européenne. Ce n'est pas un hasard si, jusqu'à présent, les dispositions relatives à cette composante du droit d'auteur sont restées en jachère en raison d'une forte opposition des pays dits de *copyright*, qui ne reconnaissent pas le caractère inaliénable et perpétuel du droit moral des créateurs. Une interrogation subsiste sur le point de savoir si le droit communautaire résoudra à l'avenir ce conflit entre des traditions juridiques nationales très éloignées.

Les mécanismes d'introduction des directives communautaires dans les législations nationales

La directive constitue l'instrument privilégié de l'intervention communautaire dans le domaine du droit d'auteur. Elle ne vise pas l'existence d'une norme commune, mais le rapprochement des législations nationales. Elle doit permettre d'éliminer peu à peu les contradictions et les différences entre les législations nationales jusqu'à ce que dans chaque État membre, les conditions de fond soient aussi similaires que possible. La directive lie les États membres destinataires quant au résultat à atteindre, tout en laissant aux instances nationales la compétence quant à la forme et aux moyens. La directive doit être reçue dans le droit interne par le biais de mesures nationales de transposition, dans le délai prescrit dans le corps même de la directive concernée. En cela, la directive n'est pas directement applicable.

Qu'advient-il si une directive n'est pas transposée par un État membre dans le délai imparti, ou si l'exercice de transposition est incomplet et non respectueux des obligations communautaires ?

D'une part, l'État membre qui n'aura pas pris les mesures de réception d'une directive communautaire dans le délai de transposition imparti ou les aura mal prises pourra faire l'objet d'une procédure en manquement, à l'initiative de la Commission ou à la demande d'un autre État membre. Ce dernier cas de figure reste rare cependant, compte tenu de la difficulté politique qu'il peut y avoir pour un État à mettre publiquement en accusation un autre État membre. Si l'État membre ne se conforme pas à l'arrêt de la Cour de justice des Communautés européennes constatant le manquement, cette dernière pourra alors lui infliger le paiement d'une somme forfaitaire ou d'une astreinte.

D'autre part, le principe de l'« effet direct » de la directive permet au particulier d'invoquer devant les juridictions nationales les dispositions d'une directive à l'encontre de toute disposition nationale non conforme à celle-ci. La Cour de justice des Communautés européennes a en effet reconnu à certaines dispositions de directives l'aptitude à produire des effets directs dans les ordres juridiques internes, dans la mesure où elles présentaient un caractère précis et inconditionnel. On peut en déduire que seules les dispositions impératives, soit celles auxquelles les États ne peuvent en aucun cas déroger, sont susceptibles de produire un effet direct. En fait, le critère déterminant du caractère d'« effet direct » d'une disposition est l'étendue de la marge d'application que la directive concernée laisse aux États membres.

Cependant, ces dispositions d'effet direct ne créent des droits qu'en faveur des particuliers envers l'État membre. En revanche, elles ne créent des droits ni en faveur des particuliers entre eux, ni en faveur de l'État membre à l'égard des particuliers. Il faut bien percevoir que la notion d'applicabilité directe assure au droit communautaire une force de pénétration irrésistible dans l'ordre juridique des États membres.

Parallèlement, le juge administratif français admet la responsabilité de l'État pour faute en raison d'une situation illicite créée du fait de dispositions législatives incompatibles avec une directive.

2. Présentation des principales dispositions des directives communautaires relatives au droit d'auteur

Après cette description générale de la démarche communautaire en matière de propriété intellectuelle et des fondements sur lesquels ont été adoptées les grandes directives intervenues depuis 1991 dans le domaine du droit d'auteur, il est intéressant de présenter dans leurs dispositions principales celles de ces directives qui apparaissent comme particulièrement essentielles pour l'activité des bibliothèques et de mesurer leurs incidences dans la loi française.

La directive du 19 novembre 1992 relative au droit de location et de prêt

Ce texte, qui concerne en premier lieu les bibliothèques et porte des enjeux aujourd'hui essentiels pour l'activité de ces établissements, est l'une des suites que la Commission a souhaité donner au *Livre vert sur le droit d'auteur et le défi technologique* publié en 1988. Afin de comprendre la philosophie et l'économie générale de cette directive, il est important de savoir que la démarche communautaire s'est radicalisée au fil de l'élaboration du texte.

La définition du champ de la directive

À l'origine, le *Livre vert* n'envisageait en effet l'instauration d'un droit exclusif d'autoriser ou d'interdire au bénéfice des titulaires de droits que concernant la seule location, c'est-à-dire la mise à disposition consentie dans un objectif commercial. Le prêt, tel qu'il est pratiqué par les institutions poursuivant une finalité d'intérêt général, demeurait affranchi de l'obligation d'obtenir une autorisation des titulaires de droits et même de celle de verser une rémunération. Ce n'est qu'ultérieurement qu'a été admis sur le plan communautaire la nécessité d'un alignement du prêt sur la location. La Commission a finalement considéré que d'une part le prêt et la location étant deux modes d'utilisation susceptibles d'entrer en concurrence, il fallait les traiter pareillement, et que d'autre part, il n'était pas juste de faire peser sur les créateurs la charge financière des politiques publiques de diffusion culturelle.

La démarche communautaire s'est également radicalisée en ce qui concerne la définition des œuvres couvertes par la directive. Le *Livre vert* adoptait une position très restrictive puisqu'il préconisait de n'appliquer la protection au titre du droit de prêt qu'aux seules œuvres audiovisuelles et phonographiques. Le souci premier était en effet de réduire les risques de piraterie, compte tenu de l'importance de la copie privée pratiquée sur les supports audiovisuels. Ce n'est donc que tardivement que le livre a été introduit dans le champ de la directive, sous la pression des États d'Europe du Nord qui avaient déjà institué un droit de prêt couvrant pour l'essentiel les œuvres de l'écrit.

La France, comme l'ensemble des États d'Europe du Sud, s'est toujours montrée favorable au droit de location mais réservée sur le droit de prêt, spécialement dans le domaine du livre. Le gouvernement français considérait en effet qu'il n'était pas nécessaire de procéder à une harmonisation sur ce sujet, dans la mesure où l'incidence du prêt sur les échanges intracommunautaires lui semblait négligeable, tout particulièrement dans le secteur du livre où les marchés nationaux sont à quelques exceptions près extrêmement cloisonnés en raison des diversités linguistiques.

Les très vives controverses qui ont présidé à l'adoption de la directive sur le droit de prêt ont finalement contribué à mettre à mal la finalité harmonisatrice de cette dernière. La directive du 19 novembre 1992 reste un texte de compromis au contenu normatif assez modeste, et laissant aux États membres de très larges marges d'adaptation.

Le prêt tel qu'il est défini par la directive, c'est-à-dire par rapport à sa finalité, doit être exclusif de la recherche « d'un avantage économique ou commercial direct ou indirect ». L'exposé des motifs précise que le prêt peut cependant donner lieu à un paiement par l'usager, dans la mesure où ce paiement couvre les seuls frais de fonctionnement de la bibliothèque.

Le champ de la directive est très large puisqu'il couvre l'ensemble des œuvres, à l'exception des œuvres d'architecture, des œuvres d'art appliqué et des logiciels dont le régime particulier est déjà régi par un autre texte communautaire. Il concerne par ailleurs l'ensemble des établissements accessibles au public. Enfin, le prêt au sens de la directive n'englobe ni le prêt entre établissements accessibles au public, ni la mise à disposition à des fins de consultation sur place.

Quant à la définition des personnes bénéficiaires du droit de prêt, on relèvera que la directive accorde ce droit aux auteurs, mais aussi à différentes catégories de titulaires de droits voisins, en l'occurrence les artistes interprètes, les producteurs de phonogrammes et de films. Cependant, seuls les auteurs sont couverts par le dispositif obligatoire de la directive, les États restant libres d'écarter toute rémunération pour les autres catégories d'intervenants.

Les dispositions prévues par la directive et leurs adaptations nationales

La directive du 19 novembre 1992 prévoit quatre dispositions majeures relatives à la mise en œuvre du droit de prêt :

1° L'auteur se voit reconnaître le droit exclusif d'autoriser ou d'interdire le prêt de ses œuvres. Ce droit peut être transféré à une autre personne que l'auteur, c'est-à-dire qu'il peut faire l'objet d'une cession. L'éditeur peut ainsi se retrouver titulaire du droit de prêt d'une œuvre dans la mesure où le contrat d'édition prévoit une clause expresse de cession de ce droit par l'auteur. La protection qui découle de l'attribution d'un droit exclusif est la plus efficace qui soit dans le domaine du droit d'auteur. Cela signifie que le prêt n'est pas libre et qu'une autorisation préalable doit être obtenue pour chaque exemplaire d'une œuvre mis à disposition du public. L'auteur garde ainsi la maîtrise de l'utilisation de son œuvre.

2° Les États peuvent cependant déroger à ce droit exclusif de prêt à condition que l'auteur perçoive une rémunération au titre du prêt. Il est donc possible de substituer au droit de l'auteur d'autoriser ou d'interdire le prêt un droit à rémunération. Cette disposition rend possible des mécanismes de licence légale qui garantissent juridiquement la rémunération de l'auteur tout en maintenant la liberté absolue de prêter des bibliothèques. La faculté d'écarter le droit d'autoriser ou d'interdire de l'auteur s'agissant du prêt n'est pas dépourvue de justification si l'on considère que sa stricte application pourrait être de nature à compromettre la mission des bibliothèques publiques qui est d'offrir le fonds le plus large et le plus varié possible.

3° Les États peuvent également fixer la rémunération des auteurs en tenant compte de leurs objectifs de promotion culturelle. Le texte du projet initial élaboré par la Commission ne contenait pas cette disposition et spécifiait au contraire que la rémunération versée aux auteurs devait en tout état de cause être équitable. La directive telle qu'elle a été adoptée permet aujourd'hui aux États membres d'ajuster le niveau de rémunération des titulaires de droits, afin de prendre en compte des impératifs liés à leur politique culturelle de diffusion de l'information au plus grand nombre et au moindre coût pour l'usager.

4° Enfin, la directive prévoit que les États peuvent exempter certaines catégories d'établissements du paiement de la rémunération prévue. Cette possibilité d'exonération a été introduite en phase finale du processus d'élaboration de la directive, à la demande d'États d'Europe du Sud soucieux du développement de leur réseau de lecture publique et craignant la perspective de dépenses publiques supplémentaires. Une telle disposition privilégie la démocratisation de l'accès aux biens culturels et s'écarte de l'objectif premier recherché par la Commission, à savoir la juste rémunération de la création.

En autorisant dans son article 5 un jeu de multiples exemptions, la directive du 19 novembre 1992 sur le droit de prêt propose un modèle législatif dont la portée obligatoire se révèle finalement restreinte. Cette réalité a permis aux États qui avaient déjà institué un droit de prêt de conserver l'essentiel de leur système par une application *a minima* du dispositif de la directive. Les très grandes marges d'adaptation laissées aux États expliquent aussi que les situations nationales au regard du droit de prêt soient aujourd'hui si disparates.

S'agissant du prêt de livres, les différents États membres ont majoritairement tiré profit de la possibilité ouverte par la directive d'exclure le droit exclusif de l'auteur d'autoriser ou d'interdire, tout en garantissant à celui-ci un droit à rémunération. La reconnaissance du droit exclusif qui correspond à une application stricte du droit de la propriété intellectuelle est en revanche généralement maintenue pour les supports audiovisuels, sonores ou multimédias.

Il est intéressant de relever que la directive de 1992 permet de retenir deux approches très différentes du droit de prêt. La première approche, qui est par exemple celle de l'Allemagne ou des Pays-Bas, est fondée sur le droit d'auteur et considère le droit de prêt comme un droit de propriété intellectuelle. La seconde approche, celle retenue par les pays scandinaves, ne voit pas dans le droit de prêt un droit de propriété à caractère individuel, mais un droit de nature culturelle, un droit de l'ensemble des auteurs à recevoir une compensation financière en contrepartie de leur participation à la sauvegarde d'une identité culturelle nationale. La rémunération des auteurs au titre du prêt constitue alors un instrument de politique culturelle et sert en l'occurrence de support à une politique nationale de soutien à la création littéraire.

D'autre part, les États d'Europe du Sud ont généralement tiré parti de l'article 5 de la directive en exemptant leurs bibliothèques publiques du paiement du droit de prêt.

La directive devait être transposée en droit interne avant le 1er juillet 1994. La France a répondu à la Commission qu'il n'y avait pas lieu de prévoir de mesures spécifiques de transposition des dispositions communautaires dans la mesure où notre législation reconnaissait déjà à l'auteur le droit exclusif d'autoriser ou d'interdire le prêt comme mode d'exploitation de son œuvre. Cependant, aujourd'hui encore le droit de prêt est méconnu dans la pratique.

La directive du 29 octobre 1993 relative à l'harmonisation de la durée de protection du droit d'auteur et de certains droits voisins

Ce texte unifie les règles nationales relatives à la durée des droits patrimoniaux dont la disparité pouvait entraîner des restrictions aux échanges commerciaux de biens incorporant des œuvres protégées. Non concerné par l'harmonisation, le droit moral de l'auteur reste perpétuel en France.

Les nouvelles règles applicables aux durées de protection

L'allongement de l'espérance de vie et la volonté de couvrir plus ou moins deux générations d'héritiers ont conduit à faire passer le délai de protection du droit d'auteur, de cinquante ans à soixante-dix ans *post mortem*. La durée de soixante-dix ans *post mortem*, déjà adoptée en France en 1985 pour les œuvres musicales, était la règle de principe en vigueur en droit allemand. La protection est désormais assurée sur l'ensemble du territoire communautaire à partir de la création, durant toute la vie de l'auteur et pendant les soixante-dix années qui suivent l'année de sa mort.

La durée des droits patrimoniaux des titulaires de droits voisins que sont les artistes interprètes, les producteurs de phonogrammes ou de vidéogrammes ainsi que les entreprises de communication audiovisuelle, demeure quant à elle fixée à cinquante ans. Le point de départ de la protection est précisé pour chaque catégorie : le 1er janvier de l'année civile suivant l'interprétation pour les interprètes, la première fixation pour les producteurs et la première communication au public pour les entreprises de communication audiovisuelle. Cependant, dans tous les cas, si une communication publique de la fixation a lieu dans ce délai, c'est la date de la communication qui sert de base de calcul.

Le droit d'auteur allongeant ou réduisant traditionnellement la durée de protection dans un certain nombre d'hypothèses, la directive européenne prévoit des dispositions particulières pour certaines catégories d'œuvres.

Les œuvres de collaboration où la part créatrice de chacun des auteurs est clairement identifiable, se trouvent protégées durant toute la vie des coauteurs et pendant une période de soixante-dix ans à compter du 1er janvier de l'année qui suit la mort du dernier survivant des coauteurs. Recevant la qualification d'œuvres de collaboration, les œuvres audiovisuelles sont dotées par la directive d'un régime spécifique qui n'est pas favorable à tous les titulaires de droits. En effet, si la durée de protection continue à courir à partir du décès du dernier survivant, ce n'est plus du dernier de tous les coauteurs qu'il s'agit. Seuls sont pris en compte le réalisateur, le scénariste, le dialoguiste et le compositeur. Cette liste fixée par le droit communautaire ne correspond plus à la liste des coauteurs présumés de l'œuvre audiovisuelle telle qu'elle était définie par le droit français jusqu'à l'adoption de la directive. L'auteur de l'adaptation et l'auteur de l'œuvre originaire adaptée ont été écartés.

Les œuvres posthumes voient, quant à elles, leur durée de protection sensiblement réduite par la directive du 29 octobre 1993. L'œuvre posthume publiée pendant les soixante-dix ans de la durée de protection *post mortem auctoris* sera protégée pendant le temps restant à courir jusqu'à l'expiration de cette durée. En revanche, l'œuvre posthume publiée à l'issue de la période de soixante-dix ans de protection *post mortem auctoris* bénéficie d'une protection de vingt-cinq ans et non plus de cinquante ans à compter de sa publication. Cette disposition est importante pour les bibliothèques, car, dans ce dernier cas de figure, le droit d'exploitation appartient selon le droit français aux propriétaires, par succession ou à d'autres titres, qui effectuent la publication. Or, les bibliothèques peuvent être titulaires de droits d'exploitation de manuscrits inédits dont elles sont propriétaires, à condition que l'auteur soit déjà tombé dans le domaine public.

Enfin, la durée de protection des œuvres dont la création ne se rattache pas à une ou plusieurs personnes physiques procède en conséquence du critère de communication au public. Ainsi en est-il des œuvres collectives, des œuvres anonymes ou pseudonymes pour lesquelles la durée de protection de soixante-dix ans court à compter de l'année civile suivant celle de la publication ou de celle incorporant le dernier élément de l'œuvre dans le cas d'une publication échelonnée dans le temps. La directive fait prévaloir une règle *sui generis* en prévoyant que les œuvres dont la durée de protection est fonction de leur date de publication n'auront droit à cette protection que si leur publication intervient dans les soixante-dix ans après leur création. On peut relever que cette disposition, peu respectueuse de la création littéraire et artistique sera dans certains cas bien difficile à appliquer, faute de pouvoir dater avec certitude la création de l'œuvre.

L'application dans le temps de la directive

Les modifications relatives à la durée de protection posent des problèmes très complexes de droit transitoire et d'application dans le temps.

L'allongement de la durée de protection et l'harmonisation européenne ont pour conséquence de ressusciter les droits d'exploitation sur certaines œuvres. De nombreuses œuvres qui étaient tombées dans le domaine public dans un État membre, mais se trouvaient encore protégeables dans d'autres États, sont en effet susceptibles de bénéficier d'un rappel à la protection. C'est la conséquence du principe de non-discrimination entre les ressortissants communautaires. Les droits des auteurs renaissent s'ils étaient encore protégés au 1er juillet 1995 dans au moins un État membre de la Communauté européenne. L'Allemagne, où les œuvres protégées bénéficiaient déjà d'une durée de protection de soixante-dix ans après la mort de l'auteur, pourra servir de référence. Il s'agit là de ne pas fausser le jeu de la libre concurrence et de la libre circulation.

La résurrection des droits d'exploitation pose cependant la question du respect des droits acquis. S'agissant des droits acquis par les auteurs eux-mêmes, il est indiqué que lorsqu'une durée de protection plus longue que la durée de protection correspondante prévue par la directive a déjà commencé à courir dans un État membre au 1er juillet 1995, la nouvelle réglementation communautaire n'a pas pour effet de la raccourcir dans cet État membre. À titre d'exemple, la personne qui a publié une œuvre posthume avant le 1er juillet 1995 bénéficie en France d'une protection de cinquante ans et non de vingt-cinq ans. Dans le cadre de la mise en pratique de ce principe de respect des droits acquis, une polémique s'est développée en France autour de la question des prorogations de guerre prévues par notre Code de la propriété intellectuelle. Les prorogations de guerre sont des mesures de portée générale qui ont été prises en faveur des titulaires de droits à la suite des guerres de 1914-1918 et 1939-1945, afin de compenser le manque à gagner subi par les auteurs en raison des perturbations causées dans l'exploitation de leurs œuvres par les deux conflits mondiaux. La question qui se pose aujourd'hui est de savoir si ces prorogations sont maintenues, prolongeant alors la durée de protection de soixante-dix ans d'une durée supplémentaire de 14 ans et 203 jours, ou si la directive communautaire implique au contraire leur abandon en raison de l'harmonisation des durées de protection dans la Communauté. Le débat n'étant pas encore tranché par la loi ou par les tribunaux, il importe dans un souci de sécurité juridique que les exploitants potentiels d'une œuvre susceptible de bénéficier des prorogations de guerre tiennent compte de ce délai de protection supplémentaire. Cette recommandation vaut bien évidemment pour les bibliothèques qui peuvent s'interroger sur l'appartenance d'une œuvre au domaine public avant par exemple d'en envisager la numérisation.

Enfin, la directive s'entend « sans préjudice des actes d'exploitation accomplis avant le 1er juillet 1995 » et impose par conséquent aux États membres de prendre les dispositions nécessaires pour protéger les droits acquis des tiers. Le texte communautaire précise ainsi dans l'un de ses considérants qu'une éventuelle renaissance de droits expirés ne pourra pas donner lieu de manière rétroactive à des paiements de la part de personnes qui avaient entrepris de bonne foi l'exploitation des œuvres au moment où celles-ci faisaient partie du domaine public. Le législateur français a prévu un délai d'un an à compter de l'entrée en vigueur de la loi du 27 mars 1997 portant transposition de la directive dans notre Code de la propriété intellectuelle, afin que les éditeurs ou les producteurs qui exploitent des œuvres rappelées à la protection puissent se mettre en règle avec les titulaires de droits sans risquer d'être poursuivis en contrefaçon. Ce délai de grâce s'est achevé le 27 mars 1998.

La directive du 11 mars 1996 concernant la protection juridique des bases de données

Le 11 mars 1996, après quatre ans de négociations, le Conseil et le Parlement européen ont adopté une directive concernant la protection juridique des bases de données. La volonté de mettre en œuvre une législation communautaire en ce domaine trouve son origine dans le constat d'une insuffisante protection des bases de données dans les États membres et d'une grande disparité des législations en vigueur susceptible d'avoir des effets négatifs sur le fonctionnement du marché intérieur. Or l'importance des investissements opérés pour la réalisation des bases de données ainsi que la valeur marchande croissante de l'information commandaient une protection juridique accrue et harmonisée de ces bases de données.

Le régime prévu par la directive du 11 mars 1996 est susceptible de concerner les bibliothèques qui très souvent produisent et commercialisent, en ligne ou sur support, des bases de données bibliographiques ou des répertoires d'œuvres numérisées.

Les nouvelles dispositions communautaires ont été introduites dans le droit français par la loi du 1er juillet 1998 portant transposition de la directive dans notre code de la propriété intellectuelle.

Le champ d'application de la directive

Par base de données, la directive entend un « recueil d'œuvres, de données, ou d'autres éléments indépendants, disposés de manière systématique ou méthodique, et individuellement accessibles par des moyens électroniques ou d'une autre manière ». Force est de constater qu'à première lecture, les éléments de droit disponibles ne concourent pas à établir une définition juridique infaillible. Plusieurs précisions peuvent cependant être apportées.

Tout d'abord, on soulignera qu'après de longues hésitations, les rédacteurs de la directive ont finalement pris en compte les bases de données « papier », même si, en pratique, il est clair que les bases électroniques et numériques sont le véritable enjeu de l'harmonisation européenne. Cette solution permet en particulier d'éviter qu'une base de données diffusée à la fois sous forme électronique et sous forme non électronique ne bénéficie pas de la même protection dans les deux cas.

D'autre part, la directive écarte clairement de la protection les programmes d'ordinateurs utilisés dans la fabrication ou le fonctionnement d'une base, ainsi que les compilations de fixations d'exécutions musicales sur CD. La nécessité que les œuvres, les données ou éléments compilés dans une base de données soient individuellement accessibles conduit également à exclure du champ de la directive la fixation d'une œuvre audiovisuelle, cinématographique, littéraire ou musicale. En revanche, la protection peut s'appliquer aux éléments nécessaires au fonctionnement d'une base de données tels que le thesaurus et les systèmes d'indexation.

L'exposé des motifs précise que les bases de données électroniques peuvent également comprendre des dispositifs tels que les cédéroms et les CD-I. La difficulté majeure consiste en définitive à distinguer celles des œuvres multimédias qui entrent dans le champ de la directive. Dès lors qu'une base de données est présentée comme une compilation plus ou moins structurée d'éléments de nature informative, autonomes et individuellement consultables, il semble qu'un document tel qu'une encyclopédie pourrait ressortir à la définition de la base de données. En revanche, les logiciels éducatifs, les jeux et autres œuvres multimédias qui reposent sur un scénario et proposent un cheminement ludique ou pédagogique ne constituent pas *a priori* des bases de données.

Les bases de données se distinguent des autres œuvres de l'esprit dans la mesure où leur contenu ne présente souvent aucune originalité, l'apport de création résultant de la sélection et de l'organisation retenue. Pour en tenir compte, la directive communautaire du 11 mars 1996 instaure deux régimes de protection. Elle prévoit d'une part une protection au titre du droit d'auteur visant la structure de la base de données lorsque le choix ou la disposition des matières constituent une création intellectuelle originale. Elle crée d'autre part un droit nouveau intitulé « droit *sui generis* » afin de protéger l'investissement réalisé par les producteurs pour rassembler les données contenues dans la base. Ces deux types de protection ne sont pas indissociables et restent cumulables.

La protection par le droit d'auteur

Selon l'article 3 de la directive, les bases de données « qui par le choix ou la disposition des matières constituent une création intellectuelle propre à leur auteur sont protégées comme telles par le droit d'auteur ». Seule la structure de la base de données, son organisation, est donc protégée par le droit d'auteur. La protection des bases par le droit d'auteur ne couvre pas leur contenu. D'autre part, le seul critère applicable pour déterminer si une base de données peut bénéficier de cette protection est son degré d'originalité.

L'une des questions importantes qu'ont eu à résoudre les instances communautaires fut celle du régime applicable à la création salariée. Dans sa proposition initiale, la Commission avait suggéré que, comme en matière de logiciels, l'employeur soit automatiquement titulaire du droit d'auteur en cas de création salariée. Le Conseil n'a pas retenu cette solution et a choisi de laisser chaque État membre régler cette question en fonction de sa tradition juridique. La France, pour sa part, a choisi de ne pas instituer de présomption légale de cession des droits au profit de l'employeur.

La directive accorde à l'auteur les droits reconnus pour les autres catégories d'œuvres puisque l'auteur d'une base de données bénéficie du droit exclusif de faire ou d'autoriser la reproduction, la représentation, la traduction, l'adaptation ou la distribution. La directive rend cependant obligatoires certaines exceptions aux droits patrimoniaux de l'auteur. Ainsi, des droits sont reconnus à l'utilisateur légitime qui bénéficie d'une licence. Ce dernier peut en effet effectuer tous les actes qui sont nécessaires à l'accès au contenu de la base de données et à son utilisation normale par lui-même, sans l'autorisation de l'auteur de la base. Une clause contractuelle contraire qui mentionnerait d'éventuelles limites à l'utilisation de la base de données serait donc illégale. La formulation retenue par la directive exclut bien évidemment les actes de commercialisation permettant une utilisation par un tiers.

En outre, la directive laisse aux États membres la possibilité de prévoir d'autres exceptions aux droits accordés à l'auteur d'une base de données, en particulier en cas de reproduction à des fins privées d'une base de données non électronique, en cas d'utilisation à des fins d'illustration de l'enseignement ou de recherche scientifique et en cas d'utilisation à des fins de sécurité publique ou aux fins d'une procédure administrative ou juridictionnelle.

La création d'un droit *sui generis*

Indépendamment du droit d'auteur, la directive prévoit la protection des fabricants de bases de données par un droit *sui generis* portant sur le contenu de celles-ci. La valeur essentielle d'un grand nombre de bases de données réside dans les informations qu'elles contiennent, dont la collecte, le stockage et le traitement supposent parfois de lourds investissements. Ce contenu, composé la plupart du temps de données brutes, n'étant pas une œuvre de l'esprit, il ne peut bénéficier du droit d'auteur. Le droit *sui generis* a donc pour but de protéger l'investissement financier et professionnel consenti par le fabricant pour rechercher et rassembler le contenu d'une base.

Ce nouveau droit introduit par la législation communautaire confère au fabricant, entendu comme la personne qui prend l'initiative et assume le risque financier, et désigné en droit français comme le producteur, un certain nombre de prérogatives. L'article 7 de la directive prévoit le droit pour le fabricant d'une base de données d'interdire l'extraction (soit le transfert sur un autre support) et la réutilisation (soit toute forme de mise à disposition du public) de la totalité ou d'une partie substantielle du contenu de celle-ci, lorsque l'investissement consenti est considéré lui-même comme substantiel. Il appartiendra aux juges d'apprécier au cas par cas le caractère substantiel de l'investissement du fabricant.

De même, l'extraction et la réutilisation répétées et systématiques de parties non substantielles du contenu d'une base de données qui supposeraient des actes contraires à une exploitation normale de cette base ou qui causeraient un préjudice injustifié aux intérêts légitimes du fabricant ne sont pas autorisées.

L'utilisateur légitime d'une base de données peut quant à lui extraire et réutiliser des parties non substantielles de son contenu, à condition de ne pas effectuer des actes parasitaires entrant en conflit avec l'exploitation normale de la base. Cette disposition vise en particulier à éviter la multiplication d'extractions de parties non substantielles dans le but de reconstituer l'intégralité de la base.

Il existe des exceptions possibles au droit *sui generis*, que la directive laisse à l'appréciation des États membres. Ainsi les États peuvent établir que l'utilisateur légitime d'une base de données peut sans autorisation du fabricant de la base, extraire et réutiliser une partie substantielle du contenu de celle-ci, lorsqu'il s'agit d'une extraction à des fins privées du contenu d'une base non électronique, mais aussi lorsqu'il s'agit d'une extraction à des fins d'illustration en matière d'enseignement ou de recherche scientifique. Il est intéressant de savoir que la France n'a finalement pas retenu l'exception au droit *sui generis* du fabricant concernant les extractions à des fins de recherche. Cette situation se révèle tout particulièrement favorable aux bibliothèques qui produisent et commercialisent des bases de données bibliographiques à destination d'une clientèle en majorité institutionnelle et universitaire, et qui auraient subi un préjudice certain si une exception à des fins de recherche avait été prévue.

Les dispositions initiales de la proposition de directive qui prévoyaient un régime de licence obligatoire pour les bases constituant la seule source possible d'œuvres ou de données ont finalement été écartées. Néanmoins, la directive rappelle dans l'un de ses considérants que le droit *sui generis* ne doit pas s'exercer de manière à faciliter les abus de position dominante ou d'autres atteintes au droit de la concurrence. Ces mises en garde concernent en premier lieu les personnes morales détentrices de données publiques.

La durée de protection garantie par le droit *sui generis* est de quinze ans à partir de l'achèvement de la base, tout nouvel investissement substantiel, sous réserve de prouver ce dernier, prolongeant cette protection pour une nouvelle période de quinze ans. Il convient d'ajouter que le droit *sui generis* joue rétroactivement pour les bases de données élaborées depuis le 1er janvier 1983.

L'effet international de la directive

Sur le plan international, la protection par le droit d'auteur de la structure de la base est déjà prévue par la Convention de Berne. D'autre part, l'Accord relatif aux aspects de propriété intellectuelle qui touchent au commerce (ADPIC), adopté en annexe de l'accord de Marrakech du 15 avril 1994 instituant l'Organisation mondiale du commerce (OMC), étend le principe de protection à toutes les bases quelle que soit leur forme, électronique ou non, et quel que soit leur contenu, œuvres ou données. Les conditions de protection des bases de données par le droit d'auteur s'intègrent donc aujourd'hui dans le champ international. Outre les États membres de l'Union européenne, les pays de l'Espace économique européen, les pays de l'Europe centrale et orientale, tous les pays industrialisés et bon nombre de pays en voie de développement sont en effet parties à cet accord.

Concernant le droit *sui generis*, l'initiative européenne semble également exercer un effet pilote au plan international.

La proposition de directive sur l'harmonisation de certains aspects du droit d'auteur et des droits voisins dans la société de l'information

De récentes initiatives prises au niveau international et communautaire visent à adapter le droit d'auteur aux nouvelles technologies et à renforcer la protection des droits des créateurs dont les œuvres font l'objet de transmissions électroniques.

La mise en œuvre des traités de l'OMPI (Organisation mondiale de la propriété intellectuelle)

La conférence diplomatique qui s'est tenue en décembre 1996 sous les auspices de l'Organisation mondiale de la propriété intellectuelle (OMPI[1]) a tout d'abord permis l'adoption de deux nouveaux traités visant à mettre à jour la Convention de Berne. Il faut constater que ces traités n'ont pas apporté de réelle novation à notre législation nationale, laquelle reconnaissait déjà à l'auteur un droit de reproduction et un droit de représentation très étendus, ayant bien vocation à s'appliquer aux transmissions électroniques des œuvres. Les traités précisent d'une part que le stockage d'une œuvre sous une forme numérique constitue bien une reproduction et étendent d'autre part le droit de communication au public, c'est-à-dire le droit de représentation, à toutes les œuvres y compris les œuvres littéraires, ces deux dispositions étant déjà prévues par notre Code de la propriété intellectuelle. Ces accords internationaux rappellent également que le monopole de l'auteur peut toujours être restreint dans les cas spéciaux « où il n'est pas porté atteinte à l'exploitation normale de l'œuvre ni causé de préjudice injustifié aux intérêts légitimes de l'auteur ». Cette disposition est conforme à la préoccupation exprimée dans le préambule de maintenir un équilibre entre les droits des auteurs et l'intérêt public général, notamment en matière d'enseignement, de recherche et d'accès à l'information.

Quoi qu'il en soit, si l'on peut relever l'absence de conséquences immédiates de ces traités sur notre droit national, le champ de la réflexion et de la réglementation reste ouvert, pour ce qui concerne le domaine numérique, au sein des actuels travaux de l'Union européenne qui tendent à clarifier certains points des traités de l'OMPI.

---

1. Sur l'OMPI, consulter le Guide pratique dans la IIIe partie de cet ouvrage.

À la suite du *Livre vert sur le droit d'auteur et les droits voisins dans la société de l'information* adopté en 1995, la Commission européenne a fait connaître en décembre 1997 sa proposition de directive visant à harmoniser ces droits dans le nouveau contexte technologique. Cette directive vise partiellement à mettre en œuvre les nouvelles obligations internationales de l'Union européenne au titre des traités négociés sous les auspices de l'OMPI en décembre 1996. La définition des droits de propriété intellectuelle qui fait aujourd'hui l'objet d'ardentes négociations au niveau communautaire est stratégique, tant pour les titulaires de ces droits que pour les utilisateurs, et en l'occurrence pour les bibliothèques ; elle oriente les futurs modes d'utilisation des œuvres sur les réseaux et dessine les rapports de force entre les différents acteurs de la société de l'information.

La définition communautaire des droits de reproduction et de communication au public

Le projet de texte actuel est toujours susceptible de modifications ultérieures dans la mesure où son adoption définitive relève d'une procédure de codécision entre le Conseil et le Parlement européen. Au cours de la procédure d'examen de la proposition de directive, le Parlement a adopté un certain nombre d'amendements dont la plupart ont été repris par la Commission et qui visent tous à renforcer la protection du droit des créateurs.

Pour se mettre en conformité avec la future réglementation européenne, les États membres devront prévoir le droit exclusif d'autoriser ou d'interdire la reproduction directe ou indirecte, provisoire ou permanente, par quelque moyen et sous quelque forme que ce soit. Cette définition très large couvre tous les actes de reproduction, qu'ils s'accomplissent en ligne ou hors ligne, sous forme matérielle ou immatérielle, le résultat d'un tel acte pouvant aussi bien être une copie matérielle permanente comme un livre qu'une copie invisible provisoire contenue dans la mémoire d'un ordinateur.

Le droit de communication au public reconnu aux créateurs couvre pour sa part tout procédé autre que la mise à disposition de copies matérielles de l'œuvre et concerne de ce fait l'ensemble des nouvelles formes d'accès aux œuvres diffusées en réseau. Il reviendrait aux droits nationaux de définir la notion de public, étant précisé que le droit de communication au public a également vocation à s'appliquer aux actes de transmission interactifs à la demande. La proposition de directive confirmerait ainsi qu'il y a bien communication au public quand plusieurs personnes non liées peuvent avoir accès individuellement, à partir d'endroits et à des moments différents, à une œuvre se trouvant accessible au public, que cette œuvre soit ou non effectivement consultée.

Enfin, la transmission en ligne faite avec autorisation du titulaire de droits n'épuiserait pas le droit qui protège cet acte d'exploitation. Chaque nouvelle communication de l'œuvre devrait donc donner lieu à autorisation.

Cette application *a maxima* du droit d'auteur est faussement tempérée par les nombreuses exceptions rendues possibles par le projet de texte. Il faut en effet considérer que ces exceptions n'ont que très exceptionnellement un caractère obligatoire et sont en règle générale laissées à l'appréciation des États membres, ce qui pourrait être interprété comme le signe d'une fausse harmonisation. Quoi qu'il en soit, les exceptions au droit d'auteur actuellement prévues par les législations nationales devraient être réexaminées dans un sens plus restrictif, étant donné l'incidence économique accrue qu'elles sont susceptibles d'avoir dans le nouvel environnement électronique. Conformément aux obligations internationales posées par la Convention de Berne, ces exceptions ne sauraient en effet être appliquées d'une manière qui cause un préjudice aux intérêts du titulaire de droits ou qui porte atteinte à l'exploitation normale de son œuvre. Ces considérations ne devraient pas modifier notre paysage réglementaire national déjà peu favorable aux exceptions au droit d'auteur. Enfin, les États ne seront pas autorisés à prévoir d'autres restrictions au droit d'auteur que celles qui sont énumérées par la directive communautaire.

Les exceptions au droit d'auteur

Les États membres seraient dans l'obligation de prévoir une exception au droit de reproduction exclusif de l'auteur pour autoriser certains actes de reproduction provisoire et accessoire qui font partie intégrante et sont indissociables d'un processus technique exécuté dans l'unique finalité de permettre une utilisation d'une œuvre (par exemple la reproduction de documents dans la mémoire d'un ordinateur dans le seul but de pouvoir y accéder à l'écran). Cependant, un amendement du Parlement européen est venu préciser que seules les personnes titulaires d'une autorisation d'accès à l'œuvre pourront bénéficier de cette exception relative aux reproductions temporaires.

Aucune autre exception prévue par la proposition de directive ne présente de caractère obligatoire, et toutes tiennent largement compte de la diversité des traditions juridiques nationales dans la mesure où elles sont laissées à l'appréciation des États membres. Parmi les exceptions possibles au droit de reproduction, sont énumérées les reproductions sur support papier, excepté pour les éditions d'œuvres musicales, les reproductions à usage privé et non commercial effectuées sur support analogique d'enregistrement sonore ou audiovisuel ainsi que les reproductions à usage privé et non commercial sur supports numériques d'enregistrements sonores ou audiovisuels. Dans tous ces cas, les États membres ont cependant l'obligation de prévoir une rémunération équitable des titulaires de droits, d'une manière conforme à leurs traditions et pratiques légales. La compensation financière pourrait prendre la forme de taxes sur les ventes de supports vierges et d'appareils d'enregistrement. D'autre part, un sort particulier est réservé à la copie privée numérique dans la mesure où les États devront accorder aux détenteurs de droits la possibilité de contrôler les enregistrements sur supports numériques à usage privé par des moyens techniques fiables et efficaces.

Peuvent également faire l'objet d'une exception au droit de reproduction de l'auteur des actes de reproduction spécifiques effectués à des fins d'archivage ou de conservation par des établissements qui ne visent à l'obtention d'aucun avantage économique ou commercial, tels que les bibliothèques, les archives et autres institutions pédagogiques, éducatives ou culturelles. L'exception prévue au bénéfice d'établissements accessibles au public tels que les bibliothèques est donc très strictement encadrée et limitée à certains cas particuliers couverts par le droit de reproduction. Une telle exception ne s'appliquera pas à des utilisations faites dans le contexte de la fourniture en ligne d'œuvres protégées. Relevant « l'importance économique considérable que revêt l'utilisation d'œuvres numérisées par les bibliothèques », le projet de directive précise dans l'un de ses considérants qu'il est « opportun d'encourager l'octroi de licences contractuelles spécifiques favorisant de façon équilibrée de tels organismes ainsi que la réalisation de leurs objectifs dans le domaine de la diffusion ».

Pour clore ce jeu de multiples exceptions, le projet de réglementation communautaire en définit un certain nombre qui sont communes au droit de reproduction et au droit de communication au public. Parmi celles-ci figurent les utilisations à des fins d'illustration de l'enseignement ou de recherche scientifique, à condition que les titulaires de droits reçoivent en contrepartie une rémunération équitable.

La protection technique des œuvres protégées

En dernier lieu, la proposition de directive introduit l'obligation pour les États membres de prévoir des dispositions juridiques appropriées contre toutes les activités ayant pour objet de contourner les protections techniques d'œuvres protégées mises en œuvre par les détenteurs de droits, y compris la fabrication et la distribution de dispositifs de neutralisation de ces protections techniques. La protection juridique des mesures techniques mises en place par les ayants droit serait cependant soumise à la condition que ces mesures soient efficaces. En outre il deviendrait illégal d'effacer ou de modifier les données relatives à l'identification des titulaires de droits et des œuvres et permettant la gestion des droits. L'harmonisation de ces règles, dont on mesure toute l'importance pour la protection de la propriété intellectuelle sur les réseaux, a été réclamée à la quasi-unanimité des États membres de l'Union européenne.

Anne-Sophie ÉTIENNE

SOURCES

Directive CE n° 92100 du 19 novembre 1992 relative au droit de location et de prêt et à certains droits voisins, JOCE n° L 346 du 27 novembre 1992. Texte de la directive dans le CPI, éd. 2000, Appendice, Ire partie, pp. 574 et suivantes, et dans le Rapport Borzeix ; voir bibliographie générale en fin de volume.

Directive CE n° 93/98 du 29 octobre 1993 relative à l'harmonisation de la durée de protection du droit d'auteur et de certains droits, JOCE n° L 290 du 24 novembre 1993. Transposition en droit français : loi n° 97-283 du 27 mars 1997, JO du 28 mars 1997. Texte de la directive dans le CPI, éd. 2000, Appendice, Ire partie, pp. 582 et suivantes.

Directive CE n° 96/9 du 11 mars 1996 concernant la protection juridique des bases de données, JOCE n°L 77/20, 27 mars 1996. Transposition en droit français : loi n° 98-536 du 1er juillet 1998, JO du 2 juillet 1998. Texte de la directive dans le CPI, éd. 2000, Appendice, Ire partie, pp. 529 et suivantes.

Proposition de directive sur l'harmonisation de certains aspects du droit d'auteur et des droits voisins dans la société de l'information.

Consultable sur Internet : http://europa.eu.int/comm/dg15/fr/intprop/intprop/copy2.htm

Deuxième partie

Le statut de l'œuvre dans les bibliothèques : de l'auteur à l'utilisateur

I. La reprographie

L'auteur jouit, au terme de l'article L. 122-1 du Code de la propriété intellectuelle, d'un droit de représentation et d'un droit de reproduction de son œuvre[1]. La reprographie est une forme de reproduction, permettant une représentation supplémentaire de l'œuvre de l'auteur (article L. 122-3 du CPI). La reprographie relève du droit de copie, mais seulement d'une partie de ce droit puisque le suffixe « graphie » la limite dans la loi française en vigueur aux reproductions mécaniques *sur papier.*

Le « photocopillage »

L'équipement en photocopieurs et la pratique de la photocopie se sont développés depuis les années 1960. Les établissements d'enseignement et de formation sont accusés par les éditeurs de distribuer « copieusement » les photocopies de livres et de partitions à leurs élèves, et les bibliothèques se voient reprocher de faire « trôner » le photocopieur, en libre service mais payant, dans leurs espaces. Gratuites, les photocopies sont dénoncées comme un piratage ; payantes, il leur est reproché de ne pas rémunérer les auteurs et les éditeurs. Dans les années 1990, le « photoco*pillage* » devient un terme consacré et un dossier à part entière de la filière du livre. Il est perçu comme l'effet et même le signe du manque d'exemplaires dans les bibliothèques universitaires, comme l'effet ou la cause d'une lecture parcellaire et utilitaire chez les jeunes et les étudiants et de la baisse des achats de livres par les particuliers.

Pour les éditeurs, il se cumule au problème du droit de prêt[2] : prêté ou reprographié, le livre donne lieu à un usage (hors les murs de la bibliothèque) sans rémunération de ses producteurs. Pour les bibliothécaires, il est le vrai problème à résoudre, à l'inverse du droit de prêt.

1. Voir *supra*, Emmanuel Pierrat, « Les droits patrimoniaux ».
2. Voir *infra*, Yves Alix, « Le droit de prêt ».

La redevance sur les matériels de reprographie

La loi de finances pour 1976 a instauré[1] une taxe parafiscale de 3 % sur la vente de photocopieurs fabriqués ou importés en France. Cette taxe alimente le Fonds national du livre[2].

Le produit de ce fonds, alimenté par cette redevance sur les matériels de reprographie (près de 85 millions de francs en 1997) et par une redevance de 0,20 % sur le chiffre d'affaires de l'édition (près de 29 millions de francs en 1997), est exclusivement affecté au Centre national du livre. Ce fonds a constitué en 1997 près de 73 % des recettes du CNL, financé parallèlement par les remboursements de prêts aux entreprises d'édition et de librairie (près de 21 millions de francs), par des subventions (un peu plus de 14 millions de francs) et par des recettes diverses (moins de 3 millions de francs). La redevance sur les matériels de reprographie participe donc substantiellement aux moyens d'intervention du CNL qui a pour mission de soutenir la création (auteurs, traducteurs), l'édition (livres, revues), la promotion (manifestations) et la diffusion du livre (bibliothèques, librairies).

La réglementation de la reprographie

La loi de finances pour 1976 taxe seulement l'équipement en photocopieurs, et la redevance ne bénéficie pas seulement aux auteurs et éditeurs puisqu'elle est fondue parmi l'ensemble des recettes du CNL et puisque celui-ci aide l'ensemble des acteurs de l'économie du livre, dont les bibliothèques perçues comme l'un des vecteurs du « photocopillage ».

La polémique sur ce « photocopillage », l'avènement de la numérisation, de la diffusion et de la reproduction numériques ont obligé à réglementer le droit de copie dans le régime technologique précédent, c'est-à-dire physique et analogique, avant de devoir rapidement réglementer le nouveau régime, numérique.

La loi n° 95-4 du 3 janvier 1995 réglemente la copie par reprographie qui recouvre à la fois un procédé et le support qui en résulte : la reprographie est selon l'article 1er la « reproduction sous forme de copie sur papier ou support assimilé par une technique photographique ou d'effet équivalent permettant une lecture directe[3] ». Le résultat de la reprographie inclut ainsi la photocopie, la télécopie, toute sortie papier obtenue par un procédé analogique ou numérique, la reproduction sur un transparent et aussi les impressions sur papier d'un document numérisé. Sont en revanche exclues les microfiches et les copies numériques dont la lecture nécessite un appareil.

Les documents qui font l'objet de la reprographie se définissent eux, non par leur support, mais par leur contenu. Seule l'œuvre *publiée* est soumise au droit

---

1. Article 22 de la loi n° 75-1278 du 30 décembre 1975, loi de finances pour 1976.
2. Compte d'affectation spéciale du Trésor n° 902-16.
3. Article L. 122-10, alinéa 2, du CPI.

de reprographie, c'est-à-dire, selon l'article 3-3° de la Convention de Berne, les « œuvres éditées avec le consentement de leurs auteurs, quel que soit le mode de fabrication des exemplaires, pourvu que la mise à disposition de ces derniers ait été telle qu'elle satisfasse les besoins raisonnables du public, compte tenu de la nature de l'œuvre ». Aussi la littérature grise lui échappe-t-elle. L'article L. 112-2 du CPI fournit une liste indicative d'œuvres de l'esprit, parmi lesquelles on peut mentionner celles qui sont concernées par le droit de la reprographie :

- livres, brochures et autres écrits littéraires, artistiques et scientifiques ;
- conférences, allocutions, sermons, plaidoiries et autres œuvres de même nature ;
- œuvres de dessin, de peinture, d'architecture, de sculpture, de gravure, de lithographie ;
- œuvres graphiques et typographiques ;
- œuvres photographiques ;
- illustrations, cartes géographiques, plans.

Le droit de la reprographie s'applique aussi selon l'usage qui est fait de la reproduction.

Le tribunal de grande instance (TGI) de Paris a jugé le 28 janvier 1974, dans un procès qui opposait le CNRS à plusieurs éditeurs, que « le législateur n'a nullement entendu prohiber l'usage des procédés modernes de reproduction[1] ». La reprographie relève donc bien du droit d'auteur. Par conséquent les exceptions au droit d'auteur s'appliquent aussi à la reprographie. Le droit de l'auteur d'autoriser ou d'interdire la reproduction, partielle ou totale, de son œuvre connaît des exceptions indiquées à l'article L. 122-5 du CPI[2]. Deux exceptions au droit exclusif de l'auteur concernent la reprographie : la copie privée et la revue de presse.

La copie privée

L'article L. 122-5 prévoit ainsi que « lorsque l'œuvre a été divulguée, l'auteur ne peut interdire [...] les copies ou reproductions strictement réservées à l'usage du copiste et non destinées à une utilisation collective ». Si la reprographie est commandée par une personne à un service (centre de documentation notamment), le TGI a jugé dans la même affaire que le copiste est la personne à l'origine de la demande, ou « copiste intellectuel », car c'est elle qui a choisi l'œuvre reproduite, en connaît seule l'usage et en est responsable.

Se pose la question de la définition de l'« usage privé » et « non collectif ». L'usage individuel mais professionnel d'une copie par un étudiant ou un chercheur, la copie effectuée dans le centre de documentation d'une entreprise, d'une association, d'une administration, enfin les copies destinées à l'usage interne d'un groupe peuvent être considérées comme des utilisations collectives. Le nombre d'exemplaires d'une copie pourrait ici entrer en ligne de compte.

1. TGI Paris, 28 janvier 1974, Dalloz 1974, p. 337, note H. Desbois.
2. Voir *supra*, Emmanuel Pierrat, « Les exceptions aux droits patrimoniaux ».

En effet, le droit de la reprographie en France fait l'objet d'une législation distincte, mais est influencé par la réglementation internationale et européenne sur la reproduction numérique qui tend à éviter toute exception au droit de reproduction.

La revue de presse

L'article L. 122-5 du CPI prévoit que « lorsque l'œuvre a été divulguée, l'auteur ne peut interdire [...], sous réserve que soient indiqués clairement le nom de l'auteur et la source, les revues de presse ». Dans sa décision du 30 janvier 1978, la Chambre criminelle de la Cour de cassation, reprise le 25 mars 1982 par la cour d'appel de Paris, en a donné une définition plus restrictive qu'une série de photocopies intégrales d'articles de presse : elle est alors « présentation conjointe et par voie comparative de divers commentaires émanant de journalistes différents et concernant un même thème ou un même événement ».

La revue de presse doit être littérale (qu'elle soit partielle ou intégrale), c'est-à-dire sans déformation, et indiquer l'auteur et la source de chaque œuvre. Mais la condition de réciprocité, à savoir la possibilité pour un organe de presse de citer la revue de presse effectuée par un autre organe, exige qu'il y ait un élément original dans la revue de presse et implique qu'elle ne peut être réalisée que par les journalistes. De fait d'autres professionnels de l'information (documentalistes, services de communication interne d'entreprises ou d'administration) pratiquent ce que le Centre français d'exploitation du droit de copie baptise « panorama de presse ».

La gestion collective

Le CPI interdit la reproduction partielle ou totale d'une œuvre protégée sans l'accord préalable de son auteur (art. L. 122-4 du CPI : « Toute représentation ou reproduction intégrale ou partielle faite sans le consentement de l'auteur ou de ses ayants droit ou ayants cause est illicite »). Une fois l'autorisation obtenue, restent à définir le montant et les modalités de sa rémunération.

Dans le but de faciliter la collecte des sommes dues au titre de ces reproductions par reprographie, la loi du 3 janvier 1995 a instauré leur gestion collective : « La publication d'une œuvre emporte cession du droit de reproduction par reprographie à une société régie par le titre II du livre III[1] et agréée à cet effet par le ministre chargé de la culture » (article 1er de la loi ou L. 122-10 du CPI).

La loi ne concerne que le droit de reproduction : celui-ci seulement est automatiquement cédé aux sociétés de gestion, l'auteur conservant son droit de représentation et son droit moral.

Mais, dans son propre champ, la loi établit deux exceptions.

D'une part, si l'auteur (ou son ayant droit) n'est plus habilité à autoriser la reprographie de son œuvre par un tiers, l'auteur lui-même (ou son ayant droit)

1. Le titre II du Livre III du CPI, soit les articles L. 321-1 à 12, définit les sociétés de perception et de répartition des droits d'auteur.

conserve le droit de « réaliser des copies aux fins de vente, de location, de publicité ou de promotion » (article 1er).

D'autre part, seul le droit de reprographie *à usage non commercial* est automatiquement cédé aux sociétés de gestion : la copie *à usage commercial* nécessite certes l'accord de l'auteur sur les conditions d'utilisation, mais reste à savoir si le titulaire des droits est la société de gestion (selon le principe que pose la loi) ou l'auteur (selon l'exception que pose aussi la loi). Dans ce dernier cas, le copiste devrait identifier le titulaire des droits de reprographie, obtenir son accord et négocier le montant des droits à lui verser.

Les sociétés de gestion collective

En application de la loi du 3 janvier 1995, le décret n° 95-406 du 14 avril 1995 (articles R. 322-1 à 4 du CPI) fixe les conditions de délivrance et de retrait de l'agrément aux sociétés de gestion du droit de reproduction par reprographie. L'agrément est ainsi délivré pour une durée de cinq ans[1] sur quatre critères[2] : la diversité des associés, la qualification professionnelle des dirigeants, les moyens humains et matériels proposés et le caractère équitable des modalités de répartition des sommes perçues. La société agréée peut assermenter des agents, eux aussi agréés par le ministre de la Culture : ils peuvent constater toute infraction à la législation, accéder à tout document et matériel permettant d'évaluer le nombre de copies d'œuvres protégées réalisées par un organisme. La société agréée peut engager des actions en justice contre les copistes qui n'ont pas respecté les règles du droit d'auteur.

Un arrêté du 7 avril 1997 désigne le CFC en tant que cessionnaire du droit de reproduction par reprographie pour le livre et la presse, et la Seam, ex-Sem, pour la musique imprimée (sur la Seam, voir l'article correspondant dans le guide pratique, *infra*).

Le Centre français d'exploitation du droit de copie

Le Centre français du copyright est né en 1984 de la volonté de la Fédération nationale de la presse d'information spécialisée et du Syndicat national de l'édition de créer un organisme chargé de percevoir et répartir les droits de propriété littéraire de la presse et du livre. Il est devenu en mars 1991 le Centre français d'exploitation du droit de copie. Il est composé de trois collèges qui répartissent ses membres en fonction de leur activité : auteurs et sociétés d'auteurs, éditeurs de presse, éditeurs de livres. Ces trois collèges sont représentés dans toutes les instances du CFC : assemblée générale, comité, commission paritaire, commissions techniques. Jacques Marseille a succédé à François Gèze à la présidence en septembre 1999.

1. Article R. 322-2 du CPI.
2. Article L. 122-12 du CPI.

Au début de 1998, 1 313 établissements, organismes ou sociétés avaient signé une convention avec le CFC. En 1996, 13,5 millions de francs ont été perçus dont 8,6 reversés aux auteurs et éditeurs. En 1997, 17,6 millions on été perçus ; en 1998, 22,8 millions, dont 13,2 ont été reversés aux auteurs et éditeurs. Pour 1999, le total des perceptions a dépassé 35 millions de francs.

Le CFC définit une grille tarifaire dont les principes sont les suivants :

– les tarifs de redevance sont établis par page de photocopie au format A4 (à proportion pour les surfaces inférieures ou supérieures) ;

– les tarifs sont basés sur le prix de vente moyen hors taxe à la page des œuvres récemment publiées dans chaque catégorie. Ce prix de vente moyen a été obtenu par échantillonnage dans chaque catégorie d'ouvrages : *a)* pour le livre, le nombre de pages de l'ouvrage est divisé par le prix de vente hors taxe au public ; *b)* pour la presse, le prix de vente hors taxe du numéro au public (valeur faciale, sinon tarif d'abonnement) est multiplié par le nombre annuel de numéros et divisé par le nombre total de pages publiées dans l'année (publicités incluses).

Catégories d'œuvres retenues et tarifs de redevance au 1er janvier 1998[1]

L1	0,20 HT	Livres de poche
L2	0,45 HT	Livres scolaires et parascolaires, dictionnaires et atlas
L3	0,55 HT	Littérature générale y compris livres d'actualité, littérature jeunesse, ouvrages sur la religion, etc.
L4	0,60 HT	Livres universitaires et professionnels, toutes disciplines confondues, hormis les ouvrages professionnels en science et médecine
L5	0,70 HT	Livres et guides pratiques (jardinage, autoformation, annuaires grand public, etc.)
L6	0,90 HT	Livres professionnels en science et médecine
L7	1,30 HT	Livres fortement illustrés (livres d'art, bandes dessinées, encyclopédies et atlas vendus par courtage, etc.)
P1	0,20 HT	Presse grand public, presse quotidienne et magazines d'information générale diffusés à plus de 150 000 exemplaires
P2	0,35 HT	Presse grand public, presse quotidienne et magazines d'information générale diffusés à moins de 150 000 exemplaires
P3	0,45 HT	Presse professionnelle diffusée à plus de 150 000 exemplaires
P4	0,85 HT	Presse professionnelle et presse culturelle spécialisées diffusée à plus de 150 000 exemplaires, y compris les ouvrages professionnels non médicaux faisant l'objet de mises à jour périodiques
P5	1,90 HT	Presse professionnelle en sciences et sciences appliquées
P6	4,10 HT	Ouvrages professionnels scientifiques, techniques et médicaux faisant l'objet de mises à jour périodiques
P7	5,00 HT	Lettres professionnelles à diffusion restreinte

Ces tarifs sont révisables périodiquement.

1. Bulletin *CFC Informations*, mars 1998.

L'application de la redevance

Pour percevoir la redevance, le CFC tend à approcher les organismes par secteur d'activité (banque, assurance, formation professionnelle, Éducation nationale, universités, etc.).

La fixation de redevance forfaitaire, soutenue par l'Association des professionnels de l'information et de la documentation (ADBS)[1], l'emporte dans les « accords de branche » sur l'application de la grille tarifaire. L'article L. 131-4 du CPI prévoit en effet que « la rémunération de l'auteur peut être évaluée forfaitairement dans les cas suivants :

« 1° La base de calcul de la participation proportionnelle ne peut être pratiquement déterminée ;

« 2° Les moyens de contrôler l'application de la participation font défaut ;

« 3° Les frais des opérations de calcul et de contrôle seraient hors de proportion avec les résultats à atteindre. »

Trois accords notables ont été signés après plusieurs années de négociations, voire de contentieux.

Le CFC et la Société des auteurs et éditeurs de musique (Seam) ont signé le 17 novembre 1998 un accord avec la Conférence des présidents d'université (CPU) pour une durée de six ans. Les deux premières années (1998-1999 et 1999-2000), la redevance forfaitaire est fixée à 10 F TTC par étudiant et par an, période pendant laquelle un groupe de travail évaluera les pratiques de reprographie d'œuvres protégées dans les établissements d'enseignement supérieur afin de mettre en place une grille tarifaire. La dernière année de l'accord, le tarif ne pourra dépasser 42 F HT par étudiant et par an.

Le CFC a aussi signé le 25 mars 1999 un accord avec l'Association française de banques (AFB), représentant le secteur bancaire privé (400 établissements, 200 000 salariés). La redevance forfaitaire est fixée à 12 F par salarié et par an pour toute copie d'article de la presse juridique et économique effectuée à des fins de « panorama de presse », d'information interne ou de travail. La redevance totale annuelle s'élève donc à plus de deux millions de francs.

Le CFC et la Seam ont enfin signé le 17 novembre 1999 un accord avec le ministère de l'Éducation nationale pour une durée de quatre ans. Les deux premières années (2000 et 2001), la redevance forfaitaire est fixée à 10 F par élève et par an, période pendant laquelle un groupe de travail évaluera les pratiques de reprographie d'œuvres protégées dans les établissements d'enseignement secondaire (collèges et lycées), publics et privés, afin de mettre en place une grille tarifaire. La redevance totale annuelle devrait donc s'élever en 2000 à 46 millions de francs pour les établissements publics et 12 millions pour les établissements privés.

---

1. Voir ADBS, *Le Droit de copie en questions*, ADBS éditions, décembre 1998.

Le droit de la reprographie et la gestion collective en Europe et dans le monde

Selon la Convention de Berne, les auteurs des pays signataires « jouissent du droit exclusif d'autoriser la reproduction de [leurs] œuvres, de quelque manière et sous quelque forme que ce soit » (article 9-1°).

Cependant, les États signataires ont « la faculté de permettre la reproduction desdites œuvres dans certains cas spéciaux, pourvu qu'une telle reproduction ne porte pas atteinte à l'exploitation normale de l'œuvre ni ne cause un préjudice injustifié aux intérêts légitimes de l'auteur » (article 9-2°).

Les dérogations au monopole de l'auteur font alors l'objet de licence. La licence est légale si les conditions d'utilisation de l'œuvre sont définies par la loi. La licence légale peut être payante (Allemagne) ou exonérée de droit d'auteur (Danemark, Royaume-Uni). La licence est contractuelle si les conditions d'utilisation de l'œuvre sont définies par un contrat entre les utilisateurs et les auteurs. Les États combinent en fait les licences légales et les licences contractuelles.

Plus de vingt-cinq sociétés de gestion des droits de reprographie, dont le CFC, sont regroupées, avec une quarantaine de sociétés d'auteurs et d'éditeurs, dans l'Ifrro, International Federation of reproduction rights organisations. Le CFC a déjà signé une convention bilatérale de représentation réciproque avec quinze de ses homologues étrangers.

Cependant, la comparaison internationale des sociétés de gestion et des systèmes de redevance est difficile : dans certains pays (Suède, Canada, Pays-Bas...), les redevances proviennent exclusivement ou très majoritairement des établissements d'enseignement ou des administrations. Certaines sociétés (Espagne, Grèce) perçoivent la taxe sur la vente de photocopieurs. Dans d'autres pays (Pays-Bas, Suède, Danemark), la redevance est assise non sur le matériel, mais sur les copies effectuées par les exploitants de photocopieurs.

Henri GAY

BIBLIOGRAPHIE

Arrêté du 23 juillet 1996 portant agrément du Centre français d'exploitation du droit de copie. *Journal officiel*, 6 août 1996, et arrêté du 7 avril 1997 désignant comme cessionnaires le CFC et la Seam, *Journal officiel*, 15 avril 1997.

Débat sur le projet de loi sur la reprographie : séance de l'Assemblée nationale, *Journal officiel*, Débats, Assemblée nationale, 3° séance du 15 décembre 1994.

Décret n° 95-406 du 14 avril 1995 portant application des articles L. 122-10 à L. 122-12 du Code de la propriété intellectuelle et relatif à la gestion collective du droit de reproduction par reprographie, *Journal officiel*, 19 avril 1995

Loi n° 95-4 du 3 janvier 1995 complétant le Code de la propriété intellectuelle et relative à la gestion collective du droit de reproduction par reprographie, *Journal officiel*, 4 janvier 1995.

Bécourt, Daniel, « Commentaire de la loi n° 65-4 du 3 janvier 1995 sur la reprographie », *Actualité législative Dalloz*, 1995, 8e cahier.

Voir aussi la bibliographie générale, en fin de volume.

II. Le droit de prêt[1]

Emmanuel Pierrat rappelle qu'actuellement, « la question du droit de prêt [...] n'est pas envisagée expressément en droit interne » (voir *supra*, Ire partie, chapitre Ier, « Les exceptions aux droits patrimoniaux »).

En effet, le mot *prêt* ne fait l'objet, sauf erreur, que d'une *unique* mention dans le Code de la propriété intellectuelle, et cela seulement depuis 1998, avec l'adoption de la loi n° 98-536 transposant dans le droit français la directive européenne de 1996 sur les bases de données. L'article L. 342-1 du CPI, alinéa 5, stipule en la matière que « le prêt public n'est pas un acte d'extraction ou de réutilisation », ce qui semble indiquer clairement que le producteur d'une base de données ne peut l'interdire.

Cependant, l'adoption le 19 novembre 1992 de la directive européenne « relative au droit de location et de prêt », dont les dispositions doivent être transposées dans le droit interne de chacun des États membres de l'Union européenne, a suscité en France un débat très vif, au point que « la question du droit de prêt dans les bibliothèques », à ce jour non résolue, a entraîné jusqu'à la remise en cause de la légitimité d'une activité essentielle des bibliothèques.

Une remise en cause inattendue

Cette remise en cause était pour le moins inattendue. Anne-Sophie Étienne a souligné, plus haut, dans son chapitre sur « La Protection harmonisée du droit d'auteur dans l'Europe communautaire », la radicalisation de la démarche communautaire sur ce sujet, de la publication du *Livre vert sur le droit d'auteur de 1988* jusqu'à l'adoption de la directive fin 1992. À l'origine, le prêt ne devait pas faire l'objet d'un droit exclusif d'autoriser ou d'interdire, prévu pour la seule location. De même, le livre n'a été introduit que tardivement dans un texte d'abord conçu pour lutter contre la piraterie en matière de documents sonores et audiovisuels[2].

---

1. L'auteur de ce chapitre, beaucoup le savent dans la profession, s'est déclaré publiquement favorable au droit de prêt. Il s'est toutefois efforcé ici de rendre compte objectivement de tous les aspects de la question, en présentant les positions en présence et en faisant abstraction, autant que faire se peut, de sa propre opinion.
2. Il est du reste paradoxal de constater que, depuis l'adoption de la directive, le débat public s'est essentiellement cristallisé autour de la question du livre et que les titulaires de droits en matière de

En fin de compte, la norme adoptée est allée beaucoup plus loin que ce que les professionnels des bibliothèques pouvaient imaginer. Cette radicalisation a été une surprise pour des utilisateurs qui, dès la période de discussion du projet de directive dans les instances communautaires, ont décelé une menace dans son esprit comme dans ses dispositions. En témoignent par exemple les actes de la journée d'études organisée le 26 octobre 1992 par la Fédération française de coopération entre les bibliothèques (FFCB).

Situation du prêt dans le droit français de la propriété littéraire et artistique

L'irruption du droit de prêt dans le paysage a d'abord conduit à poser une question que pratiquement personne ne se posait jusqu'alors – sauf les auteurs, qui, dès le début des années 1970 l'inscrivaient dans leurs revendications, sans éveiller beaucoup d'écho : quel est le « statut juridique » de l'acte de prêt effectué par un établissement documentaire, public ou privé ? Comme on l'a souligné en introduction, la question est d'autant plus difficile à poser *dans les bons termes* que le CPI ne l'envisage pas expressément. Il est pourtant possible, et beaucoup de spécialistes du domaine l'avaient fait dès avant 1992, d'interroger à ce sujet les textes législatifs relatifs au droit d'auteur, avec un résultat en fin de compte assez fructueux.

Les droits patrimoniaux dont bénéficie l'auteur d'une œuvre de l'esprit s'interprètent en effet comme un *monopole* d'exploitation, qui lui permet d'une façon tout à fait claire de s'opposer à toute utilisation de son œuvre sans autorisation et, *a fortiori*, souligne Emmanuel Pierrat, *sans rémunération*. Si le législateur a prévu expressément des exceptions à ce droit exclusif (article L. 122-5 du CPI), le prêt public n'en fait pas partie. D'autre part, à la différence du droit moral, ces droits patrimoniaux, sont cessibles : l'auteur est libre de céder, aux conditions qu'il a lui-même fixées, les différents modes d'exploitation de son œuvre. Mais dans tous les cas, le principe d'interprétation restrictive prévaut (voir *supra*, dans le chapitre d'Emmanuel Pierrat, « Les mécanismes contractuels ») : l'auteur ne cède au cessionnaire que ce qui est prévu expressément au contrat. L'article L. 131-3 du CPI précise ainsi : « La transmission des droits de l'auteur est subordonnée à la condition que chacun des droits cédés fasse l'objet d'une mention distincte dans l'acte de cession et que le domaine d'exploitation des droits cédés soit délimité quant à son étendue et à sa destination, quant au lieu et quant à la durée. » Autrement dit, si un contrat de cession ne mentionne pas le prêt, cela signifie que l'auteur ne cède pas ce droit et qu'il se réserve la faculté de l'autoriser et de recevoir le produit de l'exploitation née d'une éventuelle autorisation.

---

documents phonographiques et vidéographiques, qui étaient en fait les initiateurs d'une réglementation communautaire relative au prêt et à la location, sont restés quasi absents du débat. Nous reviendrons sur les raisons de cette attitude en étudiant la question du prêt selon les différents supports.

C'est à la lumière de cette interprétation du Code que l'on peut légitimement considérer que le droit de prêt existe bel et bien en droit français, en tant qu'un des aspects du monopole d'exploitation dévolu à l'auteur. Le gouvernement français, invité comme des autres pays de l'Union à transposer la directive dans son droit interne, a ainsi répondu à la Commission « qu'il n'y avait pas lieu de prévoir de mesures spécifiques de transposition des dispositions communautaires dans la mesure où [notre] législation reconnaissait déjà à l'auteur le droit exclusif d'autoriser ou d'interdire le prêt comme mode d'exploitation de son œuvre » (Anne-Sophie Étienne, voir *supra*). Jean-Marie Borzeix, dans son rapport sur la question du droit de prêt en bibliothèque[1] reproduit lui aussi la substance de cette réponse en conclusion de sa propre analyse.

Un droit reconnu mais inappliqué

Une telle réponse peut être considérée comme tout à fait recevable d'un point de vue strictement juridique[2] et parfaitement suffisante si l'on estime inutile de surenchérir sur un dispositif législatif offrant aux auteurs une protection déjà très élevée. Cependant, deux remarques s'imposent quant à la substance même de la position officielle. La première est qu'elle méconnaît, à notre sens, l'intérêt d'intégrer dans le CPI une *définition* positive du prêt, qui nous semble en tout état de cause le premier pas vers sa licitation – nous y reviendrons plus loin. La seconde, qu'il y a lieu de développer, est relative à l'absence complète de portée de la réponse *sur le fond*, à la question posée d'un point de vue général : le droit de prêt existe-t-il ?

D'une part, on observera que dans la mesure où le prêt ne figure ni de façon expresse comme un des modes d'exploitation réservés dont bénéficie l'auteur – le prêt ne peut être assimilé ni à une représentation, ni à une reproduction au sens où le CPI emploie ces termes –, ni dans la liste des exceptions aux droits patrimoniaux établie par la loi, il ne peut être mentionné dans les contrats de cession qu'en dehors de tout cadre commun à vocation normative, c'est-à-dire en référence à des dispositions obligatoires prévues par le législateur. C'est un premier frein à une mise en œuvre du droit de prêt. Cet obstacle n'est cependant pas rédhibitoire, on le voit avec la situation des vidéogrammes. Et depuis 1996, le contrat type de l'édition inclut la cession du droit de prêt de l'auteur à l'éditeur. Mais d'autre part, et l'obstacle est cette fois décisif, l'absence de dispositions permettant une gestion collective de ce droit le rend de fait inapplicable.

En l'état actuel de la loi, un auteur ou un ayant droit peut demander qu'il soit fait mention, dans l'acte de cession, du prêt public, soit pour l'interdire, soit pour l'autoriser contre rémunération en confiant la gestion de l'exploitation au cession-

1. Voir bibliographie.
2. Elle est toutefois contestée par certains juristes spécialistes du domaine, comme par exemple P.-Y. Gautier (*Propriété littéraire et artistique*, PUF, 1996) qui, rappelant qu'en droit n'existe que ce qui est expressément prévu et nommé, récuse l'idée que le droit de prêt soit réellement prévu par le droit positif français.

naire. C'est théoriquement tout à fait possible. Mais l'œuvre éditée et mise dans le commerce est accessible à tout acheteur, sans préjudice de l'usage qu'il fera ensuite des documents acquis. Il devient donc impossible à l'auteur ou à son cessionnaire de prévenir ou de sanctionner un prêt illicite, sans intenter une action à chaque infraction constatée. La comparaison s'impose ici avec le droit de reprographie, utilisation expressément prévue par le Code, mais dont le contrôle n'a pu être efficacement mis en œuvre que du moment où le législateur a institué, par la loi du 3 janvier 1995, une gestion collective obligatoire dudit droit.

En conclusion, on peut dire que si le droit de prêt, en l'état actuel de la législation française, est sans conteste une prérogative de l'auteur sur son œuvre, dans la pratique son application est subordonnée à la mise en place d'une gestion collective. Il n'existe donc que sur le papier. Le gouvernement, qui avait dès 1994 décidé de s'en tenir au *statu quo* (droit de destination inscrit dans la loi mais non mis en pratique, donc aboutissant en réalité à une exemption généralisée), n'a reconnu qu'en 1998 l'insuffisance de sa réponse, en commandant un rapport de synthèse à une personnalité extérieure pour essayer de désamorcer la revendication insatisfaite d'une transposition concrète des mécanismes prévus par la directive.

Avant d'en venir à celle-ci, il faut toutefois nuancer le propos des paragraphes précédents en évoquant une première fois le cas particulier des phonogrammes et des vidéogrammes, dont le statut « théorique » en matière de prêt n'est pas tout à fait identique à celui de documents tels que le livre, à cause des dispositions introduites par la loi du 3 juillet 1985.

En effet, dans le cadre des droits voisins, l'autorisation du producteur de phonogrammes (art. L. 213-1 du CPI) ou du producteur de vidéogrammes (art. L. 215-1) est requise avant toute reproduction, mais aussi toute mise à disposition du public par la vente, l'échange ou le louage (entendons : la location) *ou un autre mode de communication au public*. L'unique exception à ce droit exclusif, réservée aux seuls phonogrammes, concerne la communication directe dans un lieu public – c'est-à-dire, en l'espèce, le fait de « jouer » un disque, un compact ou une cassette et de sonoriser l'espace – pour laquelle le législateur a institué une licence légale[1]. On le voit, dès 1985 les producteurs de phonogrammes et de vidéogrammes se réservaient d'une manière certes alambiquée mais dépourvue d'ambiguïté la possibilité d'intégrer, entre autres modes de communication, le prêt public dans le champ de leurs droits exclusifs. Si pour les phonogrammes, cette possibilité n'est pas utilisée[2], pour les vidéogrammes les producteurs ont très tôt pris l'initiative et organisé une négociation directe du droit de consultation et du droit de prêt.

---

1. Voir pour plus de détails l'article de Nathalie Léman, *infra*, et dans la IIIe partie, les termes « Licence légale », « Phonogrammes », « Spre ».
2. En dépit du fait que les producteurs mentionnent désormais sur les disques eux-mêmes que le prêt est interdit sans autorisation...

Une nouveauté, le droit de prêt : la directive du 19 novembre 1992

Le cadre juridique communautaire mis en place par la directive européenne du 19 novembre 1992 introduit plusieurs éléments nouveaux, dont le premier effet, s'agissant de ce qui vient d'être exposé ci-dessus, revient à expliciter, formaliser et encadrer un droit qui, dans le cas de notre pays, n'était qu'implicite.

Sur la genèse de la directive, l'esprit dans lequel elle a été élaborée, ainsi que sur les mécanismes de transposition dans le droit des États membres, on voudra bien se reporter à la contribution d'Anne-Sophie Étienne dans la première partie de cet ouvrage. Au risque d'une répétition, il nous paraît nécessaire cependant d'en présenter à nouveau le contenu en détail, afin de poser les termes du débat actuel.

Dans son article premier, la directive définit d'abord le *prêt* « d'originaux et de copies d'œuvres protégées par le droit d'auteur » comme « leur mise à disposition pour l'usage, pour un temps limité et non pour un avantage économique ou commercial direct ou indirect, lorsqu'elle est effectuée par des établissements accessibles au public ». L'absence d'avantage économique est ce qui distingue le prêt de la location, acte commercial dont la finalité réside précisément dans un tel avantage. La finalité du prêt public n'est pas remise en cause par un éventuel paiement, pourvu que les recettes induites ne soient utilisées qu'à couvrir les frais de fonctionnement de l'établissement.

Par l'article 2, la directive reconnaît aux auteurs, aux artistes interprètes et aux producteurs de phonogrammes et d'œuvres audiovisuelles ou cinématographiques, un droit exclusif d'autoriser ou d'interdire le prêt. Comme l'écrit Anne-Sophie Étienne, *la protection qui découle de l'attribution d'un droit exclusif est la plus efficace qui soit dans le domaine du droit d'auteur*. Du fait de ce droit exclusif, le prêt devient soumis à autorisation préalable *pour chaque exemplaire d'une œuvre mis à disposition du public*.

Ce droit, comme les autres droits patrimoniaux, est cessible. Ainsi, sous réserve, comme on l'a vu plus haut, que le contrat en fasse expressément mention, l'auteur d'un livre peut céder le droit de prêt à son éditeur, l'auteur d'une chanson au producteur du disque ou à l'éditeur graphique, l'interprète d'une œuvre musicale à un producteur de disque, le réalisateur d'un film au producteur de ce film, etc.

Une fois posé ce dispositif de droit exclusif cessible, la directive prévoit dans son article 5 un dispositif dérogatoire complexe (malgré sa brièveté dans le texte) et qu'on peut résumer ainsi :

a) Un État membre peut décider de déroger à ce droit exclusif : il est alors retiré aux titulaires mentionnés ci-dessus, et les établissements n'ont plus à demander l'autorisation pour le prêt. Mais, selon un mécanisme de licence légale déjà en vigueur depuis 1985 pour la communication directe au public des phonogrammes, la dérogation substitue au droit exclusif un droit à rémunération : le prêt est libre, mais fait obligatoirement l'objet d'une rémunération.

b) La directive prévoit que cette rémunération doit bénéficier *au moins* aux auteurs. Les éditeurs, les producteurs, les interprètes, peuvent aussi en bénéficier, mais ce n'est pas une obligation. Il revient à l'État de déterminer s'il entend limiter la rémunération aux seuls auteurs ou l'étendre à d'autres titulaires[1].

c) L'État membre qui prononce la dérogation peut fixer lui-même la rémunération due au moins aux auteurs, en tenant compte de ses objectifs de promotion culturelle. Cette disposition n'a pas non plus un caractère obligatoire : il est tout à fait possible de laisser les titulaires de droit fixer eux-mêmes les niveaux et l'assiette des rémunérations.

d) Enfin, l'alinéa 3 de l'article 5 permet aux États membres « d'exempter certaines catégories d'établissements du paiement de la rémunération ». Une rédaction aussi vague permet bien évidemment de très larges exemptions, voire une exemption généralisée.

Le droit de prêt en Europe

La directive de novembre 1992 n'était pas consacrée au seul droit de prêt. Elle comprenait aussi un important volet sur les droits voisins et des dispositions relatives à la durée de protection. Ces dernières ont été abrogées par la directive du 29 octobre 1993 harmonisant les durées de protection dans l'ensemble de l'Union. Quant aux droits voisins, la France les avait déjà explicitement intégrés à son corpus législatif et réglementaire depuis 1985. Dans tous les cas, qu'il s'agisse du prêt et de la location, de la durée ou des droits voisins, les dispositions finales de la directive prévoyaient l'obligation pour les États membres de mettre en vigueur « les dispositions législatives, réglementaires et administratives nécessaires » avant le 1er juillet 1994.

Si la France s'est pour le moment contentée d'indiquer la conformité de son droit interne avec le principe du droit exclusif, sans prendre encore aucune mesure réglementaire ou administrative d'application pratique, d'autres pays de l'Union ont, dans le cadre des très grandes marges d'interprétation qui leur étaient laissées par la directive, adopté des dispositions spécifiques en matière de droit de prêt.

Il est également appliqué, avec des modalités diverses, dans des pays européens non membres de l'UE (Norvège, Suisse) et aussi en Australie, en Nouvelle-Zélande ou au Canada, en Israël.

L'Espagne, l'Italie et l'Irlande ont opté pour la dérogation accompagnée d'une exemption pour toutes les bibliothèques publiques.

Les pays scandinaves s'inscrivent clairement, pour l'application du droit de prêt, dans une logique de soutien aux auteurs nationaux et à la création. En Suède, les fonds prélevés alimentent un régime d'aide sociale des auteurs. En Finlande, le droit de prêt procure, essentiellement aux auteurs de fiction, une rémunération baptisée « subventions de bibliothèques ». Le Danemark, pays de l'Union où le produit du droit de prêt est le plus élevé, ne rémunère que les auteurs nationaux vivants. Dans un pays où la tradition de la lecture publique est très forte mais où

1. En cas de dérogation au droit exclusif, l'auteur représenté sur un phonogramme, l'auteur d'un film, l'auteur d'un logiciel, doit recevoir une rémunération pour le prêt même si le producteur du phonogramme, le producteur du film ou l'éditeur du logiciel n'en reçoivent pas.

les débouchés de l'édition dépendent étroitement des bibliothèques, le droit de prêt apparaît essentiellement comme un mécanisme subventionneur (ce que la France connaît, selon des modalités tout à fait différentes, avec le CNL, Centre national du livre).

La Belgique a introduit le droit de prêt dans la loi du 30 juin 1994. La réglementation distingue les livres et partitions, pour lesquels est mise en place une dérogation avec rémunération, et les phonogrammes et vidéogrammes, où le prêt est soumis au droit exclusif d'autorisation dans les six mois suivant la parution. Mais la loi reste à ce jour inappliquée, ni le montant du droit, ni les modalités de perception n'ayant été arrêtés.

Aux Pays-Bas voisins, où le droit de prêt existait avant 1992 mais où la réglementation a changé, la logique du droit d'auteur prévaut désormais. Les bibliothèques financent elles-mêmes, soit directement, soit en faisant supporter le coût aux usagers, un droit de prêt dont le produit est reversé aux seuls auteurs. Les phonogrammes et vidéogrammes sont soumis à une réglementation spécifique, avec une exclusivité limitée dans le temps.

L'Autriche, l'Allemagne et la Grande-Bretagne connaissent aussi un droit de prêt fondé sur la logique du droit d'auteur. En Grande-Bretagne, où il existait déjà avant 1992, il est pris en charge directement par l'État sur son budget. Établi sur la base de 0,20 F par prêt, le droit collecté est versé aux auteurs, avec un plafond annuel de 60 000 F par personne, à partir des données de prêt fournies par un échantillon de bibliothèques. La rémunération est distribuée à tous les auteurs représentés, même s'ils ne sont pas nationaux, comme c'est le cas en Autriche, en Allemagne et, pour un montant par prêt réduit de moitié dans ce cas, aux Pays-Bas. En Allemagne, le produit de la collecte est utilisé à plus de 50 % pour alimenter l'assurance maladie des auteurs.

On notera, pour terminer ce bref tour d'horizon :

– que le seul pays où les usagers sont directement mis à contribution est la Hollande ;

– que les « non-livres » (documents sonores et audiovisuels) sont exclus du droit de prêt au moins en Suède et en Grande-Bretagne ;

– que seuls l'Allemagne, les Pays-Bas et l'Autriche opèrent un partage de la rémunération entre les auteurs et les éditeurs. Les autres pays ne rémunèrent que les auteurs[1].

Le rapport Borzeix et le débat français sur le droit de prêt

Un an après l'adoption de la directive, le débat français sur le droit de prêt a commencé réellement avec la présentation par l'Association des bibliothécaires français (ABF) lors d'une journée d'études organisée à Paris le 22 novembre 1993 des résultats d'une enquête menée auprès des bibliothèques publiques et tendant

1. Pour plus de détails, voir les pages 30 à 39 du rapport Borzeix, la note d'information de l'ABF (oct. 97), *Newsletter of Eblida*, en particulier le numéro du 2 juin 1994 et « l'Europe des droits de prêt en bibliothèque » in *Bulletin des bibliothèques de France*, t. 45, n° 2, 2000 (voir bibliographie).

à montrer que les livres les plus empruntés étaient aussi les plus achetés, donc qu'il n'y avait pas lieu de rémunérer pour le prêt des auteurs déjà couronnés par le succès en librairie. L'ABF et d'autres associations, comme l'Association des directeurs de bibliothèques départementales de prêt (ADBDP), manifestaient ainsi leur inquiétude devant la perspective de l'introduction d'un « prêt payant ». Dès lors, ce débat, qui n'a cessé, essentiellement par voie de presse, de s'envenimer et de se radicaliser, a tourné autour de deux questions, tantôt traitées séparément, tantôt liées :

La première est celle de savoir si les bibliothèques, qui ont connu depuis le début des années 1970 et surtout après 1981, un développement spectaculaire, concurrencent en quelque manière les circuits de diffusion commerciale du livre et font subir de ce fait un préjudice économique manifeste aux auteurs et aux éditeurs. Une étude de l'Observatoire de l'économie du livre sur la corrélation entre achat et emprunt, réalisée en 1994, n'a pas permis de trancher ce point[1]. Faute d'éléments d'appréciation objectifs autres que la comparaison, pourtant fort délicate à interpréter, entre la hausse continue du prêt des livres et la stagnation du volume des ventes, l'analyse et les conclusions qu'on en tire sont restées sur ce sujet, de part et d'autre, essentiellement alimentées par les subjectivités respectives.

La seconde question, mise en débat d'une façon si intense qu'elle a progressivement déplacé le problème du droit de prêt de la sphère du droit d'auteur vers celle de la politique culturelle, est celle de la gratuité du prêt public, que l'introduction d'une rémunération spécifique mettrait à mal, faisant ainsi courir aux bibliothèques publiques le risque de compromettre leur développement et de faillir à leur mission de démocratisation de la culture. Le débat sur le *droit de prêt*, qui inclut la question de la rémunération mais ne peut se réduire à cela, est ainsi devenu un débat sur le *prêt payant*, de plus en plus éloigné, au moins quant aux arguments échangés, du problème posé par l'application des principes énoncés par le droit de la propriété intellectuelle[2].

En fin de compte – et les observateurs de ce débat pourraient ajouter : en désespoir de cause –, la ministre de la Culture a confié à Jean-Marie Borzeix une mission d'analyse et de concertation destinée à faire la synthèse des différents points de vue, et à présenter des propositions. Le *Rapport sur la question du droit de prêt dans les bibliothèques*, remis par Jean-Marie Borzeix en juin 1998 et rendu public à la rentrée suivante, a malheureusement été très diversement accueilli, provoquant en particulier l'hostilité de la très grande majorité, voire de la quasi unanimité, des bibliothécaires, et n'a permis ni de rapprocher les points de vue ni même de dépassionner le débat.

---

1. Hervé Renard, « Achat et emprunt de livres : concurrence ou complémentarité », *Bulletin des bibliothèques de France*, t. 40, n° 5, 1995.
2. Sur les principales étapes de ce débat et les traces laissées dans la presse professionnelle en particulier, voir la bibliographie. On consultera avec profit l'article d'Emmanuel Aziza, « Les bibliothèques partenaires de la chaîne du livre », dans *Les bibliothèques en France, 1991-1997*, Éd. du Cercle de la Librairie, 1998.

Alors que les échanges se cristallisaient essentiellement autour des deux questions évoquées ci-dessus, Jean-Marie Borzeix a délibérément recentré le débat sur la question du droit d'auteur, affirmant d'entrée, contre les revendications des éditeurs les plus offensifs sur le sujet, que « le droit de prêt [n'était] pas une solution économique à un problème économique ». Quant au « prêt payant », le rapporteur a mis les bibliothécaires en face de leurs contradictions[1], dénonçant le puzzle inextricable des tarifications, déjà signalé par d'autres avant lui, et soulignant le caractère marginal de la gratuité (moins de vingt pour cent des établissements). Le rapport, analysant les logiques en présence, souligne aussi la nécessaire solidarité entre les acteurs partenaires de la chaîne du livre.

Exprimant « un oui franc et massif au droit de prêt public », pour reprendre sa propre expression, le rapporteur, préconisant le maintien du droit exclusif de l'auteur plutôt que la mise en place, par le jeu de la dérogation, d'un mécanisme de licence légale, énonce un certain nombre de propositions pour la mise en application du droit de prêt : perception directe auprès des usagers, sous la forme d'un forfait collecté simultanément à l'inscription annuelle, exonération pour les jeunes jusqu'à dix-huit ans, possibilité de laisser les tutelles des bibliothèques libérer leurs usagers du paiement du droit de prêt et le prendre financièrement à leur charge. S'agissant de la répartition aux bénéficiaires, elle serait calculée non sur les exemplaires prêtés, mais sur les exemplaires achetés par les bibliothèques, afin de pondérer les effets amplificateurs du succès des livres les plus médiatisés. Le recensement des titres achetés reposerait sur la communication par les bibliothèques de leurs listes d'achat. La perception serait assurée par une société de gestion collective.

En résumé, le rapport propose donc d'instituer le droit de prêt sous la forme d'un forfait payé directement par l'usager et réparti par une société de perception aux auteurs et aux éditeurs. Le niveau de cotisation suggéré est modique : 10 ou 20 F par adulte et par an.

Dès sa publication, le rapport a suscité des réactions mitigées. Les partisans du droit de prêt, qui se recrutent presque exclusivement chez les éditeurs et les auteurs (Syndicat national de l'édition, Société des gens de lettres) ont su gré à Jean-Marie Borzeix d'avoir pris parti et de s'être déclaré sans ambages favorable au droit de prêt et à la rémunération ; mais ils estiment qu'avec un tel niveau de cotisation, les sommes récoltées seront extrêmement modestes. Les éditeurs en particulier, insensibles à la démonstration faite dans le rapport, continuent d'espérer du droit

1. Il importe de préciser que les bibliothécaires sont dans la plupart des cas les premiers désolés par la nécessité d'assumer des tarifications mises en place avant eux, augmentées, compliquées ou rendues délibérément discriminatoires contre leur gré. Sur la question plus générale de la tarification des services, voir, entre autres, Thierry Giappiconi, « La tarification et ses masques », *Bulletin des bibliothèques de France*, t. 38, n° 2, 1993 ; Gilles Gudin de Vallerin, « Les tarifications dans les bibliothèques : les villes de plus de 100 000 habitants », *Bulletin des bibliothèques de France*, t. 39, n° 6, 1994 ; « Note sur la tarification dans les bibliothèques publiques », rapport pour l'année 1991 du Conseil supérieur des bibliothèques ; Jean-Loup Lerebours, « Quelques résultats de l'influence des politiques tarifaires sur le fonctionnement des services municipaux de lecture publique », *Bulletin d'informations de l'ABF*, n° 184-185, 3e et 4e trimestres 1999.

de prêt la réparation d'un préjudice essentiellement économique et la régulation d'une exploitation publique à caractère selon eux largement concurrentiel.

Du côté des bibliothécaires, l'hostilité est quasi générale. Il y a à cela plusieurs raisons. Certaines sont liées à la méthode employée par le rapporteur : on lui reproche, en grande partie avec raison, d'avoir failli à sa mission de concertation, rencontrant peu de bibliothécaires de terrain et négligeant les élus locaux, pourtant les plus concernés par les conséquences pratiques du droit de prêt. L'impression des plus mécontents est que la religion du rapporteur était faite avant même qu'il ait commencé ses consultations. Sur les propositions du rapport, les bibliothécaires réaffirmant tout d'abord leur refus d'un paiement par l'usager ou même par la tutelle directe, dont ils soulignent les conséquences néfastes qu'il ne manquerait pas d'entraîner, mettent ensuite l'accent sur la très grande difficulté de mise en œuvre de la répartition telle qu'elle est proposée, à partir des listes d'achats des bibliothèques[1].

L'imprécision du rapport dans son approche de la description des solutions réglementaires et administratives à mettre en œuvre révèle également le déséquilibre d'une approche centrée essentiellement sur le livre. Aucune indication claire n'est donnée, par exemple, pour les phonogrammes, bien qu'on puisse raisonnablement déduire du texte que les propositions émises pour l'imprimé leur sont applicables. Certes, le fait que le débat des années 1993-1998, tel que le rapport a cherché à le synthétiser, se soit pour ainsi dire circonscrit au monde du livre explique en grande partie le caractère fragmentaire de l'approche. Mais le résultat trahit bien, en fait, l'inachèvement de la démarche menée par le rapporteur : son message ne va guère au-delà de la double réaffirmation d'un *principe* (la légitimité du droit de prêt au regard de la propriété intellectuelle) et d'un *vœu*, l'application de ce droit sans remise en cause de « l'essor des bibliothèques, lieu d'accès à la culture sans contrainte ».

Ainsi, loin de créer l'effet de consensus attendu, le rapport Borzeix, en dépit de la bonne volonté du rapporteur et de l'intelligence de son analyse, a contribué à radicaliser les positions des uns et des autres, comme l'a montré la teneur des propos échangés lors de la table ronde organisée le 22 janvier 1999 à l'initiative du ministère de la Culture[2]. Cependant, à la manière d'un abcès qui crève, ces péripéties semblaient bien avoir marqué le paroxysme de la crise, et l'on pouvait espérer que le dialogue reprendrait sur des bases sinon nouvelles, du moins plus techniques. Mais devant l'absence d'avancées, la SGDL a pris en février 2000 l'initiative d'inciter les auteurs, par une lettre type, à demander à leurs éditeurs de faire interdire le prêt de leurs ouvrages en bibliothèque. Cette nouvelle radicalisation du débat a aussitôt fait rebondir la polémique et risque de conduire à court terme à un blocage complet du dossier, si les parties en présence n'obtiennent pas des pouvoirs publics une décision rapide[3].

1. Dont au demeurant la communication poserait d'autres problèmes, d'ordre réglementaire.
2. Voir *Livres Hebdo* du 5 février 1999.
3. Les éditeurs, en accord avec la SGDL, ont écrit à leurs auteurs, pour que « soit respecté le droit

Une légitimité contre une autre ?

Du point de vue de la philosophie du droit d'auteur qui fonde le Code de la propriété intellectuelle, la légitimité du droit de prêt en tant que prérogative de l'auteur est absolument incontestable. Ce point a été clairement exposé dans la première partie de cet article. Il faut pourtant y revenir, dans la mesure où, parmi les opposants au droit de prêt, s'élèvent encore des voix dénonçant dans l'exigence des auteurs un abus de droit, ou en tout cas une demande exorbitante. Cet argument n'est pas irrecevable en soi ; mais il revient, dès lors qu'on l'exprime sans ambiguïté, à remettre en cause, au bout du compte, toutes les applications résultant de l'exercice par l'auteur d'une œuvre de l'esprit de son droit à en contrôler les utilisations et à tirer un profit de tous les modes d'exploitation, y compris dans le cadre d'un service public et hors de toute visée lucrative. Cette remise en cause, contestant d'abord l'étendue puis les fondements même des droits patrimoniaux, excède la seule question du droit de prêt. Elle permet aussi, d'une façon qu'on nous permettra de trouver bien commode, d'éviter de débattre du vrai problème, qui est celui du *statut du prêt*, c'est-à-dire de son objet, de son étendue et de ses modalités.

La majorité des opposants à l'introduction du droit de prêt ne contestent pas la légitimité du droit de l'auteur, mais s'interrogent précisément sur la nature du prêt – non pas du point de vue de la propriété intellectuelle, mais précisément quant à son *objet* et à ses *effets*.

En tant que « mise à disposition », le prêt des documents entre dans le cadre de la mission d'accès à l'information assignée au service public des bibliothèques ; cette mission peut être remplie par des organismes publics, mais aussi associatifs et privés. La lecture publique est également l'un des moyens privilégiés de l'action sociale et de la démocratisation de la culture. Dans ce cadre, il ne peut y avoir de confusion entre une telle mise à disposition et une forme quelconque d'exploitation. *L'objet* du prêt est donc clairement conforme aux missions fondamentales des organisations qui le mettent en œuvre, dont la légitimité est celle du service public.

L'essor des bibliothèques de lecture publique et l'expansion concomitante du prêt ont entraîné depuis vingt ans une amplification manifeste des *effets*. Le plus visible est quantitatif : le volume des prêts par rapport aux lecteurs inscrits et par rapport à la population. Les plus diffus et les moins cernables sont qualitatifs : effets sur la lecture, sur l'acculturation, effets induits de reconnaissance des auteurs. Mais seuls les effets visibles apparaissent comme manifestes. Et ils quan-

---

de prêt de [leurs] ouvrages, pourtant inscrit dans la loi française comme dans la législation européenne ». Les auteurs sont invités à répondre en ces termes : « Lassé d'attendre une éventuelle décision des pouvoirs publics, je vous demande de faire respecter mon droit d'interdire le prêt de mes ouvrages en bibliothèque, tant que nous n'aurons pas obtenu satisfaction ». Sources : *Le Monde des livres*, 18 février 2000 ; *Libération*, 17 février 2000 et *Livres Hebdo* : « Droit de prêt : les éditeurs et la SGDL font monter les auteurs au front », n° 369, 18 février 2000. Texte complet sur le forum biblio. fr (avec les commentaires qu'on imagine...). dans un communiqué commun SNE/ SGDL/Sofia, diffusé lors du Salon du livre 2000, les titulaires réclament un droit de 5 F par prêt.

tifient nécessairement la réalité d'une *exploitation* des œuvres, au sens donné par son résultat, c'est-à-dire leur circulation et leur consommation. C'est précisément dans ce constat que deux légitimités viennent s'affronter : celle des bibliothèques qui constatent la réussite de l'exercice de leur mission, sous un de ses aspects, celle des auteurs et des éditeurs qui voient se développer une forme d'exploitation parallèle non contrôlée et se demandent d'une part si l'évasion de droits qu'elle produit n'atteint pas un niveau relevant du préjudice, et surtout, d'autre part, si elle n'a pas un caractère concurrentiel. Le prêt libre et « gratuit » a-t-il une incidence réelle sur la vente des livres, et particulièrement, à l'instar du « photocopillage », sur la vente de certains livres ?

Il s'ajoute enfin à l'opposition devenue frontale entre le droit des auteurs et des éditeurs et celui derrière lequel se retranchent les bibliothécaires, un antagonisme, que les commentateurs les plus virulents ne se sont pas privés de monter en épingle, entre une sphère privée et commerciale, soumise à tous les aléas (la vie des auteurs et des éditeurs dépend de la vente de leurs ouvrages) et un service public dont l'initiative s'alimente de ressources collectives et n'est pas liée à un résultat économique.

Cet affrontement de deux légitimités devenues apparemment irréconciliables, qui nous semble le cœur du problème, n'a pas trouvé sa résolution. Dans le très abondant et très âpre débat qui se déroule depuis 1992 et que le rapport Borzeix n'a pas apaisé, on cherchera, plutôt que d'en reprendre un à un les termes et les arguments, ce qui serait très long et sans doute fastidieux, à déceler dans les différentes approches des protagonistes leur réponse au conflit de légitimité né autour du droit de prêt.

Le nœud gordien du droit de prêt

La première réponse consiste à choisir une légitimité contre l'autre, ou, dans son option radicale, à en nier une. Certains éditeurs, certains auteurs, se démarquant du SNE ou de la SGDL, prennent ainsi clairement position contre l'introduction du droit de prêt en bibliothèque, en estimant qu'il n'y a pas dans le prêt de concurrence au commerce du livre et qu'au contraire la bibliothèque est le plus sûr soutien de la lecture et des œuvres. L'argument revient à dire que le débat est sans objet, du fait que les légitimités revendiquées s'affrontent sur un terrain qui doit rester neutre, c'est-à-dire complètement hors du jeu économique.

À l'inverse, les titulaires de droits les plus radicaux estiment que leur légitimité s'impose aussi aux bibliothèques, dans des conditions qu'il n'y a pas lieu d'extraire du champ économique et concurrentiel, et pensent que le prêt doit faire l'objet d'une rémunération équivalente au préjudice subi. Ils considèrent le prêt public comme une exploitation au sens fort, et les plus provocateurs n'hésitent pas à nier, sinon la mission patrimoniale et documentaire des bibliothèques, du moins la légitimité de certains des services qu'elles offrent, comme le prêt – et particulièrement le prêt des nouveautés, voire de tout ce qui est au catalogue, donc achetable.

Ceux qui ne tranchent pas le nœud gordien peuvent chercher au contraire à concilier les deux légitimités. Ce sont en fait les plus nombreux (du moins c'est ainsi qu'ils apparaissent au regard de l'importance de leur contribution au débat), et d'autre part l'éventail de leur approche est très large. Elle consiste, pour l'essentiel, à reconnaître la légitimité du droit fixé par le Code de la propriété intellectuelle, tout en en refusant les conséquences, ou en cherchant à tout prix à les atténuer, pour préserver absolument la légitimité du service public du prêt, que l'introduction d'un quelconque mécanisme de rémunération mettrait en danger.

Cette position, qui s'appuie sur une argumentation multiple – et d'inégale valeur – fonde pour l'essentiel la position des principales associations professionnelles, (ABF et ADBDP déjà citées, mais aussi ADBS, ADDNB [1], interassociation ABCD, etc.) et des syndicats. Cependant, elle n'est pas figée, d'autant moins que pour les plus clairvoyants apparaît de plus en plus la fragilité d'une attitude où l'on est obligé de mettre dans la balance beaucoup de choses, les meilleures et les plus contestables, pour équilibrer le poids de la légitimité opposée.

L'approche conciliatrice peut ainsi évoluer vers une tentative visant à dépasser l'affrontement des deux légitimités, et à chercher dans quelle mesure il est possible d'inscrire la reconnaissance réelle du droit de prêt dans l'exercice des missions du service public.

À cet égard, l'inscription des modalités d'application du droit de prêt dans la future loi sur les bibliothèques en préparation, qui était une des propositions finales du rapport Borzeix, apparaît comme une perspective positive, dans la mesure où elle permettrait, sans qu'il soit besoin de modifier ou d'amender le Code de la propriété intellectuelle :

– de reconnaître la licéité du prêt selon les termes de la directive de 1992, et de préciser sa définition – objectifs, statut juridique de l'acte, modalités – au sein même du texte légal encadrant l'activité des bibliothèques ;

– d'affirmer la légitimité du droit pour les auteurs et les cessionnaires d'autoriser le prêt et d'en recevoir une rémunération, en affirmant simultanément la compatibilité de cette légitimité avec celle du service public des bibliothèques et des organismes documentaires publics ou privés exerçant cette mission ;

– d'affirmer très clairement, en conformité avec la lettre et l'esprit de la directive, la prééminence des « objectifs de promotion culturelle [2] » sur la revendication par les titulaires, en particulier éditeurs et producteurs, d'une compensation qui serait fondée sur une approche économique de la question ; en d'autres termes, d'extraire du problème du droit de prêt la question du préjudice économique (de l'exploitation concurrentielle) dans la mesure où cette question appelle d'autres réponses. Car tout mécanisme d'application du droit de prêt qui reposerait sur l'espoir d'une remontée de recettes élevée et compensatrice, d'une part contredirait la priorité nationale donnée aux objectifs culturels visés, et d'autre part se révélerait invalide.

1. ADBS : Association des documentalistes et bibliothécaires spécialisés ; ADDNB : Association pour le développement des documents numériques en bibliothèques.
2. Directive, art. 5, premier alinéa.

Le caractère invalide d'une solution économique

Le disque et la vidéo, supports faciles à copier, sont de plus en plus prêtés en bibliothèque, mais le rapport entre les prêts et les ventes est très éloigné de ce qu'il est pour les livres. D'autre part, l'exploitation du film ne trouve dans l'édition vidéo qu'un débouché parmi d'autres qui contribuent également à son équilibre, sortie des films en salle, vente aux télévisions hertziennes ou câblées, etc. ; de même, le disque génère au bénéfice des titulaires de droits d'autres recettes d'exploitation que la seule vente aux particuliers : il constitue en effet l'instrument privilégié de la majorité des représentations soumises à autorisation, par le biais de la radio et de la télévision, des discothèques, de la sonorisation de locaux, etc. Même si l'économie de ces supports éditoriaux est désormais menacée par les perspectives de développement du téléchargement[1], elle demeure encore saine du point de vue de ses débouchés – de son marché, dira-t-on –, du moins pour les prochaines années.

De ce point de vue, la demande exprimée par les producteurs phonographiques de voir appliquer le droit de prêt traduit surtout le souhait de pouvoir lutter plus efficacement contre les risques de piratage en contrôlant tous les modes d'exploitation. À l'exception peut-être de la Belgique et des Pays-Bas, où la place des médiathèques dans l'économie de la diffusion des phonogrammes est un peu particulière, elle n'est pas réellement liée à une demande économique. Il en va de même pour l'édition vidéographique, vulnérable elle aussi au piratage, qui a pris en main dès le début du développement du support VHS les conditions d'un contrôle de tous les modes d'exploitation, dans un marché équilibré en très grande partie par la location. Elle fait du reste, en tout état de cause, payer fort cher aux bibliothèques l'accès aux nouveautés éditoriales et à certains catalogues. Mais elle n'en est pas moins relativement peu touchée par la dimension économique du mode d'exploitation constitué par le prêt.

Il semble en aller tout autrement du livre. À son sujet, les tenants de l'approche économique insistent toujours sur le rapprochement entre le volume des prêts (plus de cent cinquante millions par an) et celui des ventes (autour de trois cent cinquante millions d'exemplaires). La vente est le débouché principal et essentiel pour le livre, la remise à disposition à titre répétitif et gratuit empêche donc des ventes potentielles, affirment-ils. Nous avons déjà évoqué plus haut cette argumentation et notre propos n'est pas ici de revenir sur le fait de savoir si cette *approche* économique est fondée ou non, ou plutôt, une fois même admise l'hypothèse d'un caractère concurrentiel de l'exploitation par le prêt, si cette « concurrence » a un effet réel sur l'évolution du commerce du livre : la réponse est de toute façon très difficile à donner. En revanche – et c'est pourquoi nous y revenons une dernière fois avec insistance –, il est très dangereux d'imaginer au problème une *solution* économique qui ne saurait être viable. Ceux qui croient que, pour compenser le préjudice subi, le prêt doit être rémunéré aux auteurs et à leurs cessionnaires à une hauteur correspondant à la compensation d'hypothétiques ventes perdues,

1. Le commerce en ligne, lui, menace essentiellement les circuits de *distribution*.

n'aboutiront qu'à un seul résultat : l'assèchement du prêt lui-même, dont le développement sera brisé net. La transformation du prêt, dans ces conditions, en un acte à caractère d'échange économique, donc subordonné *uniquement* aux possibilités économiques de l'emprunteur, est d'autre part absolument incompatible avec le caractère libre de l'accès à l'information – libre, c'est-à-dire dépendant en l'espèce du seul désir (ou de la nécessité) de lire tel ou tel livre, et indépendant des moyens de l'usager.

Hypothèses d'application

Par une série de documents techniques remis aux divers interlocuteurs, la Direction du livre et de la lecture a soumis plusieurs hypothèses d'application du droit de prêt. Nous terminerons donc cette approche en présentant ces hypothèses dont aucune, au moment où nous mettons sous presse, ne semble encore prévaloir sur l'autre.

La proposition émise par Jean-Marie Borzeix, rappelons-le, consiste en la *perception d'un forfait* directement auprès des usagers, forfait réparti ensuite entre les auteurs (70 %) et les éditeurs (30 %) à partir des listes d'achats des bibliothèques. Elle introduit le droit de prêt sans utiliser réellement le mécanisme dérogatoire de l'article 5 de la directive. Il ne faut pourtant pas, en l'état, négliger l'intérêt de cette possibilité.

La *dérogation* pourrait être générale (tous les supports d'œuvres protégées) ou limitée (dérogation pour les livres, pas de dérogation pour les phonogrammes, vidéogrammes, programmes d'ordinateur et documents numériques, par exemple).

Dès qu'il y a dérogation, le droit exclusif ne s'applique plus. Cette hypothèse a été écartée par le rapport Borzeix et elle est repoussée par les représentants des auteurs et des éditeurs. La préservation du droit exclusif est une revendication constante des titulaires de droits, particulièrement dans le contexte actuel de globalisation du marché et de dématérialisation des œuvres.

Curieusement, la solution Borzeix se rapproche pourtant largement de cette possibilité qu'elle écarte, dans la mesure où elle préconise un système de forfait obligatoire (et libératoire) plutôt qu'un mécanisme fondé sur des conventions adaptées aux types d'utilisateurs. Cependant, l'interprétation qu'en fait l'ABF[1] est discutable. En effet, la rémunération forfaitaire des titulaires de droits est parfaitement compatible avec le droit exclusif de l'auteur, et le Code de la propriété intellectuelle la prévoit expressément en certains cas.

En cas de prononcé d'une dérogation réelle selon l'article 5 – hypothèse qui semble au demeurant assez peu probable –, la question serait alors essentiellement de savoir si les auteurs seuls bénéficieraient de la rémunération, ou aussi les autres titulaires de droit.

La solution du *forfait* (qui fonctionne avec ou sans dérogation, puisque la mise

1. *Bulletin d'informations de l'Association des bibliothécaires français*, n° 183, p. 105.

en place d'une licence légale peut aboutir aussi à un tel mode de perception) pose plusieurs sortes de problèmes.

– un niveau de 10 à 20 F par usager adulte et par an fait espérer des recettes de l'ordre de la centaine de millions de francs, qui, après soustraction des frais liés au recouvrement, devraient être réparties, en principe pour tous les supports, à tous les titulaires concernés. Ce niveau est donc considéré comme très faible, sauf par les bibliothèques et leurs tutelles ;

– le mode de perception, si l'hypothèse d'un paiement direct par l'usager est retenu, est difficile à mettre techniquement en place sans introduction d'une taxe parafiscale, à cause du principe de non-affectation des recettes, qui interdirait à une collectivité de collecter à l'inscription une somme destinée en fait à ne pas alimenter le budget de celle-ci. Ou bien faut-il envisager un recouvrement direct auprès des usagers par une société de gestion collective ? Cette hypothèse paraît absurde ;

– bien entendu, le problème le plus épineux, dans le cas du forfait – qu'il soit payé par l'usager ou par la collectivité tutelle de l'établissement – est de déterminer les clefs de répartition des sommes perçues. Devant l'ampleur de la difficulté, qui a été maintes fois soulignée, on doit plutôt envisager soit une solution du type de celle adoptée par la Grande-Bretagne (sondage par échantillon) : soit de réserver la totalité des sommes perçues, considérées d'entrée comme « non répartissables », à des actions d'ordre social (fonds d'aide, caisse de retraite) ou culturel.

Dans l'hypothèse la plus favorable à la revendication fondée sur le droit exclusif, générant un droit à « rémunération équitable » – qui, par parenthèse, *n'a pas été retenu par la directive* en ce qui concerne le prêt –, le renoncement au forfait conduit à la mise en place d'une rémunération du droit de prêt *à l'acte*, par l'usager (on verse *n.* francs ou euros pour chaque document emprunté : c'est de la location) ou par la collectivité organisatrice du service (versement périodique d'une redevance assise sur le nombre effectif de prêts). Cette hypothèse doit être mentionnée : elle a ses défenseurs. Cependant, en raison même des principes rappelés précédemment, il est souhaitable qu'elle soit écartée, et il est loisible de le faire en s'appuyant sur la directive elle-même.

Les hypothèses qui ont la faveur des associations professionnelles des bibliothèques, en référence à la pratique adoptée dans la majorité des États européens qui l'ont déjà mis en place, sont fondées sur *l'inscription directe du coût du droit de prêt au budget de l'État* :

– soit par une refonte du fonctionnement du Centre national du livre : abondement du Fonds national du livre et mise en place d'une ventilation spécifique d'une partie des ressources collectées au titre du droit de prêt, à travers des dotations aux auteurs, étendues éventuellement aux éditeurs ;

– soit par le biais d'une redevance – sans doute une taxe parafiscale – perçue auprès des fournisseurs sur leurs ventes de livres aux bibliothèques.

Cette dernière proposition se rapproche d'une hypothèse sinon formulée, du moins soutenue par les syndicats de libraires, qui militent d'autre part pour un plafonnement des remises autorisées aux bibliothèques et autres institutions publiques par la loi de 1981 sur le prix du livre et ont saisi l'occasion de lier les deux questions.

Deux formules sont envisagées :

– le droit de prêt est compris dans l'achat. C'est ce qui se produit actuellement pour les vidéos. La formule repose sur l'exercice effectif du droit exclusif : le titulaire des droits autorise la vente *pour le prêt* de son œuvre et affecte le prix de vente d'un surplus qui lui revient directement. Cependant, parmi les conditions nécessaires devant accompagner une telle solution figure évidemment l'obligation pour les collectivités de s'adresser pour leurs achats uniquement à des fournisseurs ayant auparavant négocié le droit de prêt auprès des cessionnaires ; par ailleurs, en l'absence d'une gestion collective, la transparence du système est rien moins que garantie. Là encore, la comparaison avec l'application pratique qui s'est mise en place pour la vidéo, sans contrôle fiable ni des sources d'approvisionnement ni des droits versés aux auteurs, doit conduire à préférer une solution où la négociation des droits passerait par une société de gestion collective et non par le seul cadre contractuel ;

– la seconde formule vise à plafonner, voire supprimer les remises aux collectivités et à percevoir le droit de prêt directement auprès des fournisseurs, sur la différence obtenue. En somme, les auteurs et leurs cessionnaires seraient payés sur la remise. Cette formule pose des problèmes analogues à la précédente. En outre, elle ne se présente assurément pas comme la solution d'application du droit de prêt la plus claire et la plus transparente, tout en offrant peu de chances de résoudre les difficultés éprouvées par les libraires. On ajoutera que cette manière si caractéristique de chercher à utiliser un problème pour en résoudre un autre est toujours le signe indubitable qu'on n'a l'intention de régler réellement aucun des deux[1].

---

1. Il faut rappeler par ailleurs que l'articulation entre le droit de prêt et le plafonnement des remises aux collectivités, en dépit de la séduction qu'elle semble exercer sur bon nombre de ceux qui recherchent une solution acceptable à l'un et l'autre problèmes, également épineux, conduit à un amalgame fâcheux entre deux questions d'un ordre fondamentalement différent : l'une relève de la propriété intellectuelle, l'autre est économique et met en jeu la distribution du livre et la survie de la librairie. Si la résolution de la question du droit de prêt devait passer par une perception au moment de l'achat des documents, le recours à une taxe perçue par le vendeur et versée, *via* le Trésor public ou directement, à une société de perception et de répartition de droits – et ceci quel que soit le régime de remises en vigueur – pourrait être une solution plus saine et plus claire. Dans ces termes ou avec quelques variantes, elle est désormais régulièrement proposée, et le Conseil supérieur des bibliothèques en a souligné tout dernièrement l'intérêt, dans une contribution d'autant mieux venue qu'elle s'efforçait, contre presque tout le discours ambiant, de distinguer clairement l'*autorisation de prêter* (qui fait l'objet de cet article) et les conditions du *droit d'emprunter* consenties au public, qui alimentent l'essentiel du débat sur le « prêt payant ».

Conclusion

Le cas du droit de prêt, dans les manifestations « passionnées, voire passionnelles[1] » qu'il a suscitées et provoque encore, a révélé de manière frappante ce que nous avons souligné dans l'introduction de ce livre : le développement des services des bibliothèques, si légitime et si profitable qu'il soit à la collectivité, est fondé sur l'utilisation de sources documentaires dont seuls leurs producteurs ont en principe le droit de déterminer l'étendue – à l'exception, et pour combien de temps encore, de ce que la loi appelle l'« usage privé », exclusif de celui procuré par une institution publique. Dès lors que ce développement s'accroît, l'utilisation qu'en proposent les bibliothèques, en dépit de son bien-fondé, peut devenir aux yeux du producteur suspecte de lui nuire, au lieu de le promouvoir. La réponse à cette préoccupation, en ce qui concerne le droit de prêt, ne peut résider dans le refus d'en prendre en considération la légitimité : ce serait reporter indéfiniment le problème. Il est donc nécessaire, comme nous espérons l'avoir démontré, de *reconnaître* cette légitimité. La situation d'incertitude où nous sommes aujourd'hui ne saurait durer indéfiniment, pour toutes les parties en présence, dont la solidarité dans la chaîne du livre et des autres produits culturels est essentielle.

Yves ALIX

SOURCES

Le texte de la directive européenne du 19 novembre 1992 a été publié au JOCE (*Journal officiel des communautés européennes*) le 27 novembre 1992 (réf. L. 346, 65 809). Il figure en annexe du rapport Borzeix (et dans le doc. FFCB) (voir *infra*) avec dans les deux cas l'ensemble de l'exposé des motifs. Le Code de la propriété intellectuelle, éd. 2000 (Codes Dalloz, 1999) ne reproduit dans son appendice (pp. 574 et suivantes) que le texte seul.

BIBLIOGRAPHIE

« Le projet de directive européenne sur le droit de prêt et ses conséquences pour les bibliothèques » : actes de la journée d'études CFPPA et FFCB, Paris, 26 octobre 1992. Paris, FFCB, 1993.

« La question du droit de prêt dans les bibliothèques : Rapport pour Madame la Ministre de la Culture et de la Communication », par Jean-Marie Borzeix assisté de Jean-Wilfrid Pré, Paris, DLL, juillet 1998.

« Le droit de prêt dans les bibliothèques », *Rapport du Conseil supérieur des bibliothèques pour l'année 1993*, Paris, CSB, 1994.

« Les bibliothèques partenaires de la chaîne du livre », par Emmanuel Aziza, dans D. Arot (dir.), *Les Bibliothèques en France 1991-1997*, Paris, Éd. du Cercle de la Librairie, coll. « Bibliothèques », 1998.

1. J.-M. Borzeix, *op. cit.*.

PRESSE PROFESSIONNELLE ET GÉNÉRALE

Livres Hebdo, en particulier les numéros des 12 février 1993 ; 21 mai 1993 ; 19 novembre 1993 ; 1er juillet 1994 ; 3 mars 1995 ; 12 décembre 1997 ; 18 décembre 1997 ; 9 octobre 1998 ; 5 février 1999 ; 16 avril 1999 ; 30 avril 1999 ; 3 septembre 1999 ; 8 octobre 1999 ; 18 février 2000 ; 17 mars 2000 ; 31 mars 2000 ; 7 avril 2000 ; 21 avril 2000 ; 5 mai 2000.

Écouter Voir : n° 5, mai 1992 ; n° 12, décembre 1992 ; n° 34-35, octobre-novembre 1994 ; n° 68-69, août-septembre 1997 ; n° 83, novembre 1998.

BBF, t. 38, n° 1, 1993, t. 45, n° 2, 2000 (L'Europe des droits de prêt en bibliothèque, exemples de la Grande-Bretagne, de la Suède et de l'Espagne).

ABF, *Dossier spécial*, octobre 1997 ; *Lecture publique*, n° 21, janvier 1994 ; *Bulletin d'informations de l'ABF*, n° 162 (1er trim. 1994), n° 176 (3e trim. 1997), n° 183 (2e trim. 1999) ; *Note d'information*, n° 88, avril 1999, n° 89, septembre 1999.

D'autres références consultables : *La Gazette des communes* (1er novembre 1997, 8 et 29 mars 1999), *L'Élu d'aujourd'hui* (n° 181, mai 1994), *Le Feuilleton de la SGDL* (n° 2, automne-hiver 1998 et n° 3, printemps-été 1999), *Le Monde* (21 avril 1995), *Newsletter of Eblida* (2 juin 1994), *Télérama* (18 octobre 1995, 21 septembre 1999, 12 octobre 1999), *Libération* (17 février 2000 et dossier dans le n° des 22 et 23 avril 2000).

Communiqués (outre ceux de l'ABF) : ABCD (2 avril 1994), ADBDP (20 avril 1999), FFCB (été 1999).

Parmi les points de vue des écrivains, voir notamment : « Les auteurs parlent aux lecteurs » (collectif), *Le Monde*, 12 octobre 1999 (pour le droit de prêt), « Chaîne du livre : adversaires ou partenaires », par Jean-Marie Laclavetine, *Le Monde*, 29 février 2000 (contre), « Le droit d'auteur est un droit de l'homme », par Georges-Olivier Châteaureynaud, *Le Monde*, 18 mars 2000 (pour) et « Les bégonias de Châteaureynaud », par Michel Onfray, *Le Monde*, 23 mars 2000 (contre). Une liste de 288 écrivains ayant signé la lettre suscitée par la SGDL et le SNE en faveur de l'application a été publiée par le quotidien *Libération* dans son numéro du 31 mars 2000. *Le Monde* a publié à la une, dans son numéro du mercredi 5 avril 2000, une synthèse des débats suscités par cette lettre sous le titre « Lecture publique, lecture payante ».

Parmi les points de vue récents exprimés par les bibliothécaires, on retiendra : « Que les éditeurs fournissent une liste des ouvrages à exclure du prêt », par Martine Blanchard, *Livres Hebdo*, n° 373, 17 mars 2000 ; « Lettre ouverte aux auteurs signataires de la lettre à leur éditeur... », par Claudine Belayche, *Livres Hebdo*, n° 376, 7 avril 2000 ; « Une querelle de vieux couple », par Patrick Bazin, *Livres Hebdo*, n° 378, 21 avril 2000 ; « L'impact des achats des bibliothèques est sous-estimé », par Thierry Giappiconi, *Livres Hebdo*, n° 380, 5 mai 2000, et « Autorisation de prêter ou droit d'emprunter ? » par Jean-Claude Groshens et Dominique Arot, *Livres Hebdo*, n° 380, 5 mai 2000.

III. Les problèmes spécifiques posés par les documents sonores et audiovisuels

Introduction

L'entrée des documents sonores et audiovisuels au sein des bibliothèques publiques est maintenant de l'histoire ancienne. Comparativement du reste, l'introduction en bibliothèque des nouvelles technologies s'est réalisée à une allure bien plus rapide que pour les documents sonores ou audiovisuels. Peut-être parce qu'une certaine forme d'alibi éducatif des cédéroms et d'Internet a convaincu plus rapidement les plus récalcitrants...

Les professionnels du livre se sont longtemps interrogés sur la place des documents sonores et audiovisuels au sein de leurs établissements, sur les « politiques » d'acquisition qu'il était judicieux ou non de mettre en place : doit-on privilégier le loisir ou le très culturel ? Ces supports ne sont-ils pas uniquement des produits d'appel ?

Pour donner une certaine cohérence au présent chapitre, j'ai choisi de parler de *médiathèques publiques* plutôt que de *bibliothèques publiques*.

Cela, avant tout parce que les termes spécifiques « discothèque » ou « vidéothèque » me semblaient ne pas convenir. En effet, même en y ajoutant l'adjectif « publique », le terme « discothèque » évoque trop facilement des lieux exigus et surchauffés où des jeunes gens s'agitent jusqu'au petit matin sur des rythmes endiablés ! Cette confusion n'était pas souhaitable dans la mesure où les textes législatifs ne retiennent que cette définition de la discothèque. Le terme « vidéothèque » tombait également, de ce fait, sous le coup de l'autocensure. Je me voyais difficilement parler de « vidéothèque » d'une part et de « service des documents sonores » d'autre part. De plus, les deux termes me semblent faire trop référence à des types de supports bien précis. Or, ce qui caractérise de plus en plus les documents sonores et audiovisuels, c'est leur capacité à se diffuser sur des supports multiples, voire sans support matériel. Le terme « bibliothèques publiques » me semblait, *a contrario*, faire trop référence au seul domaine du livre.

On pourra m'objecter la vacuité de chercher à adapter l'appellation d'un établissement au contenu exact de ses collections et de ses activités. J'ai la faiblesse de croire que c'est important. On pourra également m'objecter que certaines bibliothèques, de celles où il n'y a que des livres, proposent quand même des animations (expositions, conférences, représentations, etc.) qui utilisent des œuvres sonores ou audiovisuelles. Et l'on aura raison. À ce titre, l'emploi du seul terme « médiathèque » est réducteur, je le reconnais. Mais puisqu'il fallait bien en retenir un, j'ai donc retenu celui de « médiathèque publique ».

Depuis le vote de la loi du 3 juillet 1985, les documents sonores et audiovisuels ont acquis une place tout à fait particulière dans les textes relatifs à la propriété littéraire et artistique. En effet, en reconnaissant des droits à des catégories nouvelles de titulaires, la loi de 1985 confère également un statut spécifique aux œuvres créées.

Ce statut spécifique, dont la complexité n'est pas le moindre des aspects, ne doit pas pour autant faire obstacle à une identification claire des droits et devoirs des médiathèques publiques quant à l'utilisation des œuvres sonores et audiovisuelles.

1. Une situation juridique complexe

Pourquoi la situation des œuvres sonores et audiovisuelles est-elle si complexe ?

À la difficile appréhension des notions juridiques auxquelles fait référence la législation sur la propriété littéraire et artistique, s'ajoutent dans le cas des œuvres sonores et audiovisuelles un certain nombre de facteurs de complexité.

Une multiplicité de supports et de pratiques

Quand on parle d'œuvres musicales ou audiovisuelles, on est aujourd'hui confronté en réalité à une grande diversité de supports. Le public a ainsi à sa disposition dans les médiathèques – selon leurs politiques de développement et les moyens dont elles disposent – des CD, des cassettes audio, des CDV, des cassettes vidéos, des DVD[1]. On peut alors s'étonner que le CPI ne fasse référence, pour désigner l'ensemble de ces supports, qu'à deux termes juridiques – le phonogramme et le vidéogramme –, termes certes génériques mais peu représentatifs de la variété de supports concernés.

De leur côté, dans le souci d'améliorer les services offerts à la population et de mettre en valeur leurs fonds, les médiathèques ont développé au fil du temps de nombreuses pratiques d'utilisation de ces différents supports. On peut aujourd'hui emprunter l'un de ces supports, l'écouter ou le visionner à la médiathèque, seul ou à plusieurs, visiter des expositions ou assister à des animations mettant en jeu ces différents supports, au sein de la médiathèque ou hors de ses murs.

1. Le cas des cédéroms et des bornes multimédias est traité dans le chapitre consacré aux documents numériques.

Chaque type de support pouvant être croisé avec chaque pratique ou presque, il n'est pas surprenant que l'on aboutisse à une certaine complexité. D'autant que pour être complet dans la protection qu'il offre au titre de la propriété littéraire et artistique, le CPI se doit de prévoir des dispositions relatives à tous les cas de figure envisageables.

Une multiplicité de personnes protégées

Une seconde difficulté découle de la multiplicité des personnes intervenant dans la création d'une œuvre sonore et d'une œuvre audiovisuelle. On se situe ici bien en amont de l'utilisation quotidienne des œuvres par les médiathèques. Il est cependant essentiel de comprendre le processus de création des œuvres afin de cerner la réalité des droits qui sont ensuite en jeu. Les exemples concrets sont à ce titre beaucoup plus parlants que les explications théoriques.

Exemple n° 1 : dans le cas d'un CD enregistré par un auteur-compositeur-interprète qui s'accompagne lui-même avec un seul instrument, les personnes protégées sont :

l'auteur-compositeur-interprète, au titre des droits d'auteur pour la création des paroles et pour la composition de la partition, et au titre des droits voisins[1] pour l'interprétation de la chanson et l'interprétation de la musique ;

– le producteur du disque, au titre des droits voisins, pour avoir été à l'origine de la réalisation matérielle de l'œuvre en question[2].

Exemple n° 2 : dans le cas d'un CD enregistré par un chanteur, interprétant des chansons dont les paroles et la musique sont écrites par un auteur et un compositeur, s'accompagnant lui-même d'un instrument et accompagné par un groupe de musiciens, les personnes protégées sont :

– l'auteur des paroles et le compositeur de la musique, au titre des droits d'auteur ;

– le chanteur, au titre des droits voisins en tant qu'artiste-interprète[3], pour son interprétation de la chanson ;

– les musiciens, au titre des droits voisins également en tant qu'artistes-interprètes, pour leur interprétation de la musique ;

– et toujours le producteur du disque, au titre des droits voisins.

Exemple n° 3 : dans le cas d'un groupe de rock dont le chanteur-guitariste écrit les paroles, un autre membre la musique, et tous chantent les chœurs, les personnes protégées sont :

– l'ensemble des membres du groupe, au titre des droits voisins, pour leur interprétation musicale et chantée ;

1. C'est-à-dire les droits reconnus par la loi du 3 juillet 1985 pour les auxiliaires de la création. Pour une définition, voir Ire partie, chapitre Ier.
2. Voir, dans la IIIe partie, « Producteur (de phonogrammes ou de vidéogrammes) ».
3. Voir, dans la IIIe partie, « Artiste-interprète ».

– le chanteur-guitariste en plus, au titre des droits d'auteur pour la création des paroles ;
– l'autre membre du groupe en plus, au titre des droits d'auteur pour la composition musicale ;
– et toujours le producteur du disque, au titre des droits voisins.

La situation est la même dans le cas des œuvres audiovisuelles, mais elle se complique encore par l'ajout des intervenants de l'aspect « visuel » aux intervenants de l'aspect « audio ».

Exemple n° 4 : dans le cas d'un film réalisé sur un scénario original avec une bande-son composée d'une musique originale sans paroles, les personnes protégées sont :
– pour l'aspect visuel : l'auteur du scénario, l'auteur du texte parlé, le réalisateur au titre des droits d'auteur ; ils sont protégés pour – respectivement – la création originale de l'histoire, la création originale des dialogues, la création originale de la mise en scène ;
– toujours pour la partie visuelle : les acteurs, au titre des droits voisins pour leur interprétation ;
– pour l'aspect sonore : le compositeur de la musique, au titre des droits d'auteur ;
– toujours pour la partie sonore : les musiciens, au titre des droits voisins ;
– pour les deux aspects : le producteur du film, au titre des droits voisins.

Exemple n° 5 : dans le cas du même film que ci-dessus accompagné d'une bande-son composée de la sélection de différentes chansons... on remplacera le compositeur de la musique originale par tous les auteurs, artistes et producteurs à l'origine des différentes chansons composant la bande originale du film !

Dans ce contexte, on comprend que la perception des droits pour tous ces artistes, et plus encore la répartition des sommes à chacun d'entre eux en fonction de la part exacte qu'il aura prise dans la création des œuvres, soient des opérations complexes, nécessitant des moyens appropriés.

Cependant, au-delà de la multiplicité de personnes protégées, c'est aussi la nature des droits que le législateur reconnaît à telle ou telle catégorie d'ayants droit qui renforce la complexité du statut des œuvres sonores et audiovisuelles.

La juxtaposition de deux catégories de droits

En effet, le législateur opère une très nette distinction entre les droits d'auteur et les droits voisins, c'est-à-dire entre les créateurs de l'œuvre et ceux qui enrichissent cette œuvre et y contribuent.

Cette distinction ne doit pas être perçue comme discriminatoire ou péjorative pour ceux que l'on appelle les auxiliaires de la création. Tout d'abord, parce que la loi du 3 juillet 1985 est venue, pour la première fois dans la législation française, protéger ces nouvelles catégories de professionnels, en reconnaissant l'existence de droits voisins aux droits d'auteur. Ensuite, parce qu'un artiste-interprète et un producteur de musique ou de film ne pourraient exercer leur art ou leur savoir-faire sans la création préalable de l'œuvre à laquelle ils apportent leur interprétation ou leur soutien.

Pour accorder telle ou telle catégorie de droits aux différents auxiliaires de la création, le législateur s'est fondé sur la nature de la contribution de chacun d'entre eux à l'existence de l'œuvre.

Ainsi, les artistes-interprètes se sont vu reconnaître, en plus de l'intégralité des droits patrimoniaux, une partie des droits moraux déjà reconnus aux auteurs, au motif que leur interprétation s'apparente à une création artistique[1]. À l'inverse, les producteurs de phonogrammes et de vidéogrammes ne se sont vu reconnaître que des droits patrimoniaux, au motif que leur intervention dans la création de l'œuvre se cantonne à sa concrétisation matérielle, même si l'œuvre n'aurait pu être divulguée ni exploitée sans leur contribution.

En pratique, cette distinction signifie beaucoup pour les utilisateurs finaux. Car, en fonction de ce que prévoit la loi, les médiathèques devront s'assurer des autorisations des uns ou des autres et verser aux uns ou aux autres les rémunérations correspondant aux différentes utilisations des œuvres.

Dans le cadre de l'utilisation d'une œuvre, il ne faut donc jamais perdre de vue que l'autorisation d'un auteur – accordée soit directement, soit par le biais d'un organisme mandaté – n'emporte pas nécessairement celle d'un autre artiste, et réciproquement.

Devant la complexité déjà engendrée par le processus de création des œuvres sonores et audiovisuelles, on aurait pu s'attendre à ce que le législateur s'attache à harmoniser au maximum les mécanismes de protection s'appliquant aux unes et aux autres. À la lecture du CPI, on s'aperçoit qu'il n'en est rien.

Pourquoi les statuts des œuvres sonores et audiovisuelles ne sont-ils pas identiques ?

Il est souvent difficile au législateur de concilier la défense de l'intérêt général et la protection des droits spécifiques – et légitimes – de telle ou telle catégorie de citoyens ou de professionnels. La loi du 3 juillet 1985 n'a pas échappé à cet écueil.

À la lecture du texte de loi, les hésitations sont perceptibles. Si la protection des titulaires de droits reste l'objectif principal, le législateur semble avoir voulu à plusieurs reprises concilier cette protection et les pratiques réelles des utilisateurs des œuvres, qu'ils soient institutionnels ou individuels.

Ces tentatives restent cependant timides. Qui plus est, les dispositions différentes instituées entre les œuvres sonores et les œuvres audiovisuelles renforcent considérablement la complexité de leur situation pour les utilisateurs finaux et les contraintes qu'ils rencontrent dans leur fonctionnement quotidien.

---

1. Définition des droits moraux et patrimoniaux : voir Ire partie, chapitre Ier.

Les licences légales : exception au principe du droit d'autoriser ou d'interdire

De manière générale, le CPI pose un principe important : toute utilisation d'une œuvre doit être autorisée par le ou les auteurs, et éventuellement par les auxiliaires de la création.

Mais, dans les faits, le CPI organise lui-même un certain nombre d'exceptions[1]. La plus importante d'entre elles est la mise en place du mécanisme spécifique de la licence légale. Ce mécanisme – dont le terme n'est pas retenu littéralement par le CPI – permet au législateur de retirer aux titulaires des droits la possibilité d'autoriser ou d'interdire telle ou telle utilisation de l'œuvre et de leur verser en compensation une contrepartie financière.

Deux cas de licence légale ont ainsi été institués par le CPI : l'un dans le cadre de la diffusion des œuvres sonores commercialisées, l'autre dans celui de la copie privée des œuvres. Malgré une base commune, ces deux licences légales diffèrent fortement.

Une exception dans l'exception : une licence légale de diffusion reconnue uniquement dans le cas des œuvres sonores

Le premier cas de licence légale concerne les phonogrammes publiés à des fins de commerce[2]. Selon l'article L. 214-1 du CPI, à partir du moment où un phonogramme est voué à une exploitation commerciale, l'artiste-interprète et le producteur perdent le droit d'autoriser ou d'interdire la communication directe de l'œuvre dans un lieu public ou sa radiodiffusion. Une médiathèque peut donc acheter un disque dans le commerce et le diffuser au sein de ses locaux sans formalité.

Il est important de signaler que cette licence légale dite « des phonogrammes du commerce » ne concerne que les droits voisins et non les droits d'auteur. En théorie donc, un auteur continue de pouvoir refuser que son œuvre soit diffusée à l'intérieur d'une médiathèque, alors que dans le même temps l'artiste-interprète et le producteur n'ont plus cette possibilité. Dans la pratique cependant, cette éventualité reste un cas d'école[3].

Notons également que l'utilisation d'une œuvre sonore au sein d'un spectacle reste elle aussi soumise à une autorisation expresse, y compris de la part des titulaires des droits voisins.

Bien entendu, ce n'est pas parce que les artistes-interprètes et les producteurs ne peuvent interdire la diffusion publique des œuvres qu'ils doivent également pâtir de ce mécanisme sur le plan économique. En contrepartie de la perte de leur droit, le CPI prévoit à leur profit une rémunération appelée « rémunération équitable ». Versée par les utilisateurs des œuvres, elle est calculée soit au prorata de leurs recettes, soit sur la base d'une évaluation forfaitaire. Toute médiathèque qui souhaite diffuser une œuvre sonore doit donc s'acquitter de cette redevance[4].

---

1. Pour la liste complète des exceptions, voir Iʳᵉ partie, chapitre Iᵉʳ.
2. Voir, dans la IIIᵉ partie, « Licence légale ».
3. Voir, *supra*, « Droits et devoirs des médiathèques publiques ».
4. Voir, dans la IIIᵉ partie, « Rémunération équitable ».

Dans le cadre du travail préparatoire des parlementaires sur la loi du 3 juillet 1985, les pouvoirs publics ont mené des négociations séparées avec les professionnels du disque d'une part et les professionnels de la création audiovisuelle d'autre part. Ces négociations par branche d'activité ont conduit à l'adoption de mécanismes aux logiques opposées.

Ainsi, contrairement aux œuvres sonores, les œuvres audiovisuelles ne bénéficient d'aucune licence légale. Toute utilisation reste donc soumise à une autorisation expresse des producteurs et, au-delà d'eux, des artistes-interprètes et des auteurs. Dans le cas des œuvres audiovisuelles, le fait d'acheter des cassettes vidéo dans le commerce pour ensuite les diffuser en médiathèque est donc totalement illégal. Les établissements doivent à la fois obtenir une autorisation de diffusion et verser la contrepartie financière correspondante.

On comprend rapidement que la licence légale est un mécanisme qui simplifie grandement la vie des utilisateurs dans leur recours aux œuvres sonores. Aucun risque d'oublier de demander une autorisation puisque l'on se trouve de fait en conformité avec la loi. Et même si le simple paiement de la redevance peut être considéré déjà comme une contrainte importante, on ne peut nier que la licence légale permet qu'un nombre considérable d'œuvres soit mis à la disposition du public. Pourrait-on y voir une preuve que le législateur a tenu à reconnaître et à valider les pratiques des médiathèques dans ce domaine ?

La situation est autrement plus contraignante pour les œuvres audiovisuelles. Car sa première traduction concrète est l'interdiction absolue d'acheter des vidéocassettes, et maintenant des DVD, dans le commerce pour en faire usage en médiathèque. Heureusement, plusieurs organismes publics, associatifs ou privés se sont créés afin de négocier les droits nécessaires en lieu et place des médiathèques et leur proposer ainsi des catalogues d'œuvres dont l'utilisation est légale[1].

Une harmonisation recherchée dans le cadre de la copie privée

Le deuxième cas d'application du mécanisme de la licence légale est celui qui concerne la copie privée de phonogrammes et de vidéogrammes[2]. En référence à l'article L. 122-5 du CPI pour les titulaires des droits d'auteur et à l'article L. 211-3 du CPI pour les titulaires des droits voisins, ni les uns, ni les autres ne peuvent s'opposer à ce qu'un individu réalise pour son propre usage des copies de leurs œuvres.

Un usager de médiathèque peut donc copier sur une cassette vierge (un CD vierge, s'il est plus moderne !) un disque qu'il a emprunté et faire de même pour une cassette vidéo (ou un DVD, s'il est décidément très moderne !), à condition qu'il réalise ces copies uniquement pour lui-même.

On notera ici que les auteurs et les auxiliaires de la création sont traités de la même façon. Tous perdent leur droit d'autorisation expresse au profit de l'utilisateur final. Et comme dans toute licence légale qui se respecte, tous ont droit en

---

1. Voir, *supra*, « Droits et devoirs des médiathèques publiques ».
2. Voir, dans la IIIe partie, « Copie privée des phonogrammes et vidéogrammes ».

contrepartie de percevoir une rémunération pour copie privée[1], qui prend la forme d'une taxe appliquée aux supports vierges (cassettes audio et CD enregistrables, cassettes vidéo vierges, etc.).

Dans le cadre de la copie privée, l'instauration d'un mécanisme aussi simple que la licence légale se comprend aisément. Sur le plan pratique, il était impossible d'exiger du citoyen qu'il demande directement l'autorisation de reproduction pour chaque œuvre dont il souhaite faire la copie et qu'il verse à chaque fois la redevance correspondante. Une situation à laquelle les sociétés de gestion de droits auraient eu, du reste, bien du mal à faire face. L'hypothèse d'une interdiction pure et simple de la copie privée semble, quant à elle, n'avoir jamais été envisagée : elle aurait vraisemblablement soulevé un tollé chez les utilisateurs et plus encore chez les fabricants de supports vierges et d'appareils de reproduction dont l'activité commerciale aurait été fortement mise en danger...

Au vu de la simplicité de fonctionnement du mécanisme de la licence légale, voire du confort quotidien qu'il apporte tant aux utilisateurs qu'aux titulaires de droits, on ne peut donc que regretter que la loi n'ait pas su rechercher une plus grande harmonisation des statuts des œuvres sonores et des œuvres audiovisuelles. Rien dans les pratiques des médiathèques ne justifie en effet un traitement différent des deux types d'œuvres. Mais on fait face ici en fait à un problème bien plus large : le fait qu'à aucun moment les médiathèques n'aient été considérées comme une catégorie d'utilisateurs bien particulière, pour laquelle il aurait été judicieux de prévoir un statut adapté.

Pourquoi les médiathèques ne bénéficient-elles pas d'un régime adapté dans le cadre des droits d'auteur et droits voisins ?

Cette question dépasse largement le contexte particulier des œuvres sonores et audiovisuelles, pour s'appliquer à l'ensemble des œuvres diffusées par les médiathèques publiques. En tant qu'instruments de diffusion et de démocratisation de toutes les formes de culture, ces dernières sont en droit d'attendre un traitement spécifique.

L'absence de régime spécifique adapté aux médiathèques

Actuellement, sur le plan strictement juridique, il n'en est rien. On constate bien dans la pratique certaines adaptations. La Sacem par exemple n'applique pas les mêmes barèmes aux médiathèques qu'aux autres utilisateurs[2], mais sans aller plus loin.

En 1957, lors de la mise en œuvre de la loi sur la propriété littéraire et artistique, les bibliothèques publiques n'avaient pas atteint le développement qu'elles connaissent aujourd'hui et n'étaient pas encore devenues un enjeu dans les

1. Voir, dans la IIIe partie, « Copie privée des phonogrammes et vidéogrammes ».
2. Voir, dans la IIIe partie, « Sacem ».

politiques locales. On peut donc comprendre qu'elles aient été quelque peu « oubliées ».

En 1985, au contraire, le contexte avait largement évolué. Mais le texte de la loi du 3 juillet 1985 n'est guère plus explicite sur les pratiques des bibliothèques que celui de la loi du 11 mars 1957, jusque dans les termes concrets employés. On y parle par exemple de louage, mais jamais de prêt. Comment éviter que des établissements pratiquant le prêt gratuit d'œuvres ne se sentent pas concernés par le terme de louage, à forte connotation commerciale ?

Dans le cadre de la loi de 1985, dont les objectifs étaient bien plus ambitieux que le simple toilettage d'un texte vieillot, il est dommage que personne n'ait songé à aborder la question de l'activité des médiathèques. Comme nous l'avons déjà souligné, le législateur semble avoir voulu simplifier l'utilisation de tel ou tel type d'œuvres en instaurant des régimes dérogatoires[1] et légitimer ainsi par ricochet certaines pratiques des médiathèques. Mais, comme ces établissements ne sont pas les seuls à utiliser des œuvres, rien n'indique de la part du législateur l'objectif affirmé de reconnaître un régime adapté aux bibliothèques.

Dans le débat sur le droit de prêt, cette absence de reconnaissance d'un régime juridique spécifique renforce de fait la position des auteurs et des éditeurs.

Des responsabilités partagées

Cet oubli, on peut donc penser qu'il incombe en grande partie au législateur. On aurait pu attendre de la puissance publique qu'elle mesure davantage les conséquences de la réglementation sur la propriété littéraire et artistique sur des établissements auxquels elle accorde par ailleurs son soutien. En reconnaissant au fil du temps une protection justifiée aux créateurs et aux auxiliaires de la création, l'État n'aurait-il pas dû réaffirmer la mission des bibliothèques et médiathèques publiques en en tenant compte au moins dans les modalités pratiques ?

Résultat : sa position est aujourd'hui particulièrement inconfortable. Beaucoup considèrent en effet qu'il a beau jeu d'appeler les professionnels du livre à la conciliation dans le débat sur le droit de prêt, alors que l'élaboration d'une loi sur les bibliothèques est encore sujette à de nombreux atermoiements.

Mais cette responsabilité incombe également aux titulaires de droits eux-mêmes. Que n'ont-ils su s'émanciper davantage de considérations commerciales pour reconnaître la place à part des bibliothèques et médiathèques publiques ? Que n'ont-ils su voir que le développement de ces établissements était une chance pour eux de diffuser davantage leurs œuvres ?

Et si les créateurs ont été incapables de cette prise de conscience, comment en vouloir aux sociétés de gestion de droits ? Leur existence est conditionnée par la perception et la répartition de redevances nées de la protection des créateurs et auxiliaires de la création. On scie rarement la branche sur laquelle on est assis...

Enfin, cet oubli incombe aussi aux professionnels des bibliothèques qui n'ont pas su s'intéresser assez tôt aux problèmes des droits d'auteur et à leurs consé-

1. Voir, *infra*, les développements sur la licence légale.

quences concrètes. Que n'ont-ils vu tout leur intérêt de réclamer une place plus tôt dans ce débat pour pouvoir négocier ce statut spécifique qu'ils réclament aujourd'hui ? Au lieu d'attendre une toujours promise loi sur les bibliothèques, que n'ont-ils décidé de négocier des accords-cadres adaptés avec les sociétés de gestion de droits[1] ?

L'affaire du droit de prêt, si elle n'a rien de spécifique pour les œuvres sonores et audiovisuelles, est exemplaire. Les bibliothèques se sont trop longtemps crues à l'abri d'une législation qui faisait essentiellement référence à des activités commerciales. Et les professionnels sont tombés des nues lorsqu'ils ont constaté que cette législation asseyait juridiquement les récriminations des créateurs à l'égard de leurs pratiques.

Il est, à ce titre, curieux de constater que les discothécaires et vidéothécaires publics ont toujours été beaucoup mieux sensibilisés aux problèmes des droits d'auteur, alors que la législation, parce qu'elle est plus précise dans le domaine des documents sonores et audiovisuels que dans celui des documents écrits, a toujours impliqué plus de contraintes dans leur travail quotidien.

On l'a vu, la complexité de la législation est grande. On peut concevoir que cette complexité engendre un découragement certain de la part des professionnels des médiathèques. Mais la complexité de la loi ou son manque de clarté pour les non-juristes ne constitue pas une excuse suffisante pour s'émanciper de son application.

Il est en effet important de ne pas se tromper de combat. Les bibliothèques et médiathèques publiques ont, en matière de propriété littéraire et artistique, des droits mais aussi des devoirs. Qu'on ne leur donne pas les moyens de remplir ces devoirs est une carence contre laquelle les professionnels peuvent et doivent s'élever. De la même façon qu'ils peuvent et doivent travailler à faire évoluer une législation qui peut leur être très défavorable. Mais se réfugier derrière l'argument de la complexité pour ne pas mettre en application un texte que l'on n'apprécie guère, est une position plus discutable.

---

1. On notera toutefois que des négociations sont actuellement en cours entre l'ABF et la Sacem. Elles viseraient à intégrer les contrats généraux de représentation que signent les médiathèques pour la sonorisation de leurs locaux au sein des contrats-cadres que la Sacem négocie par ailleurs avec l'Association des maires de France pour toutes les utilisations de documents sonores réalisées dans le cadre municipal. Si cette orientation se confirme, elle aurait un double intérêt : celui de soulager les gestionnaires des bibliothèques et médiathèques d'une grande partie du suivi administratif né de la passation des contrats de représentation, et celui de diluer peut-être un peu la part des redevances liées aux activités des médiathèques et bibliothèques dans un effort financier plus global des communes. Il serait judicieux de faire place au sein de ces négociations aux médiathèques et bibliothèques départementales et à leurs collectivités de tutelle.

2. Les droits et devoirs des médiathèques publiques

La mise en évidence du contexte de complexité dans lequel évolue l'utilisation des œuvres sonores et audiovisuelles nous a conduit à dévoiler dans les développements précédents quelques-unes des règles d'application de la loi du 3 juillet 1985. Mais il nous apparaît nécessaire de reprendre de manière synthétique l'ensemble de ces règles. Cela nous obligera à quelques répétitions peut-être un peu lassantes, mais aux vertus pédagogiques certaines.

Quels sont les différents droits concernés par les pratiques des médiathèques ?

Les médiathèques publiques sont avant tout concernées par l'application des droits patrimoniaux que détiennent les auteurs et les auxiliaires de la création sur leurs œuvres. En clair, il s'agit des droits qui ont trait à l'exploitation des œuvres[1].

Les droits liés à l'exploitation de l'œuvre

Cette notion d'exploitation n'est pas liée au caractère commercial ou non de l'activité. Elle s'applique donc également dans le cas d'une utilisation d'une œuvre à titre gratuit, qui ne donne lieu à aucune perception d'argent pour l'organisateur de l'activité. Autrement dit, quand une médiathèque diffuse gratuitement une œuvre, on reste néanmoins dans le cadre de son exploitation.

Ces droits patrimoniaux ou droits d'exploitation sont essentiellement le droit de représentation et le droit de reproduction[2]. Ici aussi, il faut faire attention aux termes juridiques employés par le CPI, qui peuvent prêter à confusion pour les non-juristes.

En effet, le droit de représentation ne vise pas uniquement les cas dans lesquels une médiathèque propose un spectacle, mais en fait toute communication d'une œuvre au public. Le droit de reproduction vise quant à lui toute fixation de l'œuvre sur un support. Il peut donc être mis en œuvre à plusieurs niveaux : une première fois quand l'auteur d'une chanson cède son droit de reproduction au producteur pour qu'un disque soit enregistré, une deuxième fois si ce disque est recopié sur un autre support.

En pratique, les activités des médiathèques mettent principalement en jeu le droit de représentation et le droit de prêt. On verra en effet que le droit de reproduction ne doit pas les concerner. On l'évoquera néanmoins afin de fixer de

1. Cela ne veut pas dire que les médiathèques ne soient pas concernées par l'application des droits moraux, bien au contraire. Dans la pratique cependant, ces droits moraux sont respectés de fait. Les médiathèques n'enfreignent pas le droit de divulgation, puisqu'elles n'apportent pas de modification aux mentions expresses des éditeurs sur les œuvres ; elles respectent l'intégrité des œuvres, puisqu'elles les mettent à disposition du public sans en altérer le contenu ; elles appliqueraient s'il le fallait le droit de repentir ou de retrait des auteurs en retirant de leur collection les œuvres que ces derniers souhaiteraient ne plus divulguer.
2. Pour une définition du droit de représentation et du droit de reproduction, voir Ire partie, chapitre Ier.

manière précise les pratiques autorisées et les pratiques interdites. Le droit de prêt fait quant à lui l'objet d'un chapitre spécifique qui regroupe les dispositions applicables à tous les types de supports auquel on ne peut que renvoyer le lecteur.

Droits et devoirs des médiathèques au titre du droit de représentation

Les pratiques mettant en œuvre le droit de représentation

Le droit de représentation, défini par l'article L.112-2 du CPI, vise en fait deux formes distinctes de communication de l'œuvre au public :

– la communication directe de l'œuvre recouvre les représentations dramatiques, les exécutions lyriques, les présentations publiques de l'œuvre ;

– la communication indirecte de l'œuvre est celle réalisée grâce à des supports matériels tels que les disques, films, émissions de radio ou de télévision.

Dans leur fonctionnement courant, les médiathèques sont principalement concernées par la communication indirecte de l'œuvre au public, dans les cas suivants :

– sonorisation des locaux accessibles au public[1] ;

– mise à disposition de casques d'écoute individuels ;

– projections audiovisuelles par écran de télévision ou par poste de consultation individuelle.

Les cas de communication directe sont plus exceptionnels car ils concernent souvent la mise en place d'animations particulières au sein de la médiathèque. On est dans le cas d'écoutes ou projections collectives et de spectacles[2].

Quel que soit cependant le mode de communication choisi, une chose est certaine : le droit de représentation s'applique à chaque fois qu'un nouveau public est concerné.

Les obligations des médiathèques

Ainsi que nous l'avons signalé précédemment, les mécanismes diffèrent entre les œuvres sonores et les œuvres audiovisuelles. Il est donc préférable d'aborder les deux catégories d'œuvres séparément afin que chacun s'y retrouve.

---

1. Cette notion de sonorisation des locaux accessibles au public concerne tous les locaux, y compris les locaux mobiles que sont les bibliobus. C'est la raison pour laquelle il est très conseillé d'éteindre l'autoradio des bibliobus en présence du public, si l'on n'a pas signé un contrat avec la Sacem. Voir *supra.*

2. Attention, le répertoire de la Sacem est très large. Il peut couvrir un certain nombre d'œuvres qui ne vous semblent pas être des œuvres sonores. Dans tous les cas, il est très recommandé de demander à votre intervenant ou à votre prestataire la situation juridique exacte de son spectacle. C'est une précaution indispensable et la preuve éventuelle de votre bonne foi en cas de difficulté. Pour avoir une idée du répertoire de la Sacem, voir, dans la IIIe partie, « Sacem ».

Utilisation des œuvres sonores

Dans le cadre des droits d'auteur, il est nécessaire de demander l'autorisation de l'auteur avant chaque utilisation de l'œuvre et de prévoir une rémunération correspondante.

Concrètement, cette demande d'autorisation prend la forme de la signature d'un contrat de représentation avec la Sacem. On signera donc un contrat général de représentation pour la sonorisation des locaux, un autre contrat de représentation pour la mise à disposition de postes d'écoute individuels, un autre encore pour chacun des spectacles ou écoutes proposés au public.

Dans le cadre des droits voisins, la licence légale instaurée par le CPI pour les œuvres sonores à vocation commerciale dispense les médiathèques de toute formalité préalable. En revanche, il faut également prévoir le versement d'une rémunération équitable. Elle est perçue par la Sacem, au même moment que ses propres redevances, pour le compte de la Spre (Société civile pour la perception de la rémunération équitable et la communication au public des phonogrammes du commerce).

Attention, cependant, à une exception importante à ne pas oublier : la licence légale ne s'applique pas aux spectacles ni aux écoutes collectives. La demande d'autorisation préalable redevient donc nécessaire pour les artistes-interprètes et les producteurs et le versement d'une rémunération, qui n'est plus la rémunération équitable, également.

Utilisation des œuvres audiovisuelles

Dans le cadre des droits d'auteur, il serait logiquement nécessaire de demander l'autorisation de l'auteur avant chaque utilisation de l'œuvre et de prévoir une rémunération correspondante.

Cependant, cette demande d'autorisation doit être formulée, non pas auprès de l'auteur, mais auprès du producteur audiovisuel. En effet, l'article L. 132-24 du CPI prévoit que les auteurs d'une œuvre audiovisuelle cèdent leurs droits exclusifs d'exploitation au producteur, sauf pour la partie musicale. C'est donc le producteur qui devient intégralement détenteur des droits d'exploitation des auteurs, et de ce fait seul interlocuteur des utilisateurs finaux.

Dans le cadre des droits voisins, l'absence de licence légale conduit à l'application du même mécanisme que pour les auteurs. Il faut donc demander l'autorisation d'utiliser une œuvre audiovisuelle au producteur et négocier auprès de lui les droits nécessaires[1] à chaque utilisation de l'œuvre.

Concrètement, ces deux dispositions du CPI (la désignation du producteur et l'absence de licence légale) compliquent sérieusement l'utilisation des œuvres. En droit, la législation voudrait qu'une négociation ait lieu avec chaque producteur ou éditeur pour chaque acquisition d'une œuvre audiovisuelle.

Certaines médiathèques négocient ainsi directement avec des éditeurs locaux ou régionaux. Mais, même effectués pour une seule copie à usage exclusif de la

---

1. En ce qui concerne la diffusion d'œuvres, les négociations portent sur les droits non commerciaux, qui excluent ceux relatifs à l'exploitation des œuvres dans les salles de cinéma.

médiathèque en diffusion simple, ces achats nécessitent, outre un budget conséquent, une grande vigilance. Il est ainsi recommandé de prévoir dans le contrat d'achat une clause garantissant l'établissement acquéreur contre tout recours des ayants droit[1]. D'autre part, on déconseille vivement de mener des négociations directement avec les distributeurs. Outre le surcoût induit par la présence d'un intermédiaire supplémentaire, les garanties de propriété réelle des droits font souvent défaut.

Cette démarche de négociation directe reste donc très risquée. La solution la plus sécurisante est de recourir à des organismes intermédiaires ayant déjà négocié les droits nécessaires.

Depuis le début des années 1980, ces organismes se sont multipliés et diversifiés :

– la Direction du livre et de la lecture s'est lancée dès 1979 dans une politique d'acquisition des droits de films documentaires, destinés aux projections individuelles ou collectives gratuites dans les médiathèques, leurs annexes ou leurs relais (pour les médiathèques départementales). Animé depuis 1989 par l'association Images en bibliothèques, ce réseau consacré initialement au cinéma documentaire disponible en consultation sur place au format 3/4' propose également aujourd'hui des vidéos en format VHS et utilisables pour le prêt[2] ;

– l'Adav (Ateliers de diffusion audiovisuelle) est une association loi 1901 créée en 1984. À la fois centrale d'achats et organisme de conseil, l'Adav propose un catalogue de fictions et de documentaires dont les droits sont négociés avec les éditeurs audiovisuels[3] ;

– plusieurs agences de coopération régionale entre bibliothèques ont tenté de jouer le rôle de centrales d'achats dans ce domaine, les plus actifs ayant été les réseaux de Bretagne, Rhône-Alpes et Alsace ;

– plusieurs sociétés commerciales ont également investi le marché, les plus connues étant Colaco et VHS[4].

Un cas épineux : la perception par la Sacem de droits sur la partie sonore des œuvres audiovisuelles[5]. Cette question a été mise sur le devant de la scène durant l'été 1998 avec une réaction assez virulente de l'ABF à des courriers de réclamation ou d'information envoyés par la Sacem à certaines médiathèques. Mais le problème s'était posé dès 1995, tout en étant, à l'époque, circonscrit aux territoires couverts par quelques-unes des délégations régionales de la Sacem.

1. Une telle clause dégage la médiathèque de sa responsabilité pénale, mais ne la dispense pas de rendre le document incriminé en cas de problème.
2. Pour une information détaillée sur l'histoire de ce réseau et son fonctionnement actuel, on se reportera utilement au chapitre « Le traitement de l'image animée », dans *Les Images dans les bibliothèques* (voir bibliographie générale en fin de volume).
3. Voir, dans la IIIe partie, « Adav ».
4. Voir, dans la IIIe partie, « Vidéogramme », pour une liste de fournisseurs de vidéo.
5. La rédaction de ce passage s'appuie sur les articles d'Yves Alix publiés dans la revue *Écouter Voir* et sur un entretien téléphonique avec Varda Lerin, de l'Adav.

Une fois de plus, la situation a beau être compliquée, elle n'en est pas moins claire. L'article L. 132-24 du CPI déclare : « Le contrat qui lie le producteur aux auteurs d'une œuvre audiovisuelle, autres que l'auteur de la composition musicale avec ou sans parole, emporte [...] cession au profit du producteur des droits exclusifs d'exploitation de l'œuvre audiovisuelle. » C'est-à-dire que le producteur audiovisuel est titulaire de tous les droits d'exploitation, sauf des droits musicaux.

Pourquoi cette disposition ? Parce que la Sacem est seule détentrice des droits musicaux à partir du moment où un auteur les lui a cédés à titre exclusif en devenant sociétaire[1]. La loi a donc décidé, en réglant les dispositions applicables aux œuvres audiovisuelles, de ne pas aller à l'encontre des mécanismes de cession des droits déjà existants pour les œuvres purement musicales.

Les organismes intermédiaires comme l'Adav, chargés de négocier les droits d'utilisation des œuvres audiovisuelles, ont été tout aussi surpris que les médiathèques concernées par les réclamations de la Sacem. Aucun producteur ne les avait alertés sur cet aspect du droit passablement méconnu. La Sacem elle-même ne s'est « réveillée » que tardivement sur cette question, se rendant compte tout à coup qu'elle avait oublié l'une des pratiques sur lesquelles elle pouvait asseoir une perception...

L'autorisation de diffusion de la partie musicale d'œuvres audiovisuelles est accordée par la Sacem par le biais du même contrat général de représentation que les médiathèques doivent souscrire pour la diffusion des œuvres musicales. Les sommes éventuelles à verser se rajouteront donc à celles qui sont perçues pour la simple sonorisation des locaux.

Le calcul de ces sommes respecte le même principe que pour celui qui concerne la sonorisation de locaux, c'est-à-dire l'application de barèmes forfaitaires. Si l'on comprend bien la simplification des procédures de calcul et de perception que permettent les barèmes forfaitaires, on ne peut que noter leur caractère particulièrement injuste. Quelle comparaison peut-on faire entre la médiathèque municipale d'une ville de 50 000 habitants, dotée d'un budget conséquent, et la médiathèque rurale d'une commune de 2 000 habitants, au budget nettement plus réduit, qui verseront toutes deux la même somme forfaitaire par poste de consultation ?

On pourra rétorquer que le nombre de postes mis à la disposition du public de ces médiathèques évoluera dans l'un ou l'autre cas en fonction de la demande d'une population de taille bien différente. Certes ! Mais on peut aussi penser que la mise en place de barèmes pondérés en fonction de grandes catégories de communes serait de nature à apaiser les craintes et les récriminations parfois légitimes des établissements et des collectivités locales à l'égard de la Sacem.

---

1. On peut quand même envisager le cas d'un auteur de partie musicale qui, n'ayant pas souhaité inscrire ses créations au répertoire de la Sacem, continue à en être le détenteur exclusif. Auquel cas, c'est directement à cet auteur qu'il faudra demander l'autorisation de diffuser son œuvre et payer les sommes afférentes. Mais cela reste un cas d'école.

Droits et devoirs des médiathèques au titre du droit de reproduction

Les pratiques mettant en œuvre le droit de reproduction

Le droit de reproduction, défini par l'article L. 122-3 du CPI, concerne ce qu'il est plus couramment convenu d'appeler le droit de copie.

C'est un sujet particulièrement sensible dans le domaine des œuvres écrites. On connaît le terme de « photocopillage » employé par les auteurs qui s'élèvent contre la photocopie à outrance de leurs œuvres par les écoliers, les étudiants, les enseignants, les formateurs pour adultes. Mais c'est un sujet qui commence à devenir brûlant également dans le domaine des œuvres sonores et audiovisuelles. Les enseignants utilisant des copies – forcément pirates – d'émissions ou de documentaires télévisés sont depuis longtemps dans le collimateur des organismes de lutte contre la piraterie audiovisuelle, au même titre que les adolescents organisant des petits trafics de vidéos sous le manteau.

L'industrie du disque s'inquiète quant à elle particulièrement des possibilités offertes par les graveurs de CD. Elle s'inquiète plus encore de celles du format MP3 qui permet un télédéchargement musical depuis Internet, notamment depuis les prolongements sur le Net de certaines radios comme Fun ou NRJ. À ce titre, suite aux inquiétudes formulées par les professionnels, le gouvernement envisage de supprimer le bénéfice de la licence légale aux radios[1]. Elles pourraient donc être soumises à des demandes d'autorisation préalable de diffusion, qui devraient leur être accordées sans trop de difficulté, mais avec des redevances recalculées à la hausse en fonction de l'étendue réelle de la diffusion envisagée.

Quoi qu'il en soit, la situation des médiathèques est pour une fois des plus simples : dans le cadre du droit de reproduction, les œuvres sonores et audiovisuelles sont traitées sur un plan d'égalité, les mêmes dispositions leur sont donc applicables.

Les obligations des médiathèques

La législation est sans détour. Puisque seule la copie à usage privé est autorisée, les médiathèques sont tenues de n'opérer aucun changement de support de quelque nature qu'il soit. Il est donc totalement interdit aux médiathèques de réaliser des copies à destination des usagers – même un ou deux morceaux par sympathie pour un habitué ! –, et plus encore de mettre à disposition du public du matériel de reproduction ou de diffuser des copies illicites (enregistrements réalisés par le personnel de la médiathèque d'émissions de radio ou de télévision, de concerts ayant eu lieu sur Internet, etc.). Il est, de même, fortement conseillé d'interdire la copie de documents patrimoniaux (bandes magnétiques inédites, par exemple) même à usage privé, dans la mesure où personne ne peut savoir s'il s'agit réellement d'œuvres non divulguées.

---

1. Source : *La Lettre du gouvernement*, n° 75 du 21 octobre 1999, p. 6.

Ces interdictions, même si elles ne sont pas toujours faciles à faire comprendre au public, commencent à être mieux maîtrisées par les professionnels. Ce qui l'est moins, c'est l'interdiction parallèle de « copies de précaution » de phonogrammes ou de vidéogrammes, destinées à permettre un remplacement immédiat des documents endommagés par un usager. On comprend le désir de pallier une durée de vie des supports parfois très courte. Cela reste néanmoins interdit par la loi[1].

À l'inverse, dans le cadre de la copie privée, et dans la mesure où elle sera en parfaite conformité avec la loi, aucune médiathèque ne peut être tenue responsable des agissements délictueux de ses usagers.

Droits et devoirs des médiathèques au titre du droit de prêt

Le droit de prêt est un sujet épineux et particulièrement sensible. C'est la raison pour laquelle il fait l'objet d'un article spécifique qui traite des problèmes liés au prêt de toutes les catégories de documents auquel nous renvoyons le lecteur.

Des cas particuliers...

On a jusqu'ici évoqué les contraintes liées aux activités quotidiennes des médiathèques municipales, les plus nombreuses. Mais, qu'en est-il des médiathèques départementales[2], de leurs réseaux et de leurs pratiques ?

La diffusion musicale et audiovisuelle au sein des médiathèques départementales et de leurs réseaux

Les médiathèques départementales n'étant pas des établissements directement accessibles au public, on pourrait penser qu'elles ne sont pas confrontées aux contraintes liées à la sonorisation de leurs locaux. Mais que dire alors des véhicules utilisés dans le cadre des différents services de prêt de documents ?

Dès l'arrivée de nouveaux supports dans leurs collections (disques, vidéos), de nombreuses médiathèques départementales ont adapté leurs véhicules au transport et à la présentation de ces nouveaux supports. Des « musibus », « vidéobus » ou « médiabus » ont ainsi rapidement vu le jour.

L'ensemble de ces véhicules est soumis aux dispositions relatives à la sonorisation des locaux et aux écoutes individuelles ou collectives, à la diffusion individuelle ou collective d'œuvres audiovisuelles, au même titre que les médiathèques

1. Seules les copies de masters de films prévues dans le cadre des contrats d'achats de droits ou de coproduction d'œuvres audiovisuelles signées entre les médiathèques et les producteurs ou éditeurs échappent à cette interdiction. Voir le chapitre « Le traitement de l'image animée », dans *Les Images dans les bibliothèques*, *op. cit.*, note 2, p. 125. D'autre part, seules les copies de sauvegarde des logiciels effectuées par l'utilisateur (c'est-à-dire le titulaire de la licence obtenue à l'achat du logiciel) sont autorisées, selon l'article L. 122-6 du CPI.

2. BDPiste moi-même, j'épargnerai à mes collègues la dénomination complète de médiathèque départementale *de prêt*, tant il est vrai que nous avons depuis belle lurette développé d'autres services que le prêt de documents.

fixes. Il conviendra donc de se reporter à nos développements précédents et de penser à inclure ces « locaux mobiles » que sont les véhicules dans les différentes demandes d'autorisation à formuler.

Les bibliothèques départementales qui ne sont pas encore dotées de ces nouveaux supports et de ces nouveaux véhicules ne doivent pas se considérer pour autant comme exemptes d'obligations. De nos jours, les bibliobus traditionnels sont en effet de plus en plus souvent équipés d'autoradios. Il est donc très fortement conseillé de les éteindre lorsque le public a accès au véhicule, que ce soit lors d'une tournée de prêt direct ou lors d'un échange de livres avec une bibliothèque membre du réseau. On dépasse à chaque fois la simple utilisation à titre privé pour basculer dans une diffusion publique et on tombe donc sous le coup des dispositions législatives qui régissent la diffusion publique.

À noter que ces développements s'appliquent également aux médiathèques municipales disposant de bibliobus pour desservir certains établissements de leur commune et/ou des quartiers excentrés.

Le prêt des œuvres sonores et audiovisuelles au sein des réseaux des médiathèques départementales

Lorsqu'on aborde la question du prêt des œuvres sonores et audiovisuelles, la situation des médiathèques départementales pourrait paraître particulièrement complexe dans la mesure où elles peuvent pratiquer deux types de prêt : un prêt à usage individuel effectué directement auprès des usagers dans le cadre du prêt direct et un prêt de documents en grand nombre auprès des établissements membres de leurs réseaux.

Concrètement cependant, ces deux types de prêts n'en font qu'un parce que l'on considère que le prêt de documents à des établissements-relais n'est qu'une étape technique dans une démarche qui vise de toute façon un prêt à usage individuel.

De ce fait, les médiathèques départementales doivent appliquer les dispositions qui régissent et qui régiraient le droit de prêt. On les renverra donc au chapitre consacré à ce sujet dans le présent ouvrage.

En revanche, et uniquement en ce qui concerne les œuvres audiovisuelles, il est très vivement recommandé aux médiathèques départementales de n'acquérir et de ne prêter que des documents pour lesquels l'ensemble des droits – prêt et consultation sur place – ont été négociés.

En effet, on constate encore trop souvent que, par inadvertance ou par ignorance, des responsables de bibliothèques-relais confondent les usages possibles des cassettes vidéo qui leur sont prêtées. Il est du ressort des médiathèques départementales, non seulement d'organiser l'information et la formation des responsables de bibliothèques rurales, mais aussi de mettre à leur disposition des documents suffisamment protégés pour éviter toute difficulté si cette information ou cette formation nécessaires n'étaient cependant pas suffisantes.

Les expositions ou animations conçues par les médiathèques départementales et mises à disposition de leurs réseaux

Prenons un exemple. Vous envisagez de faire concevoir pour le réseau de votre médiathèque départementale une exposition qui présentera des documents sonores et audiovisuels : sonorisation d'ambiance sur l'exposition, postes de consultation de cédéroms avec casques d'écoute individuels, projection de vidéos avec casques d'écoute individuels.

Pour tout ce qui concerne les postes de consultation et les casques d'écoute, il n'y a pas de difficulté particulière : achat des cédéroms et des vidéos avec droits négociés auprès des organismes intermédiaires habilités, déclaration à la Sacem des postes de consultation et des casques d'écoute pour les parties musicales des cédéroms et des vidéos.

Mais qu'en est-il de la sonorisation, étant entendu que la création de la bande-son soit à partir de morceaux originaux, soit à partir d'extraits d'œuvres existantes, aura été régularisée ? Car cette sonorisation d'espace ne sera effective que lorsque l'exposition sera prêtée à des bibliothèques locales membres du réseau départemental... et jamais lorsque l'exposition sera entreposée, démontée, au sein des locaux mêmes de la médiathèque départementale.

La première réponse de la Sacem[1] à ce sujet est que, les bibliothèques municipales étant organisatrices de l'accueil de cette exposition au sein de leurs locaux, elles seraient seules redevables des droits afférents à la sonorisation.

Dans ce cas, une médiathèque départementale peut se trouver face à un cas de conscience si elle propose habituellement le prêt de ses expositions à titre gratuit. Dans l'exemple qui nous occupe, elle se verrait en effet contrainte de prévenir les bibliothèques désirant accueillir cette exposition qu'elles vont devoir verser des redevances à la Sacem. De quoi en décourager plus d'une, et remettre en question le principe de gratuité totale du service.

La seule solution serait de considérer la médiathèque départementale comme organisatrice de la tournée de cette exposition sur le territoire du département, et donc redevable des sommes liées à la sonorisation. Mais se pose alors le problème du calcul du montant de ces sommes quand on sait qu'elles s'évaluent en fonction du nombre de mètres carrés sonorisés qui variera à chaque nouvelle bibliothèque...

Que faut-il donc en conclure ? Que c'est toujours l'organisateur qui est le redevable. Si l'on veut donc éviter que les bibliothèques rurales ne le deviennent, il faut que la médiathèque départementale soit organisatrice des animations qu'elle propose à son réseau, quelles qu'en soient les formes. Ce qui ne veut pas dire que cette démarche doive être obligatoirement étendue, car on peut également considérer que les bibliothèques rurales doivent être responsabilisées dans ce domaine comme dans d'autres.

En ce qui concerne les animations qui donnent lieu à spectacles, représentations, projections, un seul réflexe, valable pour tous les établissements : prendre contact

1. Renseignements pris auprès de Denis Crepin, chargé de l'information générale des diffuseurs au siège de la Sacem.

avec les délégations régionales de la Sacem qui vous feront parvenir les documents nécessaires dès le début de la préparation des projets.

Le cas toujours oublié des attentes téléphoniques

Comme nombre de services publics et d'entreprises privées, les standards téléphoniques des médiathèques et bibliothèques publiques bénéficient de cette invention redoutable : la musique d'attente.

À moins que vous n'ayez opté pour la courte succession de notes électroniques que j'aurai du mal à considérer comme de la musique, vous êtes également redevable à la Sacem des droits de diffusion des œuvres que vous avez choisies.

Le manque d'originalité des musiques d'attente est sans doute dû à une cruelle absence d'imagination, mais aussi au fait que certaines œuvres sont tombées dans le domaine public et peuvent donc être utilisées sans perception de droits.

Quel que soit le choix de musique effectué, cette autre forme de diffusion d'œuvres sonores est également soumise à l'autorisation des auteurs. Les sommes afférentes sont calculées forfaitairement et sont incluses au sein du contrat général de représentation que l'établissement signe avec la Sacem.

Conclusion

Pourquoi tant de précautions ? Pourquoi tant d'acharnement à vouloir faire respecter la loi ? D'abord parce que c'est la loi et que des établissements publics se doivent de la respecter, au même titre que leurs usagers. Ensuite, parce que les sanctions peuvent être très lourdes.

Toute utilisation illicite ou illégale d'œuvres sonores et audiovisuelles est une contrefaçon, passible de fortes peines d'amende et d'emprisonnement[1]. Il faut, de plus, savoir que jamais la bonne foi n'est présumée. On considérera toujours que vous connaissez la loi et que vous avez agi de manière délibérée.

De plus, les contrôles se sont considérablement renforcés depuis ces dernières années. La Sacem dispose ainsi d'un nombre important d'agents de contrôle chargés de repérer sur le terrain les utilisations d'œuvres appartenant à son répertoire[2].

En matière audiovisuelle, c'est à l'Alpa – Association de lutte contre la piraterie audiovisuelle – que revient cette mission répressive. Couvrant l'ensemble des œuvres audiovisuelles, cette association a le pouvoir de constater les pratiques interdites et d'identifier les contrevenants grâce à des équipes d'enquêteurs assermentés. Elle fait ensuite déposer plainte par ses adhérents, parmi lesquels on compte de nombreuses sociétés de gestion de droits.

Face à l'arsenal répressif existant, il est illusoire de croire que les médiathèques publiques puissent encore longtemps jouir d'une relative tranquillité. Le violent débat sur le droit de prêt n'a fait que rappeler combien leurs activités étaient en

---

1. Voir à ce sujet Ire partie, chapitre 1er.
2. Voir, dans la IIIe partie, « Sacem ».

prise directe avec la législation sur la protection de la propriété littéraire et artistique.

Au terme de ce chapitre, je souhaiterais cependant que mon propos ne soit pas mal interprété, que ma position ne soit pas comprise comme un manque de solidarité professionnelle.

On peut regretter – comme je l'ai souligné – que la spécificité des pratiques des médiathèques n'ait pas été reconnue dans la loi. On peut dénoncer une trop grande âpreté au gain des sociétés de perception de droits et contester leurs barèmes et leurs critères de perception. Mais il me semble également important de savoir si les conséquences de l'irrespect de la loi ne seront pas plus handicapantes que les contraintes qu'elle nous impose.

Dans cet état d'esprit, la démarche qui consiste pour nos organisations professionnelles et pour les organisations qui fédèrent les différentes collectivités locales à entamer des négociations pour aboutir à des accords-cadres qui sauront s'adapter à nos pratiques et à la taille de nos établissements apparaît comme la plus sage.

Puisque, pour l'instant, le législateur n'a pas souhaité entreprendre une démarche politique – et que celle qui est entamée est encore bien à l'abri dans les dossiers du ministère de la Culture – cette démarche pragmatique devrait donner une crédibilité certaine au monde des médiathèques publiques jusque-là trop souvent perçues comme des établissements indifférents à la propriété littéraire et artistique.

Nathalie LÉMAN

Utilisation des œuvres sonores et audiovisuelles au sein des médiathèques / Tableau synthétique

Pratiques	Droits	Coûts
1. sonorisation générale des locaux accessibles au public (quelle que soit la source sonore)	● mise en œuvre du droit de représentation (article L. 122-4 du CPI). ● soumise à autorisation pour les auteurs obtenue auprès de la Sacem avec signature d'un contrat général de représentation. ● pas d'autorisation à solliciter pour les artistes-interprètes et les producteurs à cause du mécanisme de la licence légale de diffusion (articles L. 214-1 et suivants du CPI).	● tarification forfaitaire annuelle calculée sur la superficie des locaux sonorisés due à la Sacem (4,14 F hors taxes par m^2 sonorisé jusqu'à 2 000 m^2 avec un minimum de 462 F ; au-dessus de 2 000 m^2, pondération). ● versement de la rémunération équitable. Tarification représentant 18 % des droits Sacem. Redevance due à la SPRE mais versée pour son compte à la Sacem.
2. mise à disposition de postes d'écoute en libre accès avec casques individuels (quel que soit le matériel utilisé)	● mise en œuvre du droit de représentation. ● soumises à autorisation pour les auteurs obtenue auprès de la Sacem avec signature d'un contrat général de représentation. ● pour le moment, pas d'autorisation à solliciter pour les artistes-interprètes et les producteurs.	● tarification forfaitaire annuelle par casque ou au forfait quotidien par tranche de 100 casques due à la Sacem (160 F hors taxes par casque). ● pour le moment, pas de droits SPRE.
3. mise à disposition de postes de consultation audiovisuelle en libre accès (quel que soit le matériel utilisé)	● mise en œuvre du droit de représentation. ● soumises à autorisation auprès des producteurs audiovisuels, *sauf pour la partie musicale*. ● soumises à autorisation des auteurs *de la partie musicale* obtenue auprès de la Sacem avec la signature d'un contrat général de représentation. ● pas d'autorisation à solliciter pour les artistes-interprètes et producteurs *de la partie musicale* à cause du mécanisme de licence légale de diffusion mais versement d'une rémunération.	● négociation et paiement des droits aux producteurs au cas par cas. *Concrètement*, recours à des organismes intermédiaires proposant des catalogues d'œuvres avec droits négociés. ● tarification forfaitaire annuelle par appareil ou forfait quotidien annuel par tranche de nombre d'appareils (398 F hors taxes par appareil). ● versement de la rémunération équitable. Tarification représentant 18 % des droits Sacem. Redevance due à la SPRE mais versée pour son compte à la Sacem.
4. attentes téléphoniques musicales	● mise en œuvre du droit de représentation. ● soumises à autorisation des auteurs obtenue auprès de la Sacem avec signature d'un contrat général de représentation. ● pour le moment, pas d'autorisation à solliciter pour les artistes-interprètes et les producteurs.	● tarification forfaitaire annuelle calculée par tranche de 5 lignes sonorisées due à la Sacem (199 F hors taxes pour les 5 premières lignes sonorisées, puis 159 F hors taxes par tranche de 5 lignes supplémentaires). ● pour le moment, pas de droits SPRE.
5. écoutes collectives programmées, accueil de spectacles, de concerts	● mise en œuvre du droit de représentation. ● soumises à autorisation au cas par cas avec demande préalable à la Sacem pour l'ensemble des titulaires de droits.	● tarification au cas par cas.

6. séances programmées de projections audiovisuelles	• mise en œuvre du droit de représentation. • *pour la partie audiovisuelle*, utilisation exclusive de supports avec droits négociés pour la consultation. • *pour la partie musicale*, autorisation préalable au cas par cas auprès de la Sacem pour l'ensemble des titulaires de droits. Assimilation à un spectacle.	• négociation et paiement des droits aux producteurs au cas par cas. *Concrètement*, recours à des organismes intermédiaires proposant des catalogues d'œuvres avec droits négociés. • tarification au cas par cas.
7. exposition itinérante sonorisée	• mise en œuvre du droit de représentation. • autorisation préalable à obtenir auprès de la Sacem pour la durée totale de l'exposition et l'ensemble des lieux visités.	• tarification forfaitaire annuelle calculée sur la superficie de l'exposition concernée, à raison de 4,20 F hors taxes par m^2, avec un minimum de 468 F hors taxes. Contrat à renouveler chaque année tant que l'exposition circule.
8. prêt d'œuvres sonores (prêt individuel pour un usage privé)	• mise en œuvre du droit de destination (article L. 131-2 du CPI). • pour le moment, pas d'autorisation à obtenir pour aucun des titulaires de droits.	• pour le moment, pas de perception de droits.
9. prêt d'œuvres audiovisuelles (prêt individuel pour un usage privé)	• mise en œuvre du droit de destination. • soumises à autorisation auprès des producteurs audiovisuels.	• négociation et paiement des droits aux producteurs au cas par cas. *Concrètement*, recours à des organismes intermédiaires proposant des catalogues d'œuvres avec droits négociés.
10. copie des œuvres sonores et audiovisuelles	• mise en œuvre du droit de reproduction. • interdiction absolue pour les médiathèques dans tous les cas. • autorisée uniquement à usage privé, sans demande préalable.	• versement de la rémunération pour copie privée par les fabricants et importateurs de supports vierges (et ré-imputée sur le prix public de vente de ces supports). • *Seules les copies de masters de films prévues dans le cadre des contrats d'achats de droits ou de coproduction d'œuvres audiovisuelles signées entre les médiathèques et les producteurs ou éditeurs échappent à cette interdiction. Cf. le chapitre « Le traitement de l'image animée », in* Les Images en bibliothèque, *voir bibliographie générale en fin de volume.* *Par ailleurs, seules les copies de sauvegarde des logiciels effectuées par l'utilisateur (c'est-à-dire le titulaire de la licence obtenue à l'achat du logiciel) sont autorisées selon l'article L. 122-6 du CPI.*

Tableau établi par Yves Alix et Nathalie Léman, reproduit avec l'aimable autorisation de la revue *Écouter Voir*.

IV. Droit d'auteur, droits des utilisateurs et documents numériques

Quels droits doit-on respecter lorsque l'on veut numériser un document ou lorsque l'on veut donner accès à un document numérique ? Les réponses à ces questions sont malheureusement assez complexes car la propriété intellectuelle est source d'enjeux à la fois financiers et culturels. Bien que ce soit un domaine qui évolue très vite, certains supports numériques n'appartiennent pas encore à une catégorie juridique précise – comme le site web qui serait assimilé ou non à une publication éditoriale – et un certain flou subsiste sur de nombreux thèmes, comme la responsabilité du fournisseur de service où des décisions contradictoires ont été prises et où la proposition de loi qui a fait suite à une affaire célèbre[1] suscite toujours de nombreuses oppositions. Mais il est vrai également que des règles de droits existent déjà et qu'elles doivent être appliquées. L'objet de cet article est de les présenter de la manière la plus claire possible.

Une première partie tentera de tirer les conclusions des évolutions qui peuvent être pressenties aujourd'hui en matière de droit d'auteur. Quant à la deuxième partie, elle présentera les règles juridiques qui doivent être appliquées en ce moment à différents supports numériques.

1. Les implications de l'environnement numérique sur le droit d'auteur

Plusieurs évolutions peuvent être envisagées :

- la suppression de l'exception pour copie privée ;
- le développement des moyens de contrôle et du paiement à l'acte ;
- l'emprise des contrats ;
- le contournement des sociétés de gestion collective ;

1. Il s'agit de l'affaire Altern. Pour avoir un aperçu rapide des discussions relatives aux responsabilités des fournisseurs d'accès, lire Alain Hazan, « Qui est responsable du contenu des sites web ? », *Le Monde*, 20 octobre 1999.

– le développement de l'œuvre collective et l'affaiblissement du droit moral ;
– la responsabilité des fournisseurs de service.

La suppression de l'exception pour copie privée

Des risques dans un nouvel environnement

Dans l'environnement analogique, la copie des œuvres à usage strictement personnel du copiste (voir *supra*, le chapitre d'Emmanuel Pierrat) est tolérée car elle n'est pas en mesure de concurrencer l'œuvre originale dont elle n'est que l'imitation dégradée. La numérisation, qui permet la réalisation en nombre illimité de copies parfaitement conformes à l'original, constitue en revanche un véritable mode d'exploitation des œuvres et une forme de commercialisation. C'est pourquoi l'exception pour copie privée, déjà supprimée pour les logiciels et les bases de données électroniques, risque de disparaître également pour toutes les œuvres sur support numérique.

Une protection renforcée

Sur ce point, les positions officielles actuelles prises en France[1] sont identiques à celles de la version de la « proposition de directive sur l'harmonisation du droit d'auteur et des droits voisins[2] » datant de mai 1999 qui « admet, sous réserve d'une compensation équitable, l'exception pour copie privée, sans toutefois que cette exception puisse interdire aux ayants droit de recourir à des mesures de protection technique contre la copie numérique[3] ».

Ainsi, si l'article 5.2 b[4] de cette proposition de directive donne bien la possibilité aux États membres de l'Union européenne de limiter le droit exclusif des auteurs, ce n'est que pour des reproductions sur support numérique qui représentent des copies destinées à « un usage privé, strictement personnel et à des fins non commerciales », mais à condition de prévoir une rémunération pour les ayants droit et d'autoriser ces derniers à recourir à des mesures de protection technique permettant de contrôler ou d'empêcher les copies numériques.

Par conséquent, si la condition de l'autorisation de l'auteur peut être parfois supprimée, celle du versement d'un droit s'imposera dans tous les cas[5]. Quant à

1. Entretien avec Mme Catherine Trautmann : « Numérique : copyright ou droits d'auteurs ? », *Revue politique et parlementaire*, n° 1 000, mai-juin 1999, pp. 6-8.
2. Proposition de directive sur le droit d'auteur et les droits voisins dans la société de l'information (http://europa.eu.int/comm/dg/fr/intprop/intprop/copy2.htm) (18 janvier 2000).
3. Résolution européenne : « Harmonisation de certains aspects du droit d'auteur et des droits voisins dans la société de l'information. Examen du rapport de Mme Danièle Pourtaud » (http://www.senat.fr/commission/cult/b–cult990503.html#toc2) (18 janvier 2000).
4. Michèle Lemu, « Les professionnels de l'information et la proposition de directive sur le droit d'auteur », *Documentaliste-Sciences de l'information*, 1999, 2.
5. La rémunération peut être indirecte, par le biais de collectes faites par des systèmes de gestion collective, comme le Centre français d'exploitation du droit de copie (CFC) en France ou de taxations de supports vierges dont les sommes sont reversées ensuite aux auteurs et à leurs ayants droit.

la mention de moyens techniques de protection, elle n'est envisagée dans le texte de la proposition de directive que pour les copies numériques d'enregistrements sonores, visuels et audiovisuels.

Un système bipolaire

Dans un rapport datant de juillet 1998 [1], le Conseil d'État proposait que la copie privée soit présumée autorisée sauf si les titulaires des droits utilisent une mention expresse pour l'interdire. Pour inciter ces derniers à ne pas s'opposer aux copies privées, un mécanisme légal de rémunération pour copie privée, permettant de se conformer à l'obligation de rémunération équitable mentionnée dans la directive, serait institué pour éviter le frein à la liberté de circulation de l'information qu'elle pourrait représenter. Géré par un organisme de gestion collective, il serait financé par une taxe sur les supports d'enregistrements, fixée à un montant peu élevé pour éviter la fraude. L'auteur aurait alors la possibilité de faire un arbitrage entre une rémunération forfaitaire pour copie privée et une rémunération proportionnelle assurée par les moyens de protection technique.

Quelques problèmes peuvent être soulevés à propos de la copie privée.

La volonté de diffusion à titre gratuit

De nombreux auteurs, dans le monde de la recherche en particulier, acceptent volontiers, sous certaines conditions, que leurs textes soient reproduits gratuitement afin d'acquérir une notoriété qui leur est indispensable. Or, ils n'ont pas le droit de renoncer à leurs droits d'auteur. Selon André Bertrand[2], il faudrait pouvoir donner aux auteurs les moyens de mettre leurs créations gracieusement à la libre disposition du public ce qui, selon le professeur Jérôme Huet[3], favoriserait la diffusion des œuvres et des idées, source de richesse incommensurable, mais modifierait aussi la logique traditionnelle du droit d'auteur. Selon l'avis de ce dernier, la copie privée devrait être admise comme limite au droit d'auteur car il serait dangereux – y compris pour les éditeurs – d'établir des systèmes protecteurs trop stricts. Malheureusement, rien ne permet d'espérer un tel changement à l'heure actuelle où l'analyse, presque toujours établie dans le cadre des productions musicales, exclut les œuvres d'une autre nature et qui répondent à une logique différente.

Des actions d'information indispensables

Ce dispositif implique des actions de sensibilisation, comme l'ajout de notices juridiques sur la page d'accueil des sites web ou la création d'un guichet unique[4]

1. Conseil d'État, *Internet et les réseaux numériques*, chap. III, « Valoriser les contenus par la protection de la propriété intellectuelle », juillet 1998 (http://www.internet.gouv.fr/français/textes-ref/rapce98/accueil.htm) (18 janvier 2000).
2. André Bertrand, *Le Droit d'auteur et les droits voisins*, Dalloz, 1999, pp. 859-860.
3. Intervention de M. Jérôme Huet au colloque « La gestion collective des droits d'auteur à l'ère du numérique et de la mondialisation », Sénat, 26 octobre 1999.
4. À titre d'exemple, voir le site Legalis (http://www.legalis.net) muni du dispositif IDDN.

permettant aux utilisateurs de s'informer des conditions d'exploitation des œuvres et de s'acquitter de leurs obligations dans un cadre où les sociétés de gestion collective ou tout autre système de perception des droits pourraient jouer un rôle majeur.

Des analyses différentes selon la nature des œuvres et des publics

La mise en application de la rémunération équitable prévue par la directive dans le cadre des supports numériques à usage privé risque d'être difficile. On peut se demander, en particulier :

– comment sera interprétée la notion d'enregistrement sonore, visuel et audiovisuel figurant dans la directive. Quelle application sera faite pour des textes ? Peut-on réellement assimiler la diffusion du support écrit aux modes de diffusion de l'image et du son ? En ce qui concerne l'écrit, peut-on assimiler le mode de diffusion et de reproduction d'un roman, par exemple, à celui des essais ?

– comment sera contrôlée la destination des supports, à savoir comment seront ventilées les copies privées et les copies commerciales ou les enregistrements sonores et les enregistrements textuels sur les cédéroms vierges ?

– comment seront perçues les taxes à la source qui peuvent facilement être envisagées pour des cédéroms vierges[1], mais plus difficiles à appliquer dans le cadre d'opérations de téléchargement.

Le développement des moyens de contrôle et du paiement à l'acte

Les moyens techniques permettent de pallier une protection juridique considérée comme insuffisante. Le suivi de l'exploitation des œuvres sera ainsi assuré par des moyens techniques permettant d'identifier les œuvres par des systèmes de « tatouage numérique » et d'en contrôler les usages. Les œuvres seront marquées pour que les titulaires soient clairement identifiés et les accès codés pour réserver la consultation à des utilisateurs ayant pris l'engagement d'acquitter des droits.

Plusieurs techniques

Les mécanismes techniques de protection et d'identification peuvent être ventilés en deux techniques principales[2] :

– une protection *a priori* qui contrôle les accès et qui correspond, par exemple, aux techniques de cryptologie où une signature électronique est exigée avant le téléchargement ou l'utilisation d'une œuvre ;

– une protection *a posteriori* qui contrôle les usages et permet de prouver la violation éventuelle des droits d'auteur. Ce second niveau permet des limitations d'utilisation plus fines destinées à empêcher l'impression d'un document, sa mo-

1. Une taxe est perçue auprès des fabricants de cassette vidéos vierges.
2. Lionel Thoumyre, *Protection des œuvres numériques sur Internet* (http://www.juriscom.net/espace2/œuvres.htm), février 1999 (22 novembre 1999).

dification ou la sélection d'une de ses parties. Il peut s'agir, par exemple, du système IDDN (Inter Deposit Digital Number, identification des œuvres numériques) qui attribue aux pages web un numéro d'identification international. Mais d'autres systèmes sont à l'étude (ISWC et ISAN, DOI, URN[1]...) et aucune norme internationale – qui s'impose pourtant dans un contexte de réseau mondial – n'a encore vu le jour.

Mais, selon Lionel Thoumyre, les systèmes *a priori* contribuent à ralentir le processus d'accès aux œuvres, augmentent le coût de distribution et, surtout, se substituent à la protection juridique. Ils amoindrissent en effet les marges de manœuvres prévues par le cadre légal puisqu'il n'y a pas de possibilité de déterminer librement un usage loyal. Ils répondent donc surtout à des intérêts commerciaux.

Une forte protection des systèmes techniques

Mais ce que l'Organisation mondiale de la protection intellectuelle (OMPI) – dans les articles 11 et 12 de son traité de décembre 1996 – et l'Union européenne – dans les articles 6 et 7 de la proposition de directive – veulent assurer, c'est la protection légale des systèmes interdisant la copie et l'information sur le régime des droits. Il sera interdit de fabriquer, d'utiliser et de vendre du matériel permettant de détourner ces mécanismes de protection et toute infraction devra être sévèrement réprimée.

Ces articles appellent quelques remarques[2].

Des techniques non éprouvées

Les instances européennes anticipent largement sur les mesures techniques qui seraient mises à la disposition des producteurs pour identifier les œuvres et en obtenir une traçabilité. D'après ces textes, les systèmes doivent prouver leur efficacité pour pouvoir être allégués lors d'un conflit. Or, il est très difficile d'établir la preuve de l'efficacité de ces techniques dans un contexte technologique très mouvant.

En outre, on peut imaginer que les « pirates » sauront toujours détourner à leur profit les systèmes de protection, même si une sanction légale, préconisée par la directive, est mise en place dans les différents États membres.

Quelle place pour les exceptions au droit exclusif de l'auteur dans ce système ?

Selon le projet de directive, tout moyen permettant de contourner les systèmes techniques interdisant la copie et la gestion des droits deviendrait illégal, même s'ils sont utilisés par des personnes qui n'ont nullement l'intention d'enfreindre

1. ISWC : International Standard Work Code ; ISAN : International Standard Audiovisual Number ; DOI : Digital Object Identifier ; URN : Uniform Ressource Name.

2. Olivier Menant, « Présent et avenir des procédés de marquage des œuvres numériques », NeXT2NeT !, Journée d'information sur le projet de directive européenne sur l'harmonisation du droit d'auteur organisée, ADBS, Paris, 7 juin 1999 (http://www.adbs.fr) (15 décembre 1999).

la loi. L'ordinateur pourrait bloquer toute tentative d'accès à l'information, même si l'information est copiée dans un but spécifique, autorisé par les exceptions au droit exclusif de l'auteur.

Le point du texte de la directive relatif aux mesures techniques devrait être révisé en se rapprochant de l'article 11 du traité OMPI sur le droit d'auteur. On devrait avoir le droit de contourner ces mesures techniques dans le cas d'activités autorisées par la loi. Seule devrait être illégale la création d'appareils ayant pour but évident de contourner les obligations du droit d'auteur ainsi que l'utilisation intentionnelle de moyens permettant de violer les systèmes de protection du droit d'auteur.

Un paiement à la carte

Que dire également d'un système de paiement à l'unité qu'implique forcément l'utilisation de ces techniques, alors que toutes les informations n'ont pas toutes une visée commerciale ? Ceci dans une analyse où la simple visualisation sur écran (nous ne parlons pas de téléchargement) peut être à présent sujette à paiement ? Il s'agit d'une protection excessive car la visualisation d'un écran aurait pu être assimilée au feuilletage d'un ouvrage ou d'un périodique en bibliothèque, interprétation qui n'a, malheureusement, jamais pu être obtenue lors des négociations. Il a même été envisagé que les copies techniques soient assorties d'une demande d'autorisation et qu'il faille prouver l'absence de signification économique de celles-ci. Elles le sont toujours, du reste, et seules y échappent celles qui sont totalement volatiles (voir *supra* le chapitre d'Anne-Sophie Étienne).

En outre, nous rappelons que la vie privée des citoyens doit être protégée, et que les systèmes permettant un suivi de l'utilisation des œuvres sont une menace pour l'anonymat de chacun, qu'il s'agisse d'un individu ou d'une organisation[1].

Le rôle des bibliothèques

On peut imaginer un système où les bibliothèques[2] feront l'acquisition à un prix « équitable » du droit de mettre à la disposition de leurs usagers réguliers les informations numérisées, comme elles le font déjà pour les supports papier, un système où les usagers des bibliothèques ne se verraient pas obligés de demander l'autorisation des détenteurs de droits chaque fois qu'ils souhaitent lire une information numérisée consultable en bibliothèque. On peut rappeler aussi que les systèmes de paiement à l'unité dégradent la mission des bibliothèques – la collecte, l'organisation et la conservation des documents pour les générations futures – et constituent un obstacle à la mise à disposition des informations pour tous les publics, quels que soient leurs moyens financiers.

1. Voir, entre autres, la rubrique « Suivre vos traces » du site web de la CNIL (http://www.cnil.fr) (15 décembre 1999).
2. Barbara Schleihagen, « Les Directives de l'Union européenne en matière de copyright et les actions de lobbying d'eblida », journée d'étude « L'accès à l'information : à quel prix ? », Interassociation ABCD, Paris, 4 décembre 1998 (http://www.adbs.fr) (15 décembre 1999).

L'emprise des contrats

Quel que soit le texte final de la directive, le contrat sera sans doute la règle dans un environnement électronique. La ministre de la Culture précédente, Mme Catherine Trautmann[1], le soulignait en affirmant que « le développement des industries du numérique s'accompagne d'une explosion de la négociation des droits » et que « l'activité de ce secteur ne se conçoit pas sans une gestion dynamique du contrat, du risque juridique ».

Bibliothèques et contrats

Ce que l'on recherche en fait aujourd'hui, dans les négociations menées autour de la proposition de directive, c'est de réussir à limiter le nombre de points à régler par les voies contractuelles en augmentant le nombre des exceptions aux droits exclusifs de l'auteur (article 5.3 de la proposition de directive), pour l'instant limitées, en ce qui concerne les bibliothèques, aux seules copies faites à des fins de conservation et d'archivage.

Si le principe d'usage loyal *(fair use)* est souvent évoqué dans les bibliothèques et les établissements d'enseignement, il semble nécessaire de rappeler d'une part qu'il s'agit d'un concept étranger à la tradition française, et d'autre part que, aux États-Unis, on transforme le droit commun – le copyright qui incorpore le *fair use* – en droit privé par l'extension de la signature de contrats spécifiques destinés à limiter le nombre de copies numériques faites dans le cadre des bibliothèques.

Les systèmes *a posteriori* sont plus souples car ils permettent de faire des copies des œuvres tatouées. Mais comme ils posent, en revanche, des problèmes de respect de la vie privée et ouvrent des perspectives d'espionnage industriel, le contrôle devrait de ce fait être réalisé par un organisme public assermenté[2].

On s'orienterait donc nettement vers des solutions contractuelles où les titulaires des droits établiraient des accords cadres avec les bibliothèques et les services d'enseignement pour obtenir des conditions tarifaires privilégiées. Mais le contrat appartient au domaine du droit privé. Une grande liberté est laissée de ce fait aux cocontractants[3]. Les relations entre le propriétaire et l'utilisateur sont alors entièrement définies par un droit qui donne une complète liberté de négociation, et non par le droit de la propriété intellectuelle. Le propriétaire est libre d'imposer un prix et de définir les conditions d'utilisation souhaitées, conformément aux conditions du marché. Dans ce cas, pour faire poids lors des négociations, il devient

1. Entretien avec Mme Catherine Trautmann : « Numérique : copyright ou droits d'auteurs ? », *Revue politique et parlementaire*, n° 1000, mai-juin 1999, pp. 6-8.
2. Françoise Chinot, « Les régulateurs s'interrogent sur le contenu d'Internet », *Le Monde*, 2 décembre 1999.
3. « Les contrats de licences de ressources électroniques. Un exemple : les contrats avec les éditeurs de banques de données juridiques », par Jean Gasnault, président de l'association Juriconnexion, cabinet Gide-Loyrette-Nouel, Journée d'information sur le projet de directive européenne sur l'harmonisation du droit d'auteur organisée, Paris, ADBS, 7 juin 1999 (http://www.adbs.fr) (15 décembre 1999).

important de pouvoir se regrouper en consortiums ou regroupements d'acheteurs, peu nombreux encore en France[1], mais qui sont le modèle vers lequel on tend.

Une vision plus positive voudrait que le contrat soit l'interface qui permet de concilier deux logiques économiques différentes, celles des éditeurs voulant rentabiliser leurs investissements et celles des utilisateurs devant rentabiliser les budgets qui leur sont alloués. Les licences collectives ont aussi l'avantage de permettre un abonnement global et une liberté de consultation pour les usagers des bibliothèques, ce qui permet de définir une politique d'acquisition sur site, de hiérarchiser la demande en fonction des besoins en garantissant l'anonymat des lecteurs. L'éditeur ne connaîtrait qu'un seul interlocuteur : la bibliothèque.

Les consortiums

La notion de consortium s'est développée aux États-Unis au début des années 1990 pour pallier l'accroissement considérable des coûts des abonnements aux revues scientifiques dus à des abus de monopole, coûts que les budgets d'acquisition des bibliothèques américaines, bien que très importants, n'arrivaient plus à suivre. On a acheté moins de monographies et le support électronique a été considéré, dans un premier temps, comme une solution possible. Les coûts n'ayant pas baissé pour autant, les bibliothèques se sont regroupées pour faire pression auprès des éditeurs. Ces systèmes, très développés dans les pays anglo-saxons et nordiques, n'ont été adoptés que récemment en France.

En fait, les contrats consortiaux n'engendrent pas d'économies mais permettent, moyennant une certaine majoration, d'augmenter considérablement l'offre pour un cercle élargi d'utilisateurs[2]. Les modèles de licence[3] peuvent être utilisés, mais ils ne résolvent pas tous les problèmes et nécessitent généralement l'aide de conseillers juridiques. En outre, la licence conclue, il faut pouvoir assurer sa gestion au sein de l'établissement[4].

Mais dans ce cadre aussi des problèmes peuvent être soulevés.

Le contrat pour contourner le droit d'auteur ?

Aucune mention n'est prévue dans la nouvelle directive sur le fait que le droit contractuel n'est pas supérieur au droit de la propriété intellectuelle. Indépendamment des exceptions obligatoires, il faudrait donc réussir à doter la directive sur l'harmonisation des droits d'auteur d'un nouvel article, similaire à l'article 15 de la directive sur les bases de données, qui prévoit que toutes dispositions contractuelles contraires à ces exceptions seront nulles et non avenues. Dès lors, les

1. Le premier consortium de bibliothèques françaises est né le 30 juin 1999 avec la signature du contrat liant les universités d'Angers, Aix-Marseille, Cergy-Pontoise, Nancy 1, Versailles-Saint-Quentin, Strasbourg 1 et la maison d'édition Elsevier.

2. Isabelle de Kaenel, « La gestion des périodiques en bibliothèques », compte rendu d'un stage réalisé au sein de l'IFB, le 20 septembre 1999.

3. Voir la rubrique « Droit » du site de l'ADBS (http://www.adbs.fr), qui fournit les liens vers les modèles les plus connus et vers des articles sur les consortiums en France.

4. Paul Stoetaert, « Le problème des licences et les négociations avec les éditeurs », compte rendu d'un stage réalisé au sein de l'IFB, le 20 septembre 1999.

exceptions obligatoires ne pourraient plus être ignorées dans les contrats ou accords de licence.

Apprendre à négocier et à lire un contrat

La gestion des contrats ne se fera plus de manière implicite comme ceux qui se faisaient pour des supports papier dès qu'un abonnement était souscrit. Dans le cadre de contrats pour des supports électroniques, des précautions nouvelles[1] qui doivent être prises avant toute signature, en dehors du seul examen des prix : des garanties à prendre en matière de données – fiabilité et mises à jour – et de matériels, une définition précise des utilisateurs, du nombre d'accès, de la possibilité ou non de faire des copies, de la nature des contrôles, de la maintenance, de la manière de payer, la responsabilité du fournisseur, la nationalité du tribunal chargé de régler tout litige éventuel. Les choix seront différents selon les types de structures et les négociations peuvent être menées isolément ou au sein de groupes (consortiums). La licence n'est souvent, si l'on n'y prend garde, qu'un droit d'accès temporaire à une information possédée par d'autres, ce qui constitue une modification importante dans les pratiques des bibliothèques. Les œuvres numérisées ne sont pas vendues et achetées, mais c'est leur accès et leur utilisation qui sont réglementés par une licence. La licence permet de conférer un droit d'usage d'un bien sans pour autant en donner la propriété.

De nombreux pièges doivent être évités lors des négociations. C'est du reste le titre d'une brochure rédigée par Ecup et éditée par Eblida qui définit clairement ces derniers. Peut-être peut-on ajouter que l'apprentissage de la lecture des contrats et des différentes formes de négociations devrait être intégré dans les formations initiales et continues des professionnels de l'information ?

Le contournement des sociétés de gestion collective

Un système complexe

Les sociétés de gestion collective sont chargées de récupérer les droits de reproduction ou de représentation comme le fait actuellement le Centre français d'exploitation du droit de copie (CFC) pour les reproductions faites sur support papier. Elles sont nombreuses en France[2] puisque chaque catégorie d'œuvre a la sienne et puisque les évolutions technologiques contribuent à en accroître le nombre. C'est ainsi qu'a été créée la SDRM[3] qui perçoit et gère les droits mécaniques

1. Ecup, licence de ressources électroniques : « Comment éviter les pièges juridiques », *Documentaliste-Sciences de l'information*, 1999, 2 (http://www.adbs.fr) (15 décembre 1999).
2. Liste des sociétés de gestion collective : http://www.culture.gouv.fr/culture/int/index.html (18 décembre 1999) ou http://www.csa.fr/html/annudroit.htm (15 décembre 1999).
3. SDRM : société pour l'administration du droit de reproduction mécanique ; ADAGP : Association pour la diffusion des arts graphiques ; SACD : Société des auteurs et compositeurs dramatiques ; Sacem : Société des auteurs compositeurs et éditeurs de musique ; SCAM : Société civile des auteurs multimédia. Sesam n'est pas un acronyme.

auprès des producteurs de phonogrammes en France et à l'étranger ou le Sesam[1], créé en 1996 par plusieurs sociétés – l'ADGP, la SACD, la Sacem, la Scam et la SDRM – pour protéger les œuvres multimédias et les œuvres interactives sur le réseau.

Mais il est peu probable que cette structure soit en mesure de faciliter la création sur Internet en particulier parce que, selon A. Gitton, ces sociétés[2] ne disposeraient pas des droits qu'elles prétendent gérer car chacun des droits cédés par l'auteur doit faire l'objet d'une mention distincte dans l'acte de cession et leurs domaines d'exploitation doivent être délimités quant à leur étendue, leur destination, leur lieu et leur durée (art. 131-3 du CPI). De plus, selon A. Bertrand[3], ces sociétés de gestion collective, conçues dans un environnement différent, ont conservé un mode de fonctionnement archaïque, rendu complexe par une frontière devenue très floue entre le droit de représentation et le droit de reproduction en matière de support numérique. Définir correctement la société qui devrait percevoir des droits devient une tâche ardue. L'émiettement, voire le conflit des droits, rend toute gestion complexe. En outre, des barrières économiques s'ajoutent aux barrières juridiques, des tarifs élevés par rapport à ceux d'autres pays étant exigés en France.

Une étude commandée par les institutions européennes et relative aux modes de fonctionnement des sociétés de gestion collective en Europe, débouchera certainement sur des prises de position. Un rapport sur le même thème, en cours de réalisation par l'Inspection générale du ministère de la Culture, aura sans nul doute des retombées sur le système actuel.

Le développement de l'œuvre collective et l'affaiblissement du droit moral

L'œuvre salariée

Le débat autour des sociétés de gestion collective englobe également le problème des œuvres conçues par des salariés. Il ne peut pas y avoir, en droit français, de cession automatique des droits d'exploitation sur les bases de données, ni sur les produits multimédias. Une affaire célèbre, celle d'un quotidien, *les Dernières Nouvelles d'Alsace*, a mis en exergue le fait que pour toute exploitation électronique de documents existant préalablement sur support papier, l'employeur devait établir un nouvel accord. Depuis, la jurisprudence s'est étoffée et semble confirmer cette approche[4].

---

1. Sesam : http://www.sesam.org/guichet.htm (30 mars 1999).
2. Antoine Gitton, *Le Statut juridique du multimédia*, (http://www.grolier.fr/cyberlexnet/COM/A990518.htm) (4 décembre 1999).
3. André Bertrand, *Le Droit d'auteur et les droits voisins*, Dalloz, 1999.
4. « Le droit d'auteur des journalistes reconnu par la cour d'appel de Lyon », *Le Monde*, 15 décembre 1999.

Rémunération forfaitaire ou proportionnelle

La conception française du droit d'auteur rend en fait difficile l'acquisition des droits par l'employeur sur les œuvres de ses salariés et sur les œuvres de commande. Seule la qualification d'œuvre collective pourrait autoriser une rémunération forfaitaire des auteurs[1] (sauf pour les journalistes qui bénéficient d'un régime particulier). Les entreprises françaises s'estiment pénalisées et souhaitent diminuer le droit exclusif de l'auteur à l'instar des États-Unis. Aujourd'hui l'auteur salarié est théoriquement très protégé. En fait, il règne souvent une insécurité juridique : la rémunération proportionnelle serait rare et l'employeur n'est pas vraiment titulaire des droits.

Le Conseil d'État, dans son rapport de juillet 1998, propose pourtant d'utiliser la notion d'œuvre collective (voir *supra*, le chapitre d'Emmanuel Pierrat) ce qui priverait *a priori* les salariés de leurs droits d'auteur traditionnels sauf – et c'est ce qui est préconisé – si l'on prévoit une rémunération équitable dont les modalités seraient fixées par la loi. L'on pourrait également conclure un contrat de cession globale des droits, interdit aujourd'hui, si une rémunération spécifique du salarié – forfaitaire ou proportionnelle – au titre du droit d'auteur est prévue.

Le débat est présenté comme une opposition entre une conception française qui privilégie l'auteur créateur, même salarié, et une conception anglo-saxonne de type copyright qui privilégie le producteur créateur preneur de risques. D'après André Bertrand[2] et plusieurs autres juristes français, la qualification d'œuvre collective permettrait d'encourager la production des œuvres multimédias, car la participation des coauteurs se limiterait à une rémunération forfaitaire et leurs droits moraux seraient réduits au respect de la paternité. Ce débat est également un enjeu important pour les sociétés de gestion collective, très nombreuses en France, dont l'objet est de récupérer les droits des auteurs et des coauteurs personnes physiques. Elles risquent en effet de perdre des sommes énormes si l'œuvre multimédia était considérée comme une œuvre collective.

La responsabilité des fournisseurs de service

Les bibliothèques sont considérées comme étant des fournisseurs de service, ce qui permet d'aborder un autre point crucial : la responsabilité des fournisseurs d'accès et d'hébergement et notamment d'évoquer le cas de Valentin Lacambre, hébergeur de sites condamné au même titre qu'un éditeur. Dans cette affaire, où la personne qui avait mis en ligne des photos litigieuses n'avait pas pu être identifée, c'est l'hébergeur qui a été poursuivi. Mais la transposition des règles de l'édition classique n'a pas été considérée comme réaliste[3], le fournisseur d'héber-

1. Marie-Anne Gallot Le Lorier, « Cédéroms : rémunérations proportionnelles aux recettes », *Livres Hebdo*, 5 novembre 1999.
2. André Bertrand, *Le Droit d'auteur et les droits voisins*, *op. cit.*, pp. 712-714.
3. Corroboré par une décision récente du « Tribunal d'Instance de Puteaux qui, dans une décision

gement ne pouvant être au courant du contenu de l'ensemble des pages qu'il contribue à diffuser.

Plusieurs propositions de loi ont été présentées lors de la dernière session parlementaire, dont l'amendement Bloche à la loi du 30 septembre 1986 relative à la liberté de la communication. Cette dernière proposition viserait à limiter la responsabilité des prestataires dans les seules hypothèses où ils ont eux-mêmes contribué à la création ou à la production du contenu du site et où ils n'ont pas agi rapidement pour empêcher l'accès à un contenu litigieux dont ils assurent directement le stockage, et cela après avoir été saisis du sujet par une autorité judiciaire. Le Sénat, dans une version amendée le 19 janvier 2000, a donné cette même possibilité aux « tiers justifiant d'un intérêt légitime »[1].

Au niveau européen, cette question a été aussi discutée dans le cadre de la proposition de directive sur le commerce électronique venant d'être adoptée le 4 mai 2000.

Ainsi[2], compte tenu des possibilités de mise en cause de leur responsabilité, les fournisseurs de services et d'accès ont tout intérêt à insérer dans leur contrat une charte de bonne conduite et diverses clauses protectrices (clause résolutoire en cas d'infraction constatée dans le chef de l'opérateur du site contrevenant, clause de garantie pour toute condamnation civile fondée sur une contrefaçon, une atteinte à la vie privée...).

La nationalité du droit applicable

Une autre question importante est celle du droit applicable et des tribunaux compétents en cas de litige. On peut rappeler ainsi[3] que si c'est la loi du pays où le site est créé qui s'applique, cela garantit une plus grande sécurité pour le créateur du site, qui sait clairement à quelles règles se référer. Mais l'internaute étranger au pays du créateur du site doit s'informer sur un droit qui ne lui est pas familier. Si, au contraire, c'est la loi du pays où le site est consulté qui s'applique, l'internaute qui consulte bénéficie d'une meilleure protection. Mais le créateur du site, en revanche, ne peut respecter des droits très différents pour pouvoir diffuser ses pages en toute sécurité. Il se trouve donc dans une situation très inconfortable où il risque de se voir reprocher de ne pas respecter des droits qu'il ne connaît pas.

La solution passe par des règles internationales de la propriété intellectuelle, et sans doute aussi par l'instauration d'organismes internationaux de régulation. Mais, là aussi, des conceptions nationales s'affrontent dans les instances internationales et retardent leur mise en place ainsi que, il faut bien l'avouer, des problèmes techniques majeurs non réglés. Une proposition de directive sur le

---

du 28 septembre 1999 vient de refuser d'assimiler le fournisseur d'hébergement de pages personnelles à un directeur de publication ». Information : Yves Sendra, *Droit-net*, 7 décembre 1999.

1. Actualités du droit de l'information, 1, 2000. ADBS, mars 2000. Dossier : *la responsabilité des fournisseurs*.

2. Thibault Verbiest, *Quelles responsabilités pour les fournisseurs d'Internet ?* (http://www.grolier.fr.cyberlexnet/COM/A990228.htm) (4 décembre 1999).

3. André Bertrand, Thierry Piette-Coudol, *Internet et le droit*, Puf, coll. « Que sais-je ? », n° 3504, septembre 1999.

commerce électronique vient de trancher. Si les consommateurs pourront se référer à leur droit national, ce ne devrait pas, malheureusement, être le cas des bibliothèques qui ne peuvent être assimilées à des individus, et qui auraient donc de ce fait obligation de se référer au droit du producteur, à moins qu'un contrat puisse être obtenu pour en décider autrement.

Conclusion

Il semble difficile aujourd'hui de définir précisément le ou les systèmes qui nous seront proposés pour gérer nos documents sur supports numériques. Plusieurs systèmes pourraient du reste coexister : le paiement à l'acte par le biais de systèmes techniques, le versement de droits à des sociétés de gestion collective, les taxes sur supports vierges, une réglementation contractuelle.

En outre, un équilibre devrait être obtenu face à la volonté et la nécessité de diffusion à des fins de notoriété, de formation de tous les publics (non restreinte à la formation initiale), d'information (administrative) et diffusion de la culture pour remplir les objectifs fixés par la société de l'information[1]. En ce qui concerne la proposition de directive, des exceptions pour des copies faites à des fins d'éducation, de formation, de recherche, y compris de recherche personnelle (copie privée), dans le cadre de pratiques loyales dans l'intérêt du public devraient être accordées par les gouvernements pour contrebalancer les intérêts des détenteurs de droits. Laisser aux usagers le soin de négocier des exceptions avec les détenteurs de droits qui ont évidemment envie d'obtenir un contrôle complet de l'accès à leurs œuvres présenterait un grave danger. L'environnement numérique pose, nous le voyons bien, des problèmes économiques et éthiques liés à la circulation de l'information, qui pourrait être freinée, si l'on n'y prend garde, pour des raisons budgétaires au niveau du grand public mais aussi des entreprises. Le risque est grand d'obtenir une baisse de l'accès global à l'information, des clivages entre personnes, des problèmes de protection de la vie privée.

2. La gestion des droits d'auteur selon différents supports

Seront examinés :

- l'œuvre multimédia ;
- le site web ;
- la base de données ;
- le logiciel.

1. Programme d'action gouvernemental, « Préparer l'entrée de la France dans la société de l'information » (http://www.internet.gouv.fr/francais/index.html) (18 janvier 2000).

L'œuvre multimédia

Des problèmes de définition[1]

Bien que l'œuvre multimédia soit protégée par le Code de la propriété intellectuelle, elle n'a pas de qualification juridique propre :

– elle ne peut être assimilée à une base de données, même s'il y a bien une compilation structurée d'œuvres préexistantes, car c'est aussi une création, et non une simple œuvre dérivée comme la base de données ; elle contient en outre de nombreuses séquences d'images animées ;

– elle est différente d'une œuvre audiovisuelle car ses éléments peuvent être sélectionnés de manière indépendante, combinés de manière différente par un jeu de logiciels. Et la possibilité d'interaction entre les éléments et de consultation non linéaire accentuent cette différence.

Les juristes, de ce fait, ne sont pas d'accord non plus sur la qualification juridique de l'œuvre multimédia :

– si elle est assimilée à une base de données, c'est une œuvre collective où les producteurs, c'est-à-dire ceux qui prennent les risques financiers, sont investis de l'ensemble des droits d'exploitation et d'un certain droit de contrôle sur leur contenu ;

– si elle est assimilée à une œuvre audiovisuelle, c'est une œuvre de collaboration où les droits du producteur sont limités à ceux qui lui sont cédés par contrat par les coauteurs qui ont le droit à une rémunération proportionnelle à chaque mode d'exploitation de l'œuvre et à un contrôle du contenu final de celle-ci.

Les droits

Faute d'une législation spécifique, la création multimédia s'inscrit dans le cadre juridique existant, à savoir les règles relatives au droit d'auteur, aux droits voisins, au droit à l'image et à la vie privée.

L'œuvre multimédia est souvent – pas exclusivement, bien sûr – constituée d'œuvres préexistantes. Toutes les créations, sous réserve qu'elles soient originales, ont droit à une protection instituée par la loi. C'est pourquoi toute œuvre préexistante intégrée dans une création multimédia doit donner lieu :

– à une autorisation de reproduction à des fins multimédias au moyen d'un contrat écrit ;

– au paiement éventuel de droits de reproduction ou la cession à titre gratuit, sauf dans certains cas, en particulier :

• le cas des œuvres appartenant au domaine public, du fait de l'expiration des droits ou parce qu'il s'agit d'œuvres appartenant au domaine public du fait de leurs auteurs ou titulaires des droits ;

• le cas de la courte citation d'une œuvre qui ne concerne pas les œuvres graphiques, photographiques et plastiques, admise par contre par le *fair use* aux

1. André Bertrand, *Le Droit d'auteur et les droits voisins*, *op. cit.*, chap. XXI, pp. 833-874.

États-Unis. Le droit d'auteur français là aussi serait un frein par rapport au copyright[1].

Bien entendu, les droits moraux de l'auteur doivent toujours être respectés, notamment son droit de paternité, c'est-à-dire le droit d'être cité ainsi que le droit à l'intégrité de l'œuvre.

Réalisation d'une œuvre multimédia

Plus grand est le nombre d'œuvres préexistantes utilisées, plus nombreux seront les problèmes rencontrés, d'où l'obligation de faire des calculs précis pour évaluer les droits et leur coûts, évaluer ce que l'on peut faire soi-même ou faire faire par ses propres employés, envisager une coproduction avec la personne morale ou physique qui détient la plus grande part des droits concernés (un musée, par exemple) ou utiliser des solutions de remplacement, les exceptions citées précédemment : les œuvres du domaine public et le recours à la courte citation.

En outre, les éditeurs ont généralement acquis des droits pour des reproductions papier et l'utilisation de photographies, de textes, etc. existant dans un contexte multimédia est de nature à générer des paiements supplémentaires au profit des différents auteurs. Un autre problème tient au fait que l'outil informatique permet de modifier facilement n'importe quelle œuvre, ce qui porte atteinte au droit moral des auteurs.

Tout cela pose des problèmes de négociation des droits d'auteurs du fait aussi du nombre important de sociétés de gestion collectives, de la multiplication des coauteurs dans le cas des œuvres de collaboration, ou parce que certains auteurs, n'ayant pas recours à ces sociétés, obligent les utilisateurs à s'adresser directement à eux ou à leurs ayants droit, parce que la Sacem-SDRM pour la musique ou l'ADAGP pour les arts graphiques ne peuvent permettre moyennant rémunération qu'un droit de reproduction dans des cas strictement délimités, ce qui, compte tenu de la multiplication du nombre d'interlocuteurs ou de démarches à effectuer est susceptible de freiner la créativité des sociétés productrices d'œuvres multimédias.

En outre, les tarifs appliqués sont très variables. Ils devraient être inférieurs à ceux qui sont proposés pour les produits papier car le nombre important d'auteurs impliqués et la multiplication des droits payés pourraient atteindre facilement des chiffres énormes et augmenter de manière excessive le coût de revient de ces œuvres.

Une dernière remarque : on s'orienterait vers un guichet unique comme le Sesam, qui regroupe plusieurs sociétés de gestion collective : mais, bien qu'il ait été créé déjà depuis plusieurs années, celui-ci semble rencontrer des difficultés pour se faire reconnaître.

---

1. André Bertrand, *Le Droit d'auteur et les droits voisins*, p. 245.

Les sites web

Les droits

Aujourd'hui, la mise en mémoire sur un serveur est bien un acte de reproduction, il est donc soumis à l'autorisation de l'auteur, sauf s'il est destiné à un usage strictement personnel, dont les cas sont très limités. De ce fait, toute reproduction par numérisation d'œuvres protégées par le droit d'auteur, susceptible d'être mise à la disposition de personnes connectées au réseau Internet, doit être expressément autorisée par le titulaire ou le cessionnaire des droits. Il n'y a pas d'exceptions pour les pages personnelles car l'accès aux pages privées est ouvert à toute personne connectée, ni pour les intranets car l'Intranet n'est pas un espace privé, ni pour les œuvres transmises par courrier électronique sur des listes de diffusion.

La reproduction par numérisation n'a pas les mêmes caractéristiques techniques que la reproduction par reprographie[1]. Elle n'est donc pas concernée par la loi du 3 janvier 1995. De ce fait, le CFC qui n'est mandaté qu'au regard de cette loi, ne peut pas percevoir de droits de copie sur les reproductions numériques, sauf dans le cas de copies papier de documents numérisés ayant fait l'objet d'une publication sur support papier. Ce qui n'exclut pas, néanmoins, que le CFC puisse être mandaté par certains éditeurs pour gérer leurs droits de copie par numérisation.

La dernière version de la proposition de directive sur l'harmonisation du droit d'auteur et des droits voisins n'établit aucune distinction entre copie analogique et copie numérique dans son article 2, lorsqu'elle indique que tous les types de reproductions doivent être autorisés préalablement par l'auteur. L'article 5.2 b de ce texte permet aux États membres de l'Union européenne de prévoir une exception à ce droit exclusif lorsque ces copies sont des copies strictement privées, mais à condition de prévoir une compensation équitable pour les ayants droit, ce qui ne peut plus être considéré réellement comme une exception.

Les liens hypertexte

Avant d'aborder des problèmes plus généraux, deux mots sur les liens hypertexte, très utilisés sur ces sites. Ils ne peuvent pas être considérés comme une simple référence bibliographique dont la citation peut être faite sans autorisation de l'auteur, car le lien mène à l'œuvre, ni comme une « courte citation », car il permet de prendre connaissance du document intégral. En France, aucune décision n'a été rendue à ce jour sur ce sujet.

Il semblerait pourtant que les bulletins de sommaire munis de liens vers le texte intégral des articles mentionnés soient déjà à la limite de l'illégalité... Interdire tout lien ou le soumettre à une procédure systématique d'autorisation est cependant difficilement concevable.

Si le lien hypertexte simple peut être librement envisagé, sauf, bien sûr, s'il mène à des pages illicites, des précautions doivent êtres prises pour utiliser les

1. *Le Droit de copie en questions*, Paris, ADBS, 1999.

liens profonds. Quant aux procédures de cadrage et d'insertion par lien, contribuant à supprimer la source, elles devraient être interdites[1].

Pour l'instant, il est important de veiller à ce que les liens vers d'autres sites soient visibles pour qu'il ne puisse pas y avoir de présomption d'appropriation indue et à prendre la précaution de mettre un avertissement juridique sur vos pages web. Elles ne permettent pas d'éviter tout problème, mais peuvent être alléguées lors d'un conflit éventuel.

Des sociétés de gestion collective ?

Autre question qui peut se poser : savoir si le téléchargement est une reproduction ou une représentation pour pouvoir déterminer les sociétés de gestion collective auxquelles des droits doivent être versés. Car, en France, celles qui gèrent les droits de reproduction sont souvent différentes de celles qui gèrent les droits de représentation et, de manière générale, il existe un nombre important de sociétés de gestion collective. L'idée d'un guichet unique, comme le Sesam, a été avancée et c'est une excellente idée car il permettrait de négocier globalement l'ensemble des droits. Mais, comme on l'a déjà noté, à ce jour il n'a apparemment pas réussi à s'imposer.

Cette question, en outre, n'a plus aucun intérêt si les systèmes techniques de contrôle de la reproduction ou de la représentation d'œuvres, ainsi que de paiement de droits en ligne se développent. Ces moyens permettront d'obtenir par le biais de catalogues électroniques l'information sur le statut de l'œuvre, l'autorisation de l'auteur ou de son ayant droit et également une traçabilité des représentations ou reproductions d'une œuvre par tatouage électronique ainsi que le paiement des droits en ligne. La proposition de directive envisage, dans ses articles 6 et 7, des mesures techniques de protection « destinées à prévenir ou empêcher la violation de tout droit d'auteur ». À terme, les sociétés de gestion collective seraient-elles inutiles ou y aurait-il coexistence de plusieurs systèmes ?

La base de données

Nous disposons *a priori* de règles très précises[2] pour ce qui les concerne, puisque la directive européenne datant de mars 1996 a été transposée dans la loi française le 1er juillet 1998[3].

Ces textes accordent de fortes protections aux éditeurs de bases de données. Chaque niveau de la base, son architecture et les éléments formant le contenu, sont protégés. Il y a en fait une protection sur trois niveaux puisque les informations (sauf s'il s'agit de faits, d'informations appartenant au domaine public), la structure de la base sont protégées par le droit d'auteur. S'y ajoute un droit nouveau *(sui*

---

1. Actualités du droit de l'information, 3. ADBS, mai 2000. dossier : *Les liens hypertextes.*
2. « Quelques rappels sur le droit appliqué aux bases de données », *Droit de l'information et droit des bases de données*, dépliant diffusé par l'ADBS, mai 1999.
3. Legifrance JO du 2 juillet 1998 (http://www.legifrance.gouv.fr).

generis) qui protège le producteur de la base pour toute extraction excessive qui pourrait être faite.

Contrairement au droit d'auteur classique, la copie privée de la base est interdite puisque seule est autorisée la copie privée d'une base non électronique. Seul l'utilisateur légitime, défini dans un contrat, peut utiliser la base. La protection est quasi illimitée car, à chaque modification, « substantielle », il est vrai, la protection est prolongée pour quinze nouvelles années. Enfin, des informations qui faisaient partie du domaine public, qui étaient donc libres de droit, pourraient être considérées comme protégées du seul fait qu'elles figurent dans une base de données. Il faudrait pouvoir les récupérer de manière déstructurée pour pouvoir les réutiliser.

Quant aux définitions, très vagues, elles laissent la possibilité à de multiples interprétations. Comment interpréter en effet, la nature « substantielle » d'une extraction, d'une réutilisation de la base ou la « normalité » des conditions d'utilisation ? À partir de quand entre-t-on dans l'illégalité lorsque l'on répète des extractions ? À quoi correspond le prêt public d'une base de données ? À une simple consultation ? Permet-il de copier ? Le flou le plus total ne peut finalement être réglé que par des contrats dûment établis, la jurisprudence, quasi inexistante, ne s'étant prononcée à ce jour que sur des cas de pillage manifeste[1].

Le logiciel[2]

Nous disposons d'une directive sur la protection juridique des programmes d'ordinateurs transposée dans la loi française le 10 mai 1994.

La question qui avait été posée était de savoir si l'on devait appliquer le droit d'auteur[3], c'est-à-dire considérer que le logiciel est une œuvre de l'esprit, ou le droit des brevets, et considérer que le logiciel est une invention. L'on a opté pour le droit d'auteur. Il y a donc automaticité de la création des droits et le logiciel, dès qu'il est matérialisé, est protégé sans dépôt ni enregistrement.

La directive traite les logiciels comme des œuvres littéraires. Mais plusieurs particularités doivent être soulignées :

– c'est l'employeur qui est titulaire des droits d'auteurs sur les logiciels développés par des salariés dans le cadre de leur travail. Il possède ainsi le droit de reproduction, d'adaptation et de mise sur le marché ;

– il n'y a pas de copie privée possible du logiciel puisque seule la copie de sauvegarde en un exemplaire est autorisée.

1. « Litige PRLine et NewsInvest », *Droit du Cyberespace* # 13-14, Bulletin d'actualités juridiques en droit des technologies de l'information dirigé par Pierre-Emmanuel Moyse, édité sur Juriscom.net par Lionel Thoumyre (http://www.juriscom.net/elaw/e-law13-14.htm) (18 janvier 2000), repris dans le bulletin *adbs-informations* de janvier 2000.

2. André Bertrand, *La Protection des logiciels*, PUF, coll. « Que sais-je ? », n° 2853, 1994.

3. Yasmine Kaplon, *Brevet ou droit d'auteur* (http://www.grolier.fr/cyberlex/COM/A991025.htm) (5 décembre 1999).

Le droit d'auteur est devenu le droit commun des logiciels, mais il n'interdit pas le recours à d'autres droits, privatifs ou non qui multiplient les protections, un recours du reste souvent recommandé aux concepteurs. On peut lui accorder en outre la protection du droit des brevets, pour certains de ses aspects[1]. Mais la brevetabilité du logiciel dans un ensemble est envisagée aujourd'hui. C'est également une source de débats animés.

Conclusion

Des recommandations

De nombreux points n'ont pas encore été éclaircis dans cet exposé, trop général ; c'est pourquoi des informations pratiques susceptibles d'être adoptées par la plupart des bibliothèques peuvent être données par les recommandations[2] émises par Ecup sur l'utilisation de documents numériques produits par des éditeurs extérieurs ou par les bibliothèques elles-mêmes. Elles sont ventilées par type de bibliothèques et par type d'usagers et précisent, pour chaque cas, les possibilités de consultation et de duplication. Elles sont reproduites dans une version traduite par l'Association des bibliothécaires de France (ABF) en annexe à cet article.

Il s'agit de recommandations qui n'ont aucune force de droit, bien sûr. Elles ont surtout le mérite de dresser un cadre clair totalement adapté aux besoins des bibliothèques, mais seraient, semble-t-il, difficiles à faire admettre par des parties tierces.

Ecup[3] signifie European Copyright User Platform (voir *infra*, le chapitre de Françoise Danset). C'est une action qui avait été financée par la Commission européenne pour aider les bibliothèques à faire face aux difficultés rencontrées en matière de droit dans la création de projets du programme européen « Bibliothèques », aujourd'hui achevé. Ecup s'inscrivait dans le cadre des actions menées par Eblida, le Bureau européen des associations de bibliothécaires et de documentalistes, dont plusieurs associations françaises sont membres.

Eblida milite pour qu'un niveau suffisant d'accès et une utilisation à un prix acceptable des informations protégées par le droit d'auteur soient préservés dans un environnement numérique, ce qui suppose que des exemptions soient accordées pour :

– la visualisation, la consultation et la duplication d'informations numériques pour des usages privés et pédagogiques et pour la recherche dans les bibliothèques, les archives et les musées, un point loin d'être acquis à l'heure actuelle ;

– la réalisation d'une copie numérique pour l'archivage et la conservation par les bibliothèques, les archives et les musées, un point accordé – mais c'est le seul – par la proposition de directive ;

1. Eric Nunès, « Brevets anti-bogue », *Le Monde*, 1er décembre 1999.
2. Françoise Danset, « L'accès aux documents numérisés dans les bibliothèques. Autour d'Eblida », *Bulletin d'informations de l'ABF*, n° 178, 1er trimestre 1998.
3. Ecup : http://www.eblida.org/ecup (15 décembre 1999).

– la duplication sur papier d'un nombre limité de pages d'ouvrages numériques par les bibliothèques, archives et musées pour leurs utilisateurs, ce qui est prévu par la proposition de directive et ce qui possible en France si les bibliothèques et centres d'information payent des droits au CFC ;

– la réalisation d'une copie sur support d'enregistrement audio, visuel ou audiovisuel par des particuliers pour leur usage personnel et à des fins non commerciales, ce qui figure effectivement dans la directive mais moyennant une rémunération équitable aux auteurs, ce qui ne peut donc plus être considéré réellement comme une exception.

Des dispositifs contractuels

Il semble bien que ce soient les dispositifs contractuels qui vont prévaloir dans l'environnement numérique et que la négociation des droits se fera par contrats. Or, le contrat appartient au domaine du droit privé ; il y aura de ce fait obligation de se regrouper en consortiums pour faire poids lors des négociations, et cela quel que soit le texte final de la proposition de directive européenne ou du projet de loi français sur la société de l'information.

Mais des actions doivent être poursuivies encore en ce moment par les associations de bibliothécaires et de documentalistes auprès des instances européennes et nationales afin de réussir à limiter le nombre de points à régler par les voies contractuelles.

Michèle BATTISTI

Remerciements à Michèle Lemu, Présidente de la Commission « Droit de l'information » de l'ADBS, pour la relecture de cet article ; à Eblida, en particulier pour ses travaux autour du projet de directive sur l'harmonisation du droit d'auteur et de l'action Ecup.

Les deux tableaux « Recommandations d'Ecup » qui figurent ci-après sont reproduits avec l'aimable autorisation de Barbara Schleihagen, Eblida, pour le texte original et de Françoise Danset, qui en a fait la traduction en français pour le dossier « L'accès aux documents numérisés dans les bibliothèques » paru dans le Bulletin d'informations de l'Association des bibliothécaires français, *n° 178, 1er trimestre 1998.*

Recommandation ECUP pour l'utilisation de documents électroniques produits par l'éditeur

Usagers	Bibliothèque nationale	Bibliothèque universitaire et scolaire	Bibliothèque publique	Autres bibliothèques et centres de documentation
Activités internes de la bibliothèque	**Autorisé :** • stockage électronique permanent • indexation • une copie d'archive	**Autorisé :** • stockage électronique permanent • indexation • une copie d'archive	**Autorisé :** • stockage électronique permanent • indexation • une copie d'archive	**Autorisé :** • stockage électronique permanent • indexation • une copie d'archive
Usagers inscrits à la bibliothèque : services accessibles sur place	**Autorisé :** • consultation du texte intégral • copie d'un nombre restreint de pages sous forme électronique ou sur papier	**Autorisé :** • consultation du texte intégral • copie d'un nombre restreint de pages sous forme électronique ou sur papier	**Autorisé :** • consultation du texte intégral • copie d'un nombre restreint de pages sous forme électronique ou sur papier	**Autorisé :** • consultation du texte intégral • copie d'un nombre restreint de pages sous forme électronique ou sur papier
Usagers non inscrits à la bibliothèque : services accessibles sur place			**Autorisé :** • consultation du texte intégral • copie d'un nombre restreint de pages sur papier	
Usagers inscrits à la bibliothèque : services accessibles à distance	**Autorisé :** • consultation d'une page **Avec licence :** • consultation du texte intégral • copie sous forme électronique ou papier • transmission électronique payante	**Autorisé :** • consultation d'une page **Avec licence :** • consultation du texte intégral • copie sous forme électronique ou papier • transmission électronique payante	**Autorisé :** • consultation d'une page **Avec licence :** • consultation du texte intégral • copie sous forme électronique ou papier • transmission électronique payante	**Autorisé :** • consultation d'une page **Avec licence :** • consultation du texte intégral • copie sous forme électronique ou papier • transmission électronique payante
Usagers non inscrits à la bibliothèque : Consultation à distance	**pas d'accès**	**pas d'accès**	**pas d'accès**	**pas d'accès**
Groupes spécifiques d'usagers : services accessibles sur place ou à distance		**Avec licence :** • consultation du texte intégral • copie sous forme électronique ou papier • transmission électronique payante		**Avec licence :** • consultation du texte intégral • copie sous forme électronique ou papier • transmission électronique payante

Recommandation ECUP pour l'utilisation de documents numérisés par la bibliothèque

Usagers	Bibliothèque nationale	Bibliothèque universitaire et scolaire	Bibliothèque publique	Autres bibliothèques et centres de documentation
Activités internes à la bibliothèque	**Autorisé :** • numérisation • stockage électronique permanent • indexation • une copie d'archive	**Autorisé :** • numérisation • stockage électronique permanent • indexation • une copie d'archive	**Autorisé :** • numérisation • stockage électronique permanent • indexation • une copie d'archive	**Autorisé :** • numérisation • stockage électronique permanent • indexation • une copie d'archive
Usagers inscrits à la bibliothèque : services accessibles sur place	**Autorisé :** • consultation du texte intégral • copie d'un nombre restreint de pages sous forme électronique ou sur papier	**Autorisé :** • consultation du texte intégral • copie d'un nombre restreint de pages sous forme électronique ou sur papier	**Autorisé :** • consultation du texte intégral • copie d'un nombre restreint de pages sous forme électronique ou sur papier	**Autorisé :** • consultation du texte intégral • copie d'un nombre restreint de pages sous forme électronique ou sur papier
Usagers non inscrits à la bibliothèque : services accessibles sur place			**Autorisé :** • consultation du texte intégral • copie d'un nombre restreint de pages sur papier	
Usagers inscrits à la bibliothèque : services accessibles à distance	**Autorisé :** • consultation du texte intégral • copie d'un nombre restreint de pages sous forme électronique ou sur papier • transmission électronique payante	**Autorisé :** • consultation du texte intégral • copie d'un nombre restreint de pages sous forme électronique ou sur papier • transmission électronique payante	**Autorisé :** • consultation du texte intégral • copie d'un nombre restreint de pages sous forme électronique ou sur papier	**Autorisé :** • consultation du texte intégral • copie d'un nombre restreint de pages sous forme électronique ou sur papier • transmission électronique payante
Usagers non inscrits à la bibliothèque services accessibles à distance	**pas d'accès**	**pas d'accès**	**pas d'accès**	**pas d'accès**
Groupes spécifiques : services accessibles sur place et à distance		**Autorisé :** • consultation du texte intégral • copie électronique ou sur papier • transmission électronique du document		**Autorisé :** • consultation du texte intégral • copie électronique ou sur papier • transmission électronique du document

V. L'action nationale et internationale des professionnels des bibliothèques et de la documentation pour le respect des droits des utilisateurs

Si les professionnels des bibliothèques et des services de l'information du monde entier semblent, sur le thème de la perception des droits d'auteurs et des droits voisins, être aujourd'hui entrés dans une logique d'actions défensives, c'est simplement parce qu'ils cherchent à préserver intégralement leurs missions de base : la conservation du patrimoine et la diffusion démocratique de la culture et de la connaissance. Certes, les techniques qu'ils utilisent pour l'accomplissement de ces missions ont considérablement évolué, et il leur est indispensable d'accompagner cette évolution et de la maîtriser sous tous ses aspects. Cependant, avec l'apparition du numérique, l'évolution devient révolution : on s'aperçoit que, bouleversant les procédures habituelles, le numérique n'est pas une catégorie d'œuvre mais un format. Et que le support numérique, devenu un support unique pour tous les genres et formes d'expression (cédérom ou DVD), disparaît dans le cas de transmission en ligne. L'œuvre est dématérialisée, elle devient volatile, elle traverse les frontières, elle peut aussi être captée, reproduite à l'infini. Aussi, devant l'immensité de ces possibilités, l'ensemble des ayants droit tend-il à faire reconnaître dans les législations du monde entier que tout acte de numérisation est un acte de contrefaçon et de piratage, et que, en vertu de législations appropriées, il doit être soumis à autorisation et à versement de droits.

Les enjeux

De nouveaux enjeux apparaissent, qui jusqu'à présent ne concernaient pas ou concernaient peu les bibliothèques :

– des enjeux culturels : les bibliothécaires sont de moins en moins en mesure de constituer des fonds sélectionnés sur des critères scientifiques, artistiques ou culturels ; ils deviennent des prestataires, fournisseurs d'accès à des documents dont le contenu leur échappe le plus souvent. Ces documents sont utilisés à la demande par les usagers de la bibliothèque, ils ne sont pas conservés ;

– des enjeux économiques : les bibliothèques se veulent égalitaires, ouvertes à tous sans discrimination, en particulier pécunière, un véritable espace de démocratie. Elles vont désormais être confrontées à l'obligation de mettre en place des accès payants à des documents qui seront cryptés et tarifés par l'éditeur ou le producteur. Services publics pour la plupart, elles utilisent des lignes budgétaires attribuées annuellement, ce qui les rend incapables de faire face à des augmentations de tarifs artificiellement provoquées par des monopoles de diffusion. À titre d'exemple, on suivra avec intérêt l'augmentation des prix des publications scientifiques tombées sous la coupe de grands groupes tels Reed-Elsevier (dont on peut suivre la croissance de bénéfices à deux chiffres depuis des années), avec son corollaire, la chute du nombre des abonnements de revues dans les bibliothèques.

– des enjeux politiques, qui entretiennent avec les enjeux économiques les mêmes rapports que l'œuf et la poule : la concentration implique le risque de créer l'édition unique, donc la pensée unique.

Enfin, lorsque aux tarifs des accès à l'information s'ajoute le coût d'installations qu'il faut sans cesse moderniser, le fossé ne peut que s'élargir entre ceux qui ont les moyens d'accéder à l'édition électronique et ceux qui ne les ont pas.

Les inquiétudes

Les bibliothécaires s'inquiètent donc. Outre ces nouveaux enjeux, ils s'inquiètent d'une évolution des techniques qui ne leur permettrait plus de mener à bien la réalisation de leurs missions. En effet :

– Comment conserver un logiciel ou même un cédérom que l'on ne pourra plus lire dans quelques années, faute d'avoir aussi conservé toutes les générations de matériel adéquat, à plus forte raison, comment conserver un document en ligne ?

– Comment offrir aux étudiants et aux chercheurs les outils de travail convenables lorsque les prix augmentent de 40 % en passant du papier au numérique ?

– Comment assurer un accès égalitaire à la connaissance lorsqu'il faudra introduire une carte de paiement pour consulter un document en ligne dans une bibliothèque ?

Par le biais de leurs associations professionnelles, coopérant de plus en plus avec les associations d'enseignants et de chercheurs, voire de consommateurs, les bibliothécaires cherchent donc à faire valoir leur point de vue et celui de leurs usagers auprès des décideurs, ceux qui aujourd'hui tentent de renforcer les réglementations de protection des ayants droit.

Si les bibliothécaires ne contestent en aucun cas le droit légitime de la propriété intellectuelle, force est de constater que, dans cette période gagnée par un irrésistible libéralisme économique, le bien culturel est devenu un bien marchand et la propriété intellectuelle ne se contente plus de rechercher une juste rémunération mais un profit le plus élevé possible.

Et l'on ne peut que constater que la surprotection des ayants droit a pour corollaire la négation du droit des usagers. Constater aussi que les mesures de protection s'étendent de plus en plus sur les investissements, et sans doute moins sur la création.

Le domaine de la perception des droits s'est étendu récemment avec les législations sur les bases de données, ainsi le façonnier d'une base de données en devient propriétaire pour quinze ans, tandis que le propriétaire des données pourrait peiner à faire reconnaître par contrat que ses données lui appartiennent. Ainsi, l'architecte de la Pyramide du Louvre, ses enfants et ses petits-enfants, vont faire valoir leurs droits sur les images prises de ce monument financé par le contribuable français et pour lequel l'architecte a en son temps été rémunéré. On connaît aussi la difficulté qu'ont aujourd'hui les reporters photographes à faire simplement leur métier sans encourir de procès conduisant à des versements de dommages exorbitants.

On pourrait logiquement s'attendre à ce que les éditeurs demandent un droit, au titre de la reproduction, aux bibliothèques utilisant les couvertures de livres dans leurs catalogues.

La Sacem est en droit de percevoir un forfait pour droits musicaux sur tous les postes multimédias, même lorsqu'ils ne servent qu'à consulter des bases bibliographiques.

Les bibliothèques se voient ainsi dans l'obligation de virer des sommes assez considérables de la ligne acquisition de documents à la ligne prestation de services, afin de payer des rémunérations et perceptions diverses, des frais de contrat, voire des avocats. En effet, il peut être compliqué d'honorer sans encombre la signature d'un contrat de droit néerlandais rédigé en anglais et comprenant une quarantaine de pages, contrat qui remplace désormais le simple bon de commande d'un périodique.

Le rôle des associations de bibliothécaires

Pour faire valoir leur point de vue, les bibliothécaires s'organisent.

Les bibliothécaires américains

Sans doute les mieux organisés de tous, ils s'allient dès 1995 à un certain nombre d'associations du monde de l'éducation, de la recherche, des associations de consommateurs, ainsi qu'à l'Union des écrivains, pour fonder DFC (Digital Future Coalition) afin de faire connaître leur point de vue aux législateurs américains, lors de la parution d'un livre blanc prévoyant dans la législation sur la propriété intellectuelle alors en vigueur un considérable renforcement des positions des ayants droit.

Il s'agissait d'attirer publiquement l'attention sur la nécessité de maintenir un juste équilibre entre le droit de la propriété et le droit d'accès, et de préserver la doctrine du *fair use*.

Le Digital Millenium Copyright Act[1] a finalement été voté en 1998, mais il doit encore faire l'objet de décrets complémentaires, en particulier sur les procédures de cryptage des documents.

---

1. The Digital Millenium Copyright Act, Bill n. S 2037, 105e Congrès.

Une nouvelle loi votée en 1999 penche plutôt en faveur du progrès de l'accès pour les usagers, une autre, qui porte sur le piratage, défend les intérêts contraires ; on le constate, les intérêts des ayants droit et ceux des usagers divergent de plus en plus.

La Digital Future Coalition entend bien rester vigilante. En effet comme tous les professionnels de l'information et de la diffusion du savoir, les participants de cette coalition expriment sans relâche leur crainte que le progrès technologique ne se paie de graves restrictions dans le domaine de l'éducation et de la préservation de la culture.

Nos collègues américains attendent avec une certaine anxiété le vote de la Directive européenne sur l'harmonisation des droits d'auteurs et de certains droits voisins dans la société de l'information, qui ferait alors sans doute référence outre-Atlantique.

C'est aussi aux États-Unis que nait en 1997 l'ICOLC (International Coalition of Library Consortia), car les bibliothèques des grandes universités américaines ont été les premières à être confrontées au fait que l'achat d'un document est de plus en plus remplacé par la signature d'un contrat de licence qui vise à contrôler l'usage d'un document ; les premières aussi à constater l'envolée des prix de l'édition électronique et les restrictions d'usage que cherchent à introduire les fournisseurs.

L'ICOLC regroupe aujourd'hui environ 120 consortiums, et les membres européens ont décidé de se regrouper dans une coalition européenne.

Les consortiums permettent de regrouper les bibliothèques, d'établir des contrats types et de négocier les prix.

Il faut reconnaître, jusqu'à ce jour, une certaine lenteur des bibliothèques françaises à suivre ce mouvement de coalition face à leurs fournisseurs. Un vaste consortium européen de bibliothèques universitaires néerlandaises et allemandes a largement ouvert la voie, les bibliothèques universitaires françaises ne manqueront pas de s'organiser à leur tour, le régime d'autonomie des universités favorisant ce type d'action.

Au niveau européen

Eblida, le Bureau européen des associations de bibliothécaires, de professionnels de l'information, de documentalistes et d'archivistes[1], a été officiellement créé le 13 juin 1992 à La Haye, aux Pays-Bas, où se trouve le siège social de l'association.

Eblida est une organisation indépendante et non commerciale qui fédère des associations nationales de bibliothécaires, de documentalistes et d'archivistes. Peuvent y adhérer les associations de dimension nationale comme membres de plein droit et les institutions comme membres associés.

Son champ d'intervention est l'Europe des quinze. Eblida développe aussi une importante campagne d'information dans les pays de l'Europe centrale et orientale.

---

1. Eblida Head Office, P.O. Box 43 300, 2 504 AH La Haye, Pays-Bas. Tél. : 31 70 3 090 608 ; fax : 31 70 3 090 708 ; mél : eblida@nblc.nl ; site Internet : http://www.eblida.org.

La création d'Eblida répond à la nécessité pour les bibliothèques et pour les professionnels de l'information de faire entendre leur voix et de parvenir à préserver et promouvoir leurs intérêts, tandis que l'on assiste à la manifestation d'une compétence sans cesse accrue de la Commission européenne sur la culture, et tout particulièrement sur les aspects économiques de la culture. Cette compétence est sanctionnée par la publication d'un certain nombre de directives qui affectent profondément le monde de l'information, des bibliothèques, de la documentation et des archives.

Eblida concentre donc la plus grande partie de son activité sur les questions du droit d'auteur, de la télématique et de la société de l'information en général, telle que la façonnent les nouvelles technologies de la communication et de très importants enjeux économiques.

Eblida fait aussi du conseil et de l'information sur les programmes culturels européens.

Son principal objectif est de tenir en permanence ses membres informés de tous les développements que connaissent ces sujets au sein de la Commission européenne.

Elle intervient directement auprès des différentes commissions du Parlement européen, du Comité des régions, du Conseil des ministres, et du Conseil de l'Europe.

Eblida est intervenue dès 1992 pour obtenir la possibilité d'un régime de dérogation au droit de prêt pour les bibliothèques publiques au moment de la parution de la Directive sur le droit de prêt ; elle mène un très large travail d'information sur la Directive sur la protection des bases de données ; enfin, elle bataille sans relâche depuis la publication, fin 1996, du projet de Directive sur l'harmonisation du droit d'auteur et des droits voisins dans la société de l'information.

Le projet de Directive tel qu'il est proposé, et compte tenu de la bataille d'amendements allant dans le sens d'une plus grande restriction des accès aux documents, qui a fait suite à la première lecture au Parlement européen en janvier 1999, pourrait constituer un sévère obstacle à la libre circulation de l'information dans le service public, dont dépendent aussi le secteur de l'éducation et de l'entreprise. Cela pourrait sans doute entraver le développement de nouveaux produits et services.

Eblida fait référence au Préambule de la Résolution du Parlement sur la société de l'information prononcé le 13 mars 1997 : « Le modèle européen de la société de l'information doit être inspiré par des intérêts démocratiques, sociaux, et éducatifs, et non dominé par des intérêts économiques et technologiques. »

Aussi Eblida fait-elle campagne pour faire introduire dans le texte de la Directive une série d'amendements permettant d'assurer à toutes les bibliothèques et centres de documentation et d'archives la possibilité de :

– consulter, rechercher ou feuilleter, écouter et copier un document électronique pour un usage privé, éducatif ou de recherche ;

– faire une copie de conservation et d'archivage ;

– effectuer en nombre limité des copies sur papier ou sur disquette pour ses usagers ;

– faire une copie de documents audio ou audiovisuels pour usage privé sans incidence commerciale.

Si ces arguments n'étaient pas repris et si aucune des modifications très précisément demandées et rédigées par Eblida[1] n'était apportée au texte lui-même ou à l'article 5 qui prévoit un régime d'exemption, trop limité dans la première version, les services offerts par les bibliothèques seraient considérablement réduits.

Si, pour des raisons économiques ou juridiques, les bibliothèques n'étaient pas en mesure de signer des contrats pour chaque document, réglementant leurs usages et les tarifs de ces usages, les lecteurs ne pourraient plus librement consulter sur écran un document électronique, ni faire des recherches ou des copies. Les bibliothèques ne pourraient plus conserver ces documents, ni les transmettre à distance à une autre bibliothèque. Toutes activités qui sont actuellement menées dans toutes les bibliothèques, en dehors de tout objectif commercial.

Sans chercher à porter atteinte au droit de la propriété intellectuelle, Eblida, au nom des professionnels de l'information cherche à s'assurer que pour tous les citoyens, l'entrée dans la société de l'information puisse se faire dans le respect de l'égalité des chances et des valeurs démocratiques.

On notera aussi le rôle important joué par l'Association des bibliothécaires finlandais, dans la rédaction du rapport adopté par le Parlement européen en 1998, *Résolution sur le rôle des bibliothèques dans la société moderne*, communément appelé rapport Ryynanen.

Constituant un véritable manifeste sur le rôle des bibliothèque dans notre société, ce rapport est un excellent outil de travail pour la mise en place de politiques de développement des bibliothèques[2].

Les associations françaises

On constate qu'elles sont relativement lentes à se mobiliser et à s'organiser : elles ont cependant arrêté une position commune en mars 1998 qu'elles ont fait parvenir à tous les membres français du Parlement européen[3]. Mais elles n'ont pas encore constitué de consortium digne de ce nom, noué de contacts avec d'autres secteurs

1. *Résolution sur le rôle des bibliothèques dans la société moderne*, Rapport A4-0248/98, du 25 juin 1998, adopté le 23 octobre 1998, présenté par Mirja Ryynanen.
2. Amendements déposés par Eblida (traduction française) au projet de Directive sur l'harmonisation des droits d'auteur et des droits voisins dans la société de l'information :
– considérant 21 : considérant qu'il convient de maintenir un juste équilibre entre les différentes catégories de titulaires de droits ainsi qu'entre celles-ci et les utilisateurs d'objets protégés, *afin d'assurer aussi un équilibre entre la protection des ayants droit et d'autres valeurs importantes de la société, telles que le droit à l'éducation et à la recherche et l'exigence du grand public d'accéder à l'information* [...].
– article 5-2 c : lorsqu'il s'agit d'actes de reproduction spécifiques effectués par des établissements accessibles au public, *tels que les bibliothèques et les services d'archives* qui ne visent pas *essentiellement* des avantages économiques ou commerciaux directs ou indirects ; *ces actes de reproduction comprennent la reproduction pour le seul usage d'archivage et de conservation...*
– article 5.3 a : lorsqu'il s'agit d'une *utilisation à des fins d'éducation, de recherche, ou à usage privé* [...].
– article 5.3 b : lorsqu'il s'agit d'utilisations au bénéfices de personnes affectées d'un handicap, qui sont de nature non commerciales [...].
– article 6.1 : [...] et que la personne concernée exécute *dans l'intention* qu'elles permettront ou faciliteront la neutralisation[...].
3. Courrier aux membres français du Parlement européen.

associatifs, ou mis en place une activité visible de lobbying. L'essentiel de leurs activités consiste à informer leurs membres : colloques, journées d'étude, dossiers.

Il faut remarquer que cinq associations françaises sont adhérentes d'Eblida : l'ABF (Association des bibliothécaires français), la FFCB (Fédération française de coopération entre les bibliothèques), l'ADBS (Association des professionnels de l'information et de la documentation), l'ADBDP (Association des directeurs de bibliothèques départementales de prêt) et l'ADBU (Association des directeurs de bibliothèques universitaires), ce qui fait de la France l'un des pays d'Europe le plus largement représenté à l'assemblée générale de l'association.

Il semble que, pour les professionnels français, le vieil adage *à chaque jour suffit sa peine* soit largement consensuel. À l'ordre du jour en ce moment : le droit de prêt dans les bibliothèques sur lequel le législateur ne s'est pas encore prononcé alors que la Directive européenne date de novembre 1992 et que toute directive doit être transposée dans les législations nationales au cours de l'année suivante.

Les problèmes posés par la numérisation des documents sont peu ou mal perçus par les professionnels.

On notera que, si le collectif d'associations ABCD n'a pas su mettre en place durablement un véritable groupe de travail, ni dégager des moyens collectifs permettant par exemple de retenir les services d'un juriste, l'ADBS a une commission « droits » qui se réunit régulièrement et appointe un permanent chargé de ce secteur. Celui-ci transmet les informations dans le cadre de la liste de diffusion, et est membre du comité d'experts d'Eblida.

L'ABF, membre fondateur d'Eblida, n'a pour sa part pas mis en place de commission permanente sur ces questions. Son action s'est concentrée sur l'information de ses membres et la retransmission des informations relatives aux travaux d'Eblida.

L'ABF a aussi à son actif un nombre important de colloques et journées d'étude sur ces questions, ayant rassemblé de nombreuses collaborations.

Force est cependant de constater que cette mobilisation est loin d'être équivalente à celle de nos collègues des pays scandinaves ou britanniques ou américains. Le concept de lobbying ne nous est pas familier, et moins encore la pratique.

Cependant c'est bien au niveau mondial que la mobilisation doit se faire, et il faut noter la participation active de l'Ifla (Fédération internationale des associations de bibliothécaires) aux travaux de l'OMPI (Organisation mondiale de la propriété intellectuelle), lors de la rédaction du deuxième traité à Genève en 1996, ainsi que la présence de ses représentants à la dernière réunion de l'OMC (Organisation mondiale du commerce) à Seattle, en décembre 1999.

En conclusion

On rappellera qu'il s'agit bien pour les bibliothèques de préserver et plus encore d'étendre, en particulier aux pays en développement qui ne sont pas encore assez présents dans ce combat, l'accès démocratique à l'information et à la culture ainsi que la conservation et la préservation des héritages culturels.

Françoise DANSET

Consortiums et accès aux ressources électroniques L'exemple du consortium Couperin

Parmi les actions communes des professionnels des bibliothèques pour la défense des intérêts de leurs utilisateurs, figurent en bonne place les créations de consortiums destinés à négocier avec les éditeurs de périodiques électroniques des conditions d'utilisation acceptables, autant qu'à pallier par un regroupement des moyens le renchérissement considérable des abonnements. L'intérêt de cette mutualisation des ressources est souligné aussi bien par Michèle Battisti que par Françoise Danset, dans les articles qui précèdent. À titre d'exemple, on peut citer le consortium Couperin, constitué en 1999 par les universités d'Angers, Aix-Marseille II, Nancy I et Strasbourg I, auxquelles se sont adjointes ensuite Cergy Pontoise et Versailles Saint-Quentin.

Le consortium négocie avec les éditeurs de périodiques électroniques afin de proposer aux lecteurs des universités participantes une offre élargie et multi-éditeurs de titres. Un premier accord a été signé avec Elsevier le 30 juin 1999, pour *Science Direct*. D'autres ont été conclus ou sont sur le point de l'être, avec Academic Press, Springer, American Chemical Society, Wiley, American Physical Society.

Du côté des bibliothèques, la mise en commun des collections permet une élimination progressive des doublons, génératrice d'importantes économies permettant de souscrire de nouveaux titres et ainsi d'élargir très sensiblement l'offre. Dans le cas du consortium Couperin, le désabonnement à 49 titres a permis la souscription à 102 nouveaux titres. En outre, la coopération interuniversitaire permet de partager la responsabilité de conservation.

Les licences accordées par les éditeurs aux membres du consortium se caractérisent par quelques points fondamentaux communs à la plupart des accords : annualité ou pluriannualité, couplage ou non avec le support papier, accès à l'ensemble des collections de l'éditeur, accès aux années antérieures des titres souscrits, progressivement numérisés. L'objectif fondamental des universités participantes est bien d'élargir le plus possible la couverture documentaire sans augmentation impossible à supporter du coût global, ce qui n'est réalisable que par la coopération. Il faut souligner à ce sujet que l'élargissement en cours du consortium (une douzaine de bibliothèques universitaires ou d'instituts de recherche devraient le rejoindre en 2000) ne peut que renforcer sa position dans les négociations avec les producteurs, en particulier quant à l'étendue des utilisations couvertes par les licences.

Référence : Iris Reibel, « La création d'un consortium de bibliothèques universitaires : son impact sur la politique d'abonnements aux périodiques électroniques », in *Bulletin des bibliothèques de France*, 2000, n° 2.

Remerciements à Iris Reibel pour les informations complémentaires qu'elle a bien voulu me communiquer. (Y.A.)

Troisième partie
Guide pratique

• Adav

L'Adav – Ateliers de diffusion audiovisuelle – est une association loi 1901, créée en janvier 1984 par des professionnels de l'audiovisuel travaillant dans le secteur culturel. Soutenue financièrement par le Fonds d'intervention culturelle, elle a également reçu l'appui de la Direction du développement culturel et de la Direction du livre et de la lecture du ministère de la culture, du ministère de la Communication, du ministère de la Jeunesse et des sports.

Dès 1985, l'Adav assurait son autofinancement par ses propres activités qui, si elles restent axées autour de la négociation de droits de consultation et de prêt pour des œuvres audiovisuelles destinées aux médiathèques, prennent également d'autres formes.

Une double mission

L'Adav a en effet toujours réussi à maintenir la coexistence de ses deux missions principales :

– Une mission culturelle qui vise à préserver la dimension culturelle de la production vidéographique, à mettre en valeur ce patrimoine et à favoriser sa diffusion auprès des réseaux culturels et éducatifs.

– Une mission juridique et pragmatique qui vise à soutenir les bibliothèques souhaitant créer un fonds vidéographique et à leur permettre d'acquérir des œuvres en respectant la législation sur les droits d'auteur par la création d'une centrale d'achats.

La dimension culturelle de l'Adav ne doit pas être négligée, non plus que son rôle dans la création d'un certain nombre de vidéothèques de prêt au sein des médiathèques. Dans un secteur d'activité qui, comme le marché de l'audiovisuel, ne comprend que le langage de la rentabilité des « produits », l'Adav permet, aux médiathèques notamment, d'avoir accès à des œuvres audiovisuelles indisponibles dans les circuits commerciaux traditionnels parce que jugées non rentables.

Néanmoins, si l'Adav nous intéresse ici, c'est aussi pour son travail juridique de négociations des droits de prêt ou de consultation sur place des œuvres audiovisuelles.

La négociation des droits

Dans le cadre de sa mission de centrale d'achats, l'Adav mène des négociations pointues avec les éditeurs ou producteurs vidéographiques. Cela nécessite une vigilance permanente car, contrairement à ce que l'on pourrait croire, ces derniers ne sont pas toujours correctement informés de leurs droits et devoirs et ne respectent pas toujours les contraintes qu'ils imposent à leurs partenaires.

Deux catégories de droits coexistent en matière d'utilisation des œuvres audiovisuelles : des droits dit commerciaux à négocier si l'on veut permettre un prêt de l'œuvre concernée, des droits dits non commerciaux qui s'ajoutent aux droits commerciaux lorsque l'on souhaite que les œuvres soient disponibles en consultation sur place.

La négociation des droits dans le domaine audiovisuel est particulièrement ardue, du fait même de la structure et du fonctionnement de la production. Entre éditeur, producteur et distributeur d'œuvres audiovisuelles, il y a de quoi s'y perdre. C'est d'autant plus vrai lorsque certains éditeurs décident de faire distribuer leurs catalogues d'œuvres par d'autres éditeurs. L'Adav se trouve alors dans l'obligation de bien vérifier quel interlocuteur détient les droits qui l'intéressent. En effet, si les premiers ont la faculté de négocier à la fois pour le prêt et la consultation sur place, les seconds n'ont souvent que le droit de négocier pour le prêt. Pour obtenir les œuvres en question et les proposer en prêt et en consultation sur place, l'Adav est donc tenue d'avoir deux interlocuteurs successifs pour un même catalogue, donc de signer deux contrats.

Cette difficulté est l'une des raisons pour lesquelles il est déconseillé aux médiathèques de se lancer elles-mêmes dans la négociation des droits, même si elle reste possible avec de petits producteurs locaux facilement identifiables, notamment pour des productions indisponibles par un autre biais.

Réseau et catalogue

L'Adav est un interlocuteur privilégié pour ce que l'on appelle le circuit institutionnel, c'est-à-dire les organismes publics et privés, à vocation culturelle, éducative ou sociale, à caractère non lucratif.

L'Adav propose aujourd'hui un catalogue riche de plus de 10 000 titres, provenant soit de l'édition commerciale, soit de la production indépendante.

Le prix des supports est fixé sur la base du prix éditeur (y compris la remise éventuellement consentie par ce dernier), auquel s'ajoutent trois ou quatre éléments :

– la marge de distribution de l'Adav, soit 30 à 40 % du prix de base en fonction des conditions faites par l'éditeur ;

– le surcoût éventuel provenant de la négociation des deux catégories de droits nécessaires pour que les œuvres soient disponibles en consultation sur place ;

– l'adhésion à l'association ;

– les frais financiers, soit environ 3 % supplémentaires qui correspondent en fait au préjudice causé par les paiements très tardifs des collectivités locales dont dépendent les médiathèques. Ces 3 % ne sont pas appliqués si le paiement est effectué sous trente jours.

Le catalogue de l'Adav est annuel avec des mises à jour régulières, et il est disponible sur disquette. Il propose des fictions, des documentaires et des films pour enfants. Il comprend également des programmes sur support cédérom et DVD.

Adresse : 41, rue des Envierges, 75020 Paris. Tél. : 01 43 49 10 02 ; fax : 01 43 49 14 82.

Autres fournisseurs d'œuvres audiovisuelles : voir « Vidéogramme ».

• ADDNB

Créée par des bibliothèques, l'Association pour le développement des documents numériques en bibliothèques regroupe des établissements documentaires, une centaine actuellement, qui mettent à la disposition de leurs usagers des fonds de documents numériques. Dans le cadre des activités définies par son titre et son objet, l'association a pris l'initiative de négocier avec les éditeurs de documents numériques des « conventions d'utilisation de supports de données numériques » définissant les règles de mise à disposition, pour les bibliothèques adhérentes, des documents proposés par les éditeurs.

La convention prévoit :

– que l'éditeur autorise les établissements membres de l'ADDNB à utiliser les productions de son catalogue, soit en totalité, soit certains titres seulement, pour le prêt, la consultation sur place et la représentation publique à des fins non commerciales dans l'enceinte de l'établissement. Cette autorisation n'est assortie d'aucune rémunération, même forfaitaire ;

– que de leur côté les établissements membres de l'ADDNB s'engagent à utiliser ces documents dans le cadre strict des autorisations accordées par l'éditeur.

L'ADDNB n'est pas une centrale d'achat spécialisée comme l'Adav et ne négocie pas les droits au sens où l'entend le CPI. Les bibliothèques achètent les supports « là où elles le souhaitent », et l'association n'effectue pas de ventes et ne sert pas d'intermédiaire aux distributeurs. Il est entendu d'autre part, selon la convention, que les établissements peuvent effectuer sans formalité particulière une copie de sauvegarde des documents achetés.

Bien entendu, l'ADDNB n'engage que ses membres et une bibliothèque non adhérente ne peut se prévaloir de l'existence de la convention pour utiliser des titres autorisés par les éditeurs aux seuls adhérents.

L'ADDNB appuie sa démarche sur l'affirmation que « les bibliothèques seront un élément important de promotion pour l'édition numérique » (Préambule de la convention, alinéa 2). Elle fait ainsi valoir auprès de ses éditeurs son rôle de vitrine ; un cadre promotionnel permet d'évacuer la question d'une rémunération compensatrice.

Cette initiative originale est appelée à se développer, du moins peut-on l'espérer. Du point de vue du Code de la propriété intellectuelle, la convention est conforme avec le droit exclusif d'autoriser reconnu au titulaire des droits. Sa valeur repose très largement sur le strict respect par les utilisateurs du cadre défini par la Convention[1].

Adresse : ADDNB, Bibliothèque Grand-Place, 5, Grand-Place, 38100 Grenoble. Tél. : 04 76 22 91 30 ; fax : 04 76 09 40 54 ; mél : addnb@addnb.org

• Animation

L'animation dans une bibliothèque peut prendre des formes multiples : exposition, lecture d'œuvres, rencontres avec des écrivains, des musiciens, des plasticiens, débats ; du regroupement de manifestations diverses autour d'un thème jusqu'aux simples tables de présentation d'ouvrages et à l'affichage, la plus grande partie des activités de promotion mises en œuvre par les bibliothèques peut y être rattachée ou assimilée. Le plus souvent, l'animation constitue une *représentation de l'œuvre* au sens du Code de la propriété intellectuelle : c'est le cas des expositions, des lectures devant un public, des écoutes collectives de musique enregistrée, des concerts, des projections d'œuvres audiovisuelles jusqu'à la traditionnelle heure du conte des bibliothèques pour la jeunesse. En théorie, toutes ces formes de représentations *publiques* sont soumises à autorisation et peuvent donner lieu à une rémunération des ayants droit, dès lors que les œuvres utilisées ne sont pas tombées dans le domaine public : seules en effet sont permises sans autorisation « les représentations privées et gratuites effectuées exclusivement dans un cercle de famille » (article L. 122-5 du CPI). Dans la pratique cependant, une grande partie de ces manifestations sont tolérées, dans la mesure où elles ne portent pas préjudice aux ayants droit, et seuls les abus manifestes sont susceptibles d'être sanctionnés. La loyauté autant que la prudence doivent donc conduire le bibliothécaire, quand il organise une manifestation, à prendre contact chaque fois qu'il l'estime nécessaire, avec les auteurs ou leurs représentants.

Expositions

L'utilisation d'œuvres protégées dans une exposition ne peut se faire sans l'autorisation des auteurs ou de leurs ayants droit. La démarche, indispensable, doit bien entendu se faire préalablement à la manifestation.

Présentation d'ouvrages

Sous la forme de tables de nouveautés, de tables à thèmes, de vitrines, les présentations de livres, de disques ou d'autres documents peuvent être considérées comme un mode de promotion et de mise en valeur normal des richesses ou des

1. Les bibliothèques adhérentes s'engagent à respecter une convention d'utilisation passée entre un éditeur et une association avec laquelle elles n'ont pas de lien juridique ou statutaire. En cas de non-respect de la convention, et d'usage illicite, la faute ne pourra être imputée à l'association, mais à l'établissement propriétaire des documents, ou pour être plus exact, à sa tutelle. L'éditeur reste donc en mesure à tout moment, s'il constate dans l'utilisation une infraction aux règles du CPI, de faire valoir ses droits.

nouvelles acquisitions des établissements et, à ce titre, dispensées de formalités particulières.

Audition collective de musique enregistrée

Nombre de bibliothèques pratiquent cette forme d'animation, régulièrement ou ponctuellement. En principe (voir Nathalie Léman, IIe partie, chap. IV, et les termes « Communication directe de l'œuvre au public », « Phonogramme », « Sacem »), elle est assimilable à un spectacle, soumise à autorisation au cas par cas avec demande préalable. Cependant, selon l'importance du local utilisé et du public concerné, la périodicité, etc., il est possible d'inclure ce type de manifestation dans le cadre du contrat général de représentation Sacem couvrant la sonorisation des locaux, et de la redevance versée au titre des droits voisins pour la diffusion publique des phonogrammes.

Projection d'œuvres audiovisuelles

Les documents audiovisuels diffusés par les fournisseurs spécialisés ayant négocié les droits auprès des producteurs peuvent être autorisés à la consultation sur place à titre individuel, mais pas à titre collectif. Une projection devant un public constitue dans tous les cas une *représentation soumise à autorisation* préalable des ayants droit. Voir Nathalie Léman (IIe partie, chap. IV), et « Adav », « Vidéogramme ».

Concert, spectacle

Une bibliothèque disposant d'une salle d'animation peut organiser ponctuellement ou régulièrement une représentation dramatique ou un concert de musique vivante. Si les œuvres représentées sont encore protégées, la représentation est soumise à autorisation et donne lieu à une rémunération des auteurs, perçue par la Sacem (musique) ou la SACD (œuvre dramatique). En revanche, les œuvres du domaine public sont d'utilisation libre.

Lecture en public

Comme l'écrit Emmanuel Pierrat (Ire partie, chap. Ier) la lecture « collective » (c'est-à-dire faite à haute voix et devant un public) dans une bibliothèque publique ne peut être assimilée à une représentation privée. Il ressort de cette constatation, comme nous l'avons signalé plus haut, que la pratique des lectures d'œuvres, dans laquelle s'inscrivent clairement les heures du conte pratiquées dans les bibliothèques pour la jeunesse, si elle est très largement admise dans les faits, ne saurait être que tolérée, dans la mesure où elle entre parfaitement dans le champ du droit de représentation reconnu aux auteurs. Naturellement, dans ce cas de figure comme dans le précédent, les œuvres du domaine public sont d'utilisation libre.

• Archive

Le statut des archives publiques et privées est défini par la loi du 3 janvier 1979, complétée notamment par les décrets n° 79-1037, 79-1039 et 79-1040 du 3 décembre 1979[1].

Les archives conservées peuvent être des documents protégés au titre du Code de la propriété intellectuelle, par le droit d'auteur ou les droits voisins. Des manuscrits inédits, des correspondances, des plans, pour ne citer que ces exemples, peuvent ainsi figurer dans les collections des Archives nationales ou départementales ou dans des Archives privées.

S'agissant de documents inédits, l'organisme dépositaire propriétaire du manuscrit ne peut les divulguer que si la durée des droits patrimoniaux (soixante-dix ans *post mortem*) est écoulée, et sous réserve du droit moral, dont fait partie le droit de divulgation. En effet, la propriété de l'objet matériel est indépendante de la propriété « incorporelle », c'est-à-dire du droit de l'auteur sur l'œuvre contenue dans l'objet, selon l'article L. 111-3 du CPI (voir *supra* l'article d'Emmanuel Pierrat). Toute publication par un établissement d'archive, public ou privé, d'une œuvre inédite dont elle possède le manuscrit est dont soumise à autorisation des auteurs ou ayants droit, tant que la période de protection légale n'est pas achevée.

En revanche, les archives dites publiques sont de libre publication dès lors que leur consultation a été librement autorisée, sous réserve qu'il n'y ait pas d'exploitation commerciale.

• Artiste-interprète

Les artistes-interprètes ont été reconnus titulaires de droits par la loi du 3 juillet 1985 relative aux droits voisins du droit d'auteur. La France reconnaissait ainsi un certain nombre de droits aux auxiliaires de la création, c'est-à-dire à ceux qui participent directement à la création de l'œuvre même s'ils n'en sont pas à l'origine.

Article L. 212-1 du CPI

« À l'exclusion de l'artiste de complément, considéré comme tel par les usages professionnels, l'artiste-interprète ou exécutant est la personne qui représente, chante, récite, déclame, joue ou exécute de tout autre manière une œuvre littéraire ou artistique, un numéro de variétés, de cirque ou de marionnettes. »

Droits reconnus

Les artistes-interprètes se sont donc vu reconnaître des droits moraux et des droits patrimoniaux :

---

1. L'ensemble des textes en vigueur est publié dans le *Code de la communication*, éd. 2000, Dalloz : voir IIIe partie, « Information », chap. « Archives », pp. 683-713.

– au titre des droits moraux : le droit au respect du nom, de la qualité et de l'interprétation (article L. 212-2 du CPI) ;

– au titre des droits patrimoniaux : un droit d'autorisation (article L. 212-3 du CPI).

Les artistes-interprètes peuvent ainsi faire valoir leurs droits dans leurs négociations avec les producteurs lors de la réalisation de l'œuvre et de sa commercialisation. Ils bénéficient aussi de protection par rapport aux utilisateurs finaux que sont notamment les médiathèques publiques.

Dans le cadre des documents sonores, ils perdent cependant le droit de s'opposer à une diffusion de leur œuvre dans d'autres cas que celui d'un spectacle, en vertu de l'institution par le législateur de la licence légale de diffusion des documents sonores publiés à fin de commerce. En contrepartie, ils perçoivent une rémunération dite équitable. Voir « Licence légale », « Rémunération équitable ».

Dans le cas des documents audiovisuels, la licence légale n'existe pas. Mais les artistes-interprètes perdent également la main sur leur droit d'autoriser ou d'interdire dès signature d'un contrat avec le producteur d'une œuvre audiovisuelle en application de ce qu'on appelle la présomption de cession de droits. En contrepartie, ils doivent percevoir une rémunération distincte pour chaque mode d'exploitation de leur interprétation (article L. 212-4 du CPI).

Pour la durée des droits, voir « Durée de protection ».

• Auteur, Ayant droit

Comme l'écrit Emmanuel Pierrat, en droit français « l'*auteur* est toujours le titulaire initial des droits sur son œuvre » et, d'autre part, « seule une personne physique peut avoir la qualité d'auteur, à l'exception du cas particulier de l'œuvre collective » (voir Emmanuel Pierrat, « La titularité des droits de propriété littéraire et artistique »). Les auteurs (qu'ils soient, pour la même œuvre, un ou plusieurs) doivent être distingués des ayants droit. L'*ayant droit* ou *ayant cause* est la personne qui tient son ou ses droits d'une autre personne, par exemple l'héritier d'un auteur ayant recueilli par succession certains attributs du droit moral ou les droits patrimoniaux.

La loi reconnaît des droits dits de propriété littéraire et artistique non seulement aux auteurs, mais aussi aux artistes-interprètes, aux producteurs de phonogrammes et de vidéogrammes, aux entreprises de communication audiovisuelle : ce sont les *droits voisins*. D'autre part, les droits patrimoniaux étant cessibles, interviennent aussi, par *cession*, d'autres personnes, physiques ou morales, habilitées à exploiter les œuvres, donc à autoriser représentations ou reproductions : éditeurs, producteurs. Enfin, dans le cadre de la *gestion collective*, les auteurs, les titulaires de droits voisins, les cessionnaires, peuvent confier une partie ou la totalité de l'exploitation des œuvres à des *sociétés de perception et de répartition*, qui deviennent de fait les interlocuteurs des utilisateurs. Par exemple, une bibliothèque qui diffuse dans ses locaux les chansons signées par le parolier X et le compositeur Y et éditées par l'éditeur Z ne n'adresse pas, pour pouvoir le faire, aux auteurs et aux cessionnaires, mais directement à la Sacem.

Il importe cependant que l'utilisateur d'une œuvre détermine toujours en premier lieu l'identité de l'auteur, « titulaire initial », cette démarche facilitant ensuite la recherche de l'interlocuteur habilité à permettre l'utilisation.

• Base de données

La base de données est définie par la loi comme « un recueil d'œuvres, de données ou d'autres éléments indépendants disposés de manières systématique ou méthodique et individuellement accessibles par des moyens électroniques ou par tout autre moyen ». Cette dernière mention élargit à ce point la définition qu'elle permet de considérer qu'en somme, la base de données est le nouveau nom attribué à ce qu'on nomme habituellement un fichier ou un répertoire. En fait, la précision sur le moyen d'accès a été rendue nécessaire pour inclure dans la loi les versions (éditions) sur papier des bases de données. Dans la pratique, les bases de données, outre leurs éventuelles versions papier, sont accessibles essentiellement de deux façons : sous la forme d'éditions électroniques, par exemple de cédéroms : l'accès se fait alors sur un ordinateur, mais *off line* ; ou bien directement par le biais d'un ordinateur connecté, donc sans document édité : c'est l'accès en ligne *(on line)*, sur Internet en premier lieu.

Pour la définition juridique de la base de données, voir aussi les articles d'Anne-Sophie Étienne (Ire partie) et Michèle Battisti (IIe partie, chap. II).

Le droit communautaire des bases de données est défini par une directive européenne du 11 mars 1996, dont les dispositions ont fait l'objet d'une transposition en droit français, applicable depuis le 1er janvier 1998 : articles L. 341-1, L. 342-1 à L. 342-5 du code de la propriété intellectuelle. Voir à nouveau le chapitre d'Anne-Sophie Étienne et, dans celui de Michèle Battisti, « La gestion des droits d'auteur selon différents supports ».

L'extraction de parties « qualitativement ou quantitativement » substantielles d'une base de données est soumise à l'autorisation de son producteur ; de la même façon la « réutilisation par la mise à disposition du public de la totalité ou d'une partie qualitativement ou quantitativement substantielle du contenu de la base » n'est possible qu'avec l'accord du producteur. Une bibliothèque, en vertu de ces dispositions, ne peut pas sans autorisation extraire des notices d'une base de données bibliographiques pour les intégrer à son catalogue, que ces notices soient prélevées en ligne ou sur un cédérom.

L'extraction et la réutilisation de parties non substantielles sont licites, de même que l'extraction à des fins privées ; voir, pour plus de précisions, le chapitre d'Anne-Sophie Étienne. Cependant, la notion de « copie privée » ne peut s'appliquer telle quelle. Selon la loi, seul l'utilisateur légitime, désigné comme tel dans le contrat qu'il conclut avec l'éditeur de la base, peut utiliser celle-ci, selon les termes prévus au contrat. L'art. L. 122-5 du CPI, 2e alinéa, a ainsi été modifié par la loi du 1er juillet 1998, art. 2, qui, à l'instar des logiciels, exclut expressément « les copies ou reproductions d'une base de données électroniques » de l'exception pour copie privée.

Le prêt public n'est pas considéré comme un acte d'extraction ou de réutilisation.

Il s'ensuit de cette disposition que le prêt d'un cédérom[1] bibliographique ou encyclopédique entre dans le même cadre, *a priori*, que le prêt de tout document protégé par le droit d'auteur (voir IIe partie, chap. II).

Cependant, l'imprécision de la loi transposant dans le CPI la directive européenne du 11 mars 1996, soulignée par Michèle Battisti, incite à tempérer ces affirmations, beaucoup de questions n'étant pas encore tranchées par une jurisprudence quasi inexistante.

Sur l'ensemble des problèmes posés par les sources et les documents électroniques, voir le chapitre de Michèle Battisti (IIe partie, chap. II).

Sur les dispositions du CPI en matière de « nouvelles technologies », voir le chapitre d'Emmanuel Pierrat.

Voir aussi les termes « Internet », « Logiciel », « Multimédia », « Numérisation ».

• Bibliothèque sonore

Les bibliothèques qui constituent des collections spécifiquement destinées aux malvoyants et aux aveugles peuvent, pour les créer et les alimenter, faire appel aux ressources éditoriales existantes ou chercher à réaliser elles-mêmes l'enregistrement des œuvres. Dans ce dernier cas, si les œuvres choisies ne sont pas tombées dans le domaine public (voir ce terme), l'autorisation des auteurs ou de leurs ayants droit est requise avant toute reproduction. Dans la pratique, cette autorisation, fondée sur l'article L. 122-4 du CPI, se négocie auprès de l'éditeur, en tant que cessionnaire du droit de l'auteur, et peut être accordée à titre onéreux ou gratuit. Il y a lieu de faire valoir l'intérêt culturel et social de l'opération pour demander une exonération de droits, ou, à tout le moins, un tarif adapté.

Ces précisions valent bien entendu pour les organismes commerciaux ou associatifs spécialisés dans la réalisation et la diffusion d'enregistrements de textes lus : l'obligation de demander l'autorisation de reproduction leur incombe en premier lieu. Mais les bibliothèques n'en sont pas dispensées, même si elles réservent l'usage des enregistrements à leurs seuls usagers directs et ne font pas d'exploitation commerciale des cassettes réalisées.

Les machines qui, à partir d'un balayage par scanner des textes, permettent d'en donner une lecture sonore faite par une voix de synthèse ou d'en éditer une transcription en braille sont très coûteuses et encore peu répandues en bibliothèque. Il convient néanmoins de préciser qu'au regard de l'article L. 122-4 du CPI déjà cité, leur mode d'action produit une reproduction au sens du Code de la propriété intellectuelle, donc soumise à autorisation dès lors que l'œuvre reproduite n'est pas dans le domaine public.

Enfin, dans le cadre des conventions d'utilisation à prévoir entre une bibliothèque et le cessionnaire des droits sur l'œuvre, l'établissement devra préciser les

1. À l'exception des *logiciels* édités sur ce support. Voir « Logiciel ».

modes d'utilisation envisagés : consultation sur place ou prêt, cela dans la perspective d'une application de la directive européenne sur le droit de prêt.

Il nous paraît enfin inopportun qu'une bibliothèque, dont ce n'est pas la vocation, envisage une exploitation commerciale des enregistrements qu'elle réaliserait. Une diffusion dans un cadre institutionnel est possible, mais il paraît encore plus souhaitable de favoriser un rapprochement entre les groupements d'usagers et les éditeurs privés spécialisés, pour une exploration raisonnée de la politique documentaire à mettre en œuvre en réponse à la demande potentielle.

Consulter : ministère de la Culture, Direction du livre et de la lecture, Fédération française de coopération entre les bibliothèques, *Bibliothèques publiques et personnes handicapées*, 2e éd., Paris, DLL, FFCB, 1996.

• CFC

La gestion collective du droit de reproduction par reprographie est instaurée par la loi n° 95-4 du 3 janvier 1995. Cette loi et le décret n° 95-406 du 14 avril 1995 définissent l'agrément des sociétés de perception et de répartition des droits de reproduction par reprographie.

Le Centre français du copyright, organisme chargé de percevoir et répartir les droits de propriété littéraire de la presse et du livre, a été créé en 1984 par la Fédération nationale de la presse d'information spécialisée et le Syndicat national de l'édition. Il est devenu en mars 1991 le Centre français d'exploitation du droit de copie. Il est actuellement la seule société agréée pour le livre et la presse et a modifié ses statuts pour devenir la société de perception et de répartition chargée de collecter et répartir le produit des redevances dues par les utilisateurs au titre du droit de reprographie. En tant que société de gestion collective, constituée en société civile, le CFC est composé de trois collèges réunissant à parité les sociétés d'auteurs ou les auteurs, les sociétés d'édition de presse et les sociétés d'édition de livres. Il a reçu l'agrément du ministère de la Culture le 7 avril 1996, en application du décret du 19 avril 1995.

Toute bibliothèque, tout établissement documentaire qui : *a)* soit met des photocopieurs à disposition de son public, même si l'objectif de cette mise à disposition est seulement de permettre au public de réaliser des copies dites « à usage privé » (voir « Copie ») ; *b)* soit réalise lui-même des copies de documents protégés à des fins liées au fonctionnement de l'établissement, est tenu de signer avec le CFC une convention l'autorisant à reproduire les œuvres protégées.

Dans les faits, le CFC n'a pour l'instant conclu d'accords spécifiques qu'avec la BnF et la BPI, en plus des protocoles relatifs aux universités et aux établissements d'enseignement du second degré (voir le chapitre d'Henri Gay). Les bibliothèques municipales et départementales n'ont pas encore, à notre connaissance, été sollicitées.

De nombreuses bibliothèques confient la gestion de la photocopie à des sociétés spécialisées, qui fournissent, installent et entretiennent les appareils, encaissent les recettes et reversent une redevance à la collectivité (municipalité, université, etc.). Si l'accord avec l'entreprise privée prend la forme d'une convention de mise à disposition de l'espace public, il est essentiel de mentionner dans la convention l'obligation pour la société gestionnaire de s'acquitter des redevances demandées par le CFC (ou, pour la musique, la Seam) : cette obligation lui incombe en effet, en tant qu'exploitant, dans le cadre d'un contrat de ce type.

La loi sur la reprographie du 3 janvier 1995 exclut de son champ le support numérique en tant que tel (la reproduction par numérisation, la copie électronique, l'extraction de données), mais non les copies sur papier ou support assimilé d'un document numérique. Le CFC est fondé à inclure ces dernières dans ses conventions.

Corrélats

Voir le chapitre d'Henri Gay (IIe partie, chapitre Ier).

Voir aussi les termes « Copie », « Musique imprimée », « Reprographie », « Seam ».

Adresse : Centre français d'exploitation du droit de copie, 20, rue des Grands-Augustins, 75006 Paris. Tél. : 01 44 07 47 70 ; fax : 01 46 34 67 19 ; site Internet : www.cfcopies.com

• Cédérom

Le cédérom ou CD-ROM *(compact disc read only memory)* est un disque optique numérique de format standardisé, lisible par un appareil spécifique à l'aide d'un logiciel et dont la consultation se fait sur l'écran d'un ordinateur.

En tant que support de données numériques, le cédérom est une des formes matérielles par lesquelles sont accessibles des documents numériques très divers. Il relève donc du champ étudié dans cet ouvrage par Michèle Battisti (voir IIe partie, chapitre II, « Droits d'auteur et documents numériques »).

Du point de vue du Code de la propriété intellectuelle en son état, le cédérom doit d'abord être appréhendé comme un support *éditorial*, pouvant contenir : bases de données de toutes sortes, auxquelles on peut rattacher les catalogues, répertoires bibliographiques, thesaurus, recueils de données en texte intégral, etc. ; encyclopédies, dictionnaires, répertoires, recueils d'adresses se substituant progressivement aux formes sur papier ; compilation et recueils de textes littéraires, intégrales d'œuvres, avec ou sans illustrations ; œuvres multimédias, créations intégrant textes, sons, images animées et images fixes ; jeux ; logiciels... l'énumération ne saurait être exhaustive, eu égard au développement de l'édition électronique.

La *réalisation* d'un document numérique tel que le cédérom est subordonnée à la *numérisation* des données utilisées. Dès lors que ces données sont des œuvres protégées par le droit d'auteur (sur le caractère protégeable ou non des œuvres, voir le chapitre d'Emmanuel Pierrat), leur numérisation, en ce qu'elle constitue une reproduction, est soumise à autorisation des auteurs, de leurs ayants droit ou des cessionnaires. Cette autorisation doit être constatée par écrit et préciser la destination de la reproduction. Elle peut être accordée à titre onéreux ou gratuit.

L'utilisation d'un cédérom à titre privé se fait a priori dans les mêmes conditions que pour les autres documents édités : représentation privée dans le cercle de famille, copie privée réservée au seul usage du copiste. Cependant, cette exception pour copie privée a été supprimée en 1994 pour les logiciels et en 1998 pour les bases de données. Ces documents ne peuvent faire l'objet licitement que d'une copie de sauvegarde, même à titre privé. Cette copie est une tolérance accordée aux seuls utilisateurs privés (voir ci-dessous).

En bibliothèque ou centre de documentation, la question est plus complexe. Du point de vue des contenus, la quasi-totalité des cédéroms édités (faute d'une qualification juridique propre dans le cas des œuvres multimédias, explicitement dans les autres cas) relèvent clairement de la propriété littéraire et artistique. En tant que document édité, ils sont donc appelés à être traités par les bibliothèques au même titre, et avec les mêmes précautions, que les documents traditionnels.

En aucun cas les bibliothèques ne sont autorisées à faire des *copies* des originaux achetés pour donner à consulter ou prêter les copies à la place des originaux (pas plus que pour les documents audio, cassettes et CD et vidéo[1], du reste). Il s'agit en effet d'une reproduction excédant l'usage privé prévu par l'article L. 122-5 du CPI et donc expressément soumise à autorisation. Seules la Bibliothèque nationale, le CNC et l'Ina sont habilités, dans le cadre de leur mission de conservation à effectuer des copies de stricte sauvegarde.

La *numérisation* par une bibliothèque de ses propres documents est un autre problème. Voir, à ce sujet, « Numérisation ».

Sous réserve des dispositions internationales qui pourraient être adoptées (voir, dans la IIe partie, les chapitres de Michèle Battisti et Françoise Danset), la *consultation sur place* fait partie des usages fondamentaux dont les bibliothèques peuvent revendiquer la légitimité. Cependant, cette consultation passant par un écran de visionnement est assimilable à une représentation publique. S'agissant des documents multimédias incluant du son et de l'image animée, c'est encore plus flagrant. La Sacem demande une redevance pour les bornes multimédias en s'appuyant ainsi sur le caractère de représentation (ou de faculté de représentation des œuvres, ce qui suffit) de telles consultations.

Deux solutions peuvent s'appliquer : le recours à des fournisseurs spécialisés ayant négocié le droit de consultation, ou l'adhésion à l'ADDNB, l'un n'excluant par l'autre puisque seule une quinzaine d'éditeurs a signé la convention ADDNB.

Le *prêt* ne pose de problème, en l'état actuel de la législation, que pour les logiciels et les bases de données. En effet, l'exception de copie privée n'existant pas pour ces documents, les prêter revient pour une bibliothèque à permettre à un emprunteur de les copier, ce qu'il n'a pas le droit de faire. Voir « Logiciel ».

On doit apprécier d'une façon sensiblement différente la situation des cédéroms grand public (jeux, œuvres multimédias, outils pédagogiques interactifs, méthodes de langue...) et celle des outils professionnels. Dans le premier cas, les bibliothèques et les organismes documentaires ne constituent qu'une frange du public potentiel, comme pour l'édition sous d'autres supports. Les outils professionnels

1. Un récent débat à ce sujet s'est développé sur le forum biblio.fr, commenté dans *Livres Hebdo* n° 355, 29 octobre 1999. Voir aussi « Copie ».

comme les catalogues, répertoires, thesaurus, bases de données bibliographiques, recueils d'œuvres et grands corpus sont en revanche prioritairement destinés aux établissements documentaires. Comme l'explique l'éditeur de Bibliopolis (*Livres Hebdo* n° 355), ils sont publiés dans des conditions qui font que l'objet lui-même a un coût dérisoire par rapport au coût de l'information. Or l'usage que consent ici l'éditeur à la bibliothèque est une licence d'utilisation du contenu dans une perspective strictement professionnelle d'accès à l'information, aux ressources. Les conditions d'usage déterminées par les conventions proposées par les éditeurs ne peuvent donc pas être les mêmes.

En fait, s'agissant du cédérom – et, demain, des supports qui le remplaceront –, si en se plaçant du point de vue du contenant (document édité) le statut juridique de l'objet est relativement aisé à appréhender, il n'en est plus de même quand on se fonde sur le contenu. Dans le cas de recueils structurés complexes et constituant des œuvres collectives ou dans celui des œuvres multimédias, un statut juridique spécifique serait préférable au recours à la seule propriété littéraire et artistique. En attendant, la place du cédérom dans la bibliothèque, pour ceux au moins qu'elle met à la disposition de son public, ne peut se déterminer qu'à travers la reconnaissance par les éditeurs de la licéité de ses usages.

• Cercle de famille

L'article L. 122-5 du CPI prévoit que « lorsqu'une œuvre a été divulguée, l'auteur ne peut interdire [...] les représentations privées et gratuites effectuées exclusivement dans le *cercle de famille* ».

Voir, dans le *Code de la propriété intellectuelle* (2e éd., Dalloz, 1999), le commentaire de cette notion (L. 122-5, II, A).

Il ressort très clairement de la bibliographie consultée comme de la jurisprudence accumulée sur cette locution que le juge interprète toujours la notion de façon restrictive : le cercle ne peut comprendre que des personnes liées par un lien de parenté ou d'amitié très proche (liens familiaux ou d'intimité). L'introduction de tiers rompt le cercle de famille.

Voir aussi la définition de la représentation *(infra)*, et en particulier l'étude du caractère privé ou non d'une représentation.

• Code de la propriété intellectuelle

Le Code de la propriété intellectuelle (CPI), institué par la loi du 1er juillet 1992, réunit en un corpus unique l'ensemble des dispositions gouvernant la propriété intellectuelle, en les organisant systématiquement. Il constitue de ce fait la référence unique en la matière, au même titre que d'autres codes, souvent plus familiers aux bibliothécaires comme au grand public, tels que le Code civil, le Code pénal, le Code des communes, etc.

Le CPI comprend une *partie législative* et une *partie réglementaire*, et il est constitué de deux grands volets :

1. La *propriété littéraire et artistique*, qui inclut :

a) le droit d'auteur ;

b) les droits voisins du droit d'auteur : droits des artistes-interprètes, des producteurs de phonogrammes et de vidéogrammes, des entreprises de communication audiovisuelle ;

c) les dispositions générales : rémunération pour copie privée des phonogrammes et des vidéogrammes ; organisation et fonctionnement des sociétés de perception et de répartition des droits ; procédures et sanctions.

2. La propriété industrielle : protection des *dessins et modèles*, des *inventions* et des connaissances techniques, des *marques* de fabrique, de commerce ou de service et autres signes distinctifs.

En ce qui concerne la propriété littéraire et artistique, le CPI, comme l'écrit Emmanuel Pierrat, a « essentiellement permis [...] de réorganiser l'articulation des dispositions issues des lois de 1957 et de 1985 » lesquelles ont donc été intégrées dans la nouvelle nomenclature codifiée. C'est ainsi par exemple que l'article 40 de la loi de 1957 (« Toute représentation ou reproduction intégrale ou partielle faite sans le consentement de l'auteur ») est devenu l'article L. 122-4 du Code.

Depuis 1992, plusieurs modifications importantes sont intervenues ; on peut citer par exemple, pour s'en tenir à l'essentiel :

– la loi sur la protection des programmes d'ordinateur (*logiciels*) du 10 mai 1994 ;

– la loi sur la gestion collective du droit de reproduction par *reprographie* du 3 janvier 1995 ;

– les lois sur la protection juridique des *bases de données* du 18 décembre 1996 et du 1er juillet 1998 ;

– la loi du 27 mars 1997 sur la *durée* des droits d'auteur.

Bibliographie (voir notices complètes dans la bibliographie générale, *infra*) : le CPI est disponible soit dans l'édition non commentée du *Journal officiel*, soit dans des éditions commentées (Dalloz, Litec). Un certain nombre de dispositions relevant de la propriété intellectuelle mais ne faisant pas partie *stricto sensu* du CPI sont données en *appendice* dans ces éditions. Il faut mentionner en particulier, en ce qui concerne la propriété littéraire et artistique :

– Les conventions internationales signées par la France : Convention de Berne du 9 septembre 1886, Convention universelle sur le droit d'auteur du 6 septembre 1952, Convention de Rome du 26 octobre 1961 sur les droits voisins ;

– Les directives européennes : protection des logiciels (14 mai 1991), droit de location et de prêt (19 novembre 1992), radiodiffusion par satellite et retransmission par câble (27 septembre 1993), harmonisation de la durée de protection (29 octobre 1993), protection juridique des bases de données (11 mars 1996) ; voir à ce sujet le chapitre d'Anne-Sophie Étienne, « La protection harmonisée du droit d'auteur dans l'Europe communautaire », dans la Ire partie ;

– La loi du 20 juin 1992 et le décret du 31 décembre 1993 relatifs au dépôt légal, Voir infra à cette locution.

Voir aussi les chapitres d'Emmanuel Pierrat et d'Anne-Sophie Étienne.

• Communication directe de l'œuvre au public

La communication directe d'une œuvre au public constitue une *représentation* au sens du CPI et relève à ce titre du monopole d'exploitation de l'auteur sur son œuvre (voir le chapitre d'Emmanuel Pierrat).

Le seul fait de permettre à un public potentiel, dans un lieu accessible au public, d'assister à une représentation, même s'il n'en profite pas, suffit à constituer la communication ; par exemple, la présence dans une bibliothèque de casques d'écoute pour le public ou d'écrans de télévision pouvant donner accès à des programmes (télédiffusés ou diffusant un support édité, comme une vidéocassette). Le caractère gratuit ou non est absolument indifférent : la gratuité n'exonère pas l'utilisateur de ses obligations.

Dans une bibliothèque ou un établissement documentaire accessible au public, sont ainsi considérées comme des représentations des œuvres la plupart des animations (lecture, heure du conte), les écoutes et les projections de phonogrammes, de vidéogrammes, de programmes télédiffusés (individuelles ou collectives), les expositions.

L'utilisation d'œuvres protégées dans une école de musique ou d'art dramatique, dans un conservatoire, dans un établissement d'enseignement peut être considérée comme relevant des exceptions aux droits patrimoniaux : *a)* dès lors que cette utilisation entre strictement dans le cadre du programme pédagogique, de l'enseignement ; *b)* si aucun public extérieur n'est en mesure d'avoir accès à cette communication.

Sur le caractère de représentation des différentes communications directes des œuvres au public, voir le chapitre d'Emmanuel Pierrat et les termes « Animation », « Consultation individuelle des phonogrammes et des vidéogrammes », « Contrat général de représentation », « Rémunération équitable », « Représentation », « Sacem », « Spre ».

Sur les problèmes posés par les documents sonores et audiovisuels, voir le chapitre de Nathalie Léman (IIe partie, chap. IV).

• Consultation

Dans une bibliothèque ou un établissement documentaire conservant des œuvres protégées, la consultation peut se définir comme une mise à disposition individuelle à l'intérieur de l'établissement. L'article L. 122-2 du CPI précisant que « la *représentation* consiste dans la communication de l'œuvre au public par un procédé quelconque », et que par conséquent elle se caractérise en premier lieu par la présence d'un public, il n'est pas interdit de considérer que la consultation, sous quelque forme que ce soit, *dans un lieu accessible au public*, entre dans le champ du droit de représentation. C'est sur cette interprétation restrictive que se fondera le titulaire des droits sur une œuvre pour faire valoir son droit exclusif d'autoriser ou non toute forme de représentation publique, y compris la consultation.

Dans la pratique, la consultation individuelle, dans une bibliothèque, des livres, périodiques, partitions, documents iconographiques, ne fait pas l'objet de restrictions particulières[1].

En revanche, la consultation des phonogrammes, des vidéogrammes, même individuelle (écoute avec casque, visionnage sur un écran visible par une seule personne, etc.) est très clairement considérée par les auteurs d'œuvres musicales et audiovisuelles, les interprètes et les producteurs phonographiques et vidéographiques, comme une représentation et comme telle, soumise à autorisation, voir « Consultation individuelle des phonogrammes et des vidéogrammes ».

La consultation individuelle des cédéroms, de même que celle des logiciels, de plus en plus répandus dans les bibliothèques publiques, doivent être considérées par les bibliothécaires, pour la même raison, comme des représentations soumises à autorisation.

Pour l'utilisation des *logiciels*, voir les articles L. 122-6 et L. 122-6.1 du CPI. L'achat d'un logiciel dans le commerce confère à l'acheteur le droit au seul usage privé (comme pour tout autre document, et avec des restrictions spécifiques en matière de copie).

• Consultation des phonogrammes et vidéogrammes

Ce terme n'est pas employé par le CPI mais vise l'une des pratiques de médiathèques pour permettre l'accès de leurs usagers aux œuvres sonores et audiovisuelles.

Définition

La consultation désigne tout moyen mis à disposition du public au sein des locaux de la médiathèque pour lui permettre d'écouter ou de visionner une œuvre sonore ou audiovisuelle qu'il aura choisie. C'est l'un des modes de communication directe d'une œuvre au public (voir également « Communication directe de l'œuvre au public »).

Les formes de consultation peuvent être variables. On distingue souvent dans le vocabulaire des professionnels la consultation individuelle et la consultation collective. Cette distinction n'est cependant pas très pertinente, ni en droit, ni en fait.

En droit, la seule distinction nécessaire est celle à opérer entre ce qui relève du droit de représentation et qui touche à l'utilisation de l'œuvre par le public dans son ensemble, et ce qui relève du droit de prêt et qui nous ramène à l'utilisation de l'œuvre dans la sphère du cercle privé. En résumé, la consultation sur place est l'inverse du prêt et de la copie privée.

---

1. Sauf dans le cas où le document possédé par l'établissement – manuscrit ou œuvre inédite par exemple – provient d'un don ou d'un legs assorti de conditions d'accès restreintes, ainsi que lorsque l'établissement lui-même, pour des raisons liées à son fonctionnement ou à la conservation du document, en restreint lui-même l'accès, cette restriction devant faire l'objet d'une publicité explicite.

En pratique, la pertinence de la distinction entre consultation individuelle et consultation collective s'amenuise également à la lumière des faits. On notera par exemple que les producteurs d'œuvres audiovisuelles négocient avec les organismes intermédiaires des médiathèques des droits de consultation sans appliquer cette distinction (voir « Adav » et « Vidéogramme »).

En matière d'œuvres sonores, la distinction pourrait faire effet dans la mesure où la Sacem perçoit des redevances différentes pour chacun des modes de mise à disposition des œuvres au public : sonorisation, spectacles-concerts-représentations, écoutes avec casques individuels. Mais, même lorsqu'un équipement prévoit par des casques individuels que les usagers se succèdent un à un, on aboutit de fait à une utilisation collective d'un même matériel.

Le terme d'écoute collective, qui n'est jamais visé par le CPI mais qui est parfois employé soit par les professionnels, soit par les sociétés de perception de droits, perd lui aussi de sa pertinence. Il tombe en effet sous le coup soit d'une assimilation à un spectacle ou à une représentation, soit d'une assimilation à la sonorisation générale des locaux (cas par exemple d'un usager demandant à écouter un disque sur le matériel qui sonorise l'ensemble de l'espace du service parce que les postes de consultation individuels sont occupés ou inexistants).

Le terme de consultation des œuvres peut donc être retenu pour désigner les pratiques des médiathèques autres que le prêt des œuvres et l'organisation de manifestations occasionnelles, sans l'ajout des adjectifs « individuelle » ou « collective ».

Droits perçus

Pour les œuvres sonores, la mise à disposition de postes d'écoute individuelle donne lieu à une perception de la Sacem au titre des droits d'auteur selon une tarification forfaitaire annuelle ou selon un forfait quotidien annuel par tranche de cent casques d'écoute, au tarif actuel de 160 francs hors taxes par casque. Les représentations collectives font l'objet d'une tarification au cas par cas. La sonorisation de locaux entraîne la perception d'une somme forfaitaire annuelle calculée sur la superficie des locaux sonorisés, à raison de 4,14 F hors taxes par mètre carré, avec un minimum de 462 F hors taxes par an pour les 2 000 premiers mètres carrés ; au-delà de cette superficie, la Sacem applique des coefficients de pondération.

Pour les œuvres audiovisuelles, la consultation sur place donne lieu à l'achat de supports assortis des droits afférents auprès d'organismes intermédiaires (voir « Adav » et « Vidéogramme »). Pour la partie musicale des œuvres audiovisuelles, la Sacem perçoit également une redevance au titre des droits d'auteur selon une tarification forfaitaire annuelle ou selon un forfait quotidien annuel par tranche de nombre d'appareils. Tarif actuel : 398 F hors taxes par appareil. À cela viennent s'ajouter 18 % au titre des droits voisins perçus par la Sacem pour le compte de la Spre (voir ce terme).

Voir également IIe partie, chapitre IV.

• Contrat

Le contrat est un acte de droit privé, régi par le Code civil, qui laisse aux cocontractants une grande liberté quant aux conditions particulières de l'accord qui les lie : prix, conditions et étendue des utilisations, etc.

Cependant, en matière de propriété littéraire et artistique, comme le souligne Emmanuel Pierrat dans la Ire partie de cet ouvrage, la loi a imposé un certain nombre de règles générales sensiblement « plus contraignantes que les dispositions habituelles des contrats classiques » : principe d'interprétation restrictive, obligation de rémunérer l'auteur proportionnellement au produit de l'exploitation, etc. De plus, un certain nombre de contrats spécifiques sont expressément prévus par la loi, qui n'en impose pas seulement l'obligation, mais en dicte jusqu'aux clauses. Il s'agit, pour l'essentiel, du *contrat d'édition*, du *contrat de représentation*, du *contrat général de représentation*, cas particulier du contrat de représentation, du *contrat de production audiovisuelle*, du *contrat de commande pour la publicité*, du *contrat de nantissement du droit d'exploitation des logiciels*. Tous ces contrats sont régis par les articles L. 132-1 à L. 132-13 du CPI.

À ces contrats expressément prévus par la loi et qui ne peuvent pas déroger aux règles qu'elle impose, s'ajoutent un grand nombre de contrats, souvent conformes à des contrats-cadres ou des contrats-types, spécifiques à chacun des secteurs concernés par la propriété intellectuelle. Le cadre contractuel s'imposant comme la règle dans tous ces secteurs, ces contrats sont très nombreux et souvent d'une grande complexité : contrats de traduction, d'adaptation, de licence, d'enregistrement, « d'édition musicale et de cession de droits », d'engagement d'artiste, de production de spectacle, etc.[1]

La plupart de ces accords, qui régissent les rapports entre les créateurs (auteurs et interprètes) et les professions qui diffusent la création (éditeurs, producteurs, entrepreneurs de spectacles, entreprises de communication audiovisuelle...) sont « transparents » aux bibliothèques et aux institutions documentaires. Celles-ci ne sont en fait confrontées directement au contrat que dans un nombre limité de cas :

– le contrat général de représentation signé avec la Sacem pour l'ensemble des utilisations régulières liées à la représentation des œuvres musicales ;

– les contrats spécifiques destinés à couvrir les manifestations musicales occasionnelles ;

– les conventions établies dans le cadre de la gestion collective du droit de reprographie, signées avec le CFC ou la Seam ;

– les licences d'utilisations liées à la fourniture de documents numériques et aux abonnements à des périodiques sur support numérique ;

– dans les cas, peu fréquents, d'éditions par les bibliothèques, les contrats afférents à ces réalisations.

---

1. Pour le contrat d'édition, consulter Emmanuel Pierrat, *Le Droit d'auteur et l'édition*, Éd. du Cercle de la Librairie, 1998. Pour tout le secteur musical (édition, spectacle, production phonographique, cession de droits, etc.), consulter Pierre-Marie Bouvery, *Les Contrats de la musique*, Irma Éditions, 1998.

Dans son chapitre consacré aux documents numériques, Michèle Battisti insiste sur le fait que, dans l'environnement nouveau créé par la production et la circulation de l'information sous une forme électronique, le contrat devient la règle et la négociation contractuelle une nécessité qui s'impose désormais aux professionnels des bibliothèques eux-mêmes.

Dès lors en effet qu'il n'est pas fait exception, dans la loi, au *droit exclusif* (c'est-à-dire au droit pour l'auteur, l'interprète, le producteur, l'entreprise de communication audiovisuelle, d'autoriser ou d'interdire l'utilisation de l'œuvre ou du document et d'imposer les conditions de cette utilisation), la règle qui s'applique est celle de la *licence contractuelle*. C'est donc la voie – souvent difficile – de la négociation contractuelle que doivent alors suivre tous les utilisateurs. L'exception prononcée par la loi à ce droit exclusif génère, elle, des mécanismes de *licence légale* dans lesquels l'utilisation est possible sans formalité préalable ni autorisation expressément accordée, mais ouvre droit à rémunération. Dans le cadre actuel du CPI, la licence légale n'intervient que pour la diffusion des phonogrammes dans un lieu public, dans le cadre des seuls droits voisins, et pour la copie privée des phonogrammes et des vidéogrammes.

Voir :
– dans la Ire partie, « Les mécanismes contractuels » (chapitre d'Emmanuel Pierrat) ;
– dans la IIe partie ; « L'emprise des contrats » (chapitre de Michèle Battisti) ;
– dans la IIe partie, les termes « CFC », « Contrat général de représentation », « Licence légale », « Sacem », « Seam ».

• Contrat général de représentation

C'est le contrat par lequel un organisme professionnel d'auteurs confère à un entrepreneur de spectacles la faculté de représenter, pendant la durée du contrat, les œuvres actuelles ou futures, constituant le répertoire dudit organisme aux conditions déterminées par l'auteur ou ses ayants droit (art. L. 132-18 du CPI).

Il diffère ainsi du contrat de représentation défini au même article et qui n'autorise à représenter qu'une œuvre déterminée.

Les contrats signés par les bibliothèques avec la Sacem pour la sonorisation des locaux et les utilisations individuelles d'œuvres (consultation par casque, écran ou borne multimédia) sont assimilés à cette catégorie particulière de contrat en ce qu'ils permettent à l'établissement d'utiliser l'ensemble du répertoire de la Sacem, quelle que soit dans les locaux concernés la source de l'émission.

Ils sont compatibles avec l'article L. 131-4 autorisant la rémunération forfaitaire de l'auteur lorsqu'il n'y a pas de recettes d'exploitation.

Il faut noter enfin que la redevance peut être calculée par l'organisme professionnel d'auteurs indépendamment de l'utilisation effective que fait l'usager du répertoire, dans la mesure où le contrat consiste d'abord à donner à l'utilisateur la faculté d'user (donc de ne pas user, à sa guise) de ce répertoire (voir *Jurisprudence dans le CPI*, éd. Dalloz, 1999, p. 152, note 5).

• Contrefaçon

En matière de propriété littéraire et artistique, l'article L. 335-2 du CPI qualifie « toute édition d'écrits, de composition musicale, de dessin, de peinture ou de toute autre production, imprimée ou gravée en entier ou en partie, aux mépris des lois et règlements relatifs à la propriété des auteurs » de contrefaçon. Le terme doit dont être entendu de façon très large : toute atteinte portée aux droits de l'auteur et par voie de conséquence à ses ayants droit ou à ses cessionnaires doit être définie comme une contrefaçon.

La contrefaçon est un délit puni par le Code pénal. Il suppose l'existence d'un fait matériel et une intention coupable : le contrefacteur est présumé de mauvaise foi dès que la matérialité des faits est établie. Il lui appartient donc, s'il ne veut pas être condamné, d'administrer la preuve de sa bonne foi. L'absence de profit – ou même de recette – n'établit pas celle-là.

Exemple de contrefaçon : le fait, pour une bibliothèque, de réaliser une copie d'un logiciel, d'un disque compact ou d'un cédérom sans autorisation expresse (constatée par contrat). Toute reproduction intégrale ou partielle d'une œuvre est en effet soumise au consentement de l'auteur (art. L. 122-4 du CPI), à la seule exception des « copies réservées à l'usage privé du copiste et non destinées à une utilisation collective » (art. L. 122-5), cette exception ne s'appliquant pas aux logiciels et aux bases de données électroniques.

Voir le chapitre d'Emmanuel Pierrat (Ire partie, chap. Ier).

• Convention internationale

La France est adhérente à plusieurs conventions internationales relatives à la propriété littéraire et artistique. En signant de telles conventions, un État s'engage, comme pour un traité, à en respecter les dispositions, au besoin en modifiant sa législation interne pour la rendre conforme à celles-ci. Dans le cas où un État signataire appliquerait sur son territoire des dispositions contraires à une convention, le ressortissant d'un autre État, partie à cette convention, s'il constatait un préjudice à son encontre, serait fondé à intenter une action devant une cour internationale pour obtenir réparation.

Les principales conventions auxquelles la France est partie, dans le domaine de la propriété intellectuelle, sont annexées au CPI :

– Convention de Berne du 9 septembre 1886 pour la protection des œuvres littéraires et artistiques, plusieurs fois complétée et révisée, entrée en vigueur en France en 1972 et 1974 ;

– Convention universelle sur le droit d'auteur, signée à Genève le 6 septembre 1952, révisée à Paris le 24 juillet 1971, entrée en vigueur en France en 1974 ;

– Convention internationale sur la protection des artistes interprètes ou exécutants, des producteurs de phonogrammes et des organismes de radiodiffusion, dite Convention de Rome, du 26 octobre 1961. Entrée en vigueur en France en 1987, cette convention définissait les « droits voisins » qui ont fait l'objet de la loi du 3 juillet 1985.

Voir le chapitre d'Emmanuel Pierrat (Ire partie, chap. Ier), ainsi que « CPI » et « OMPI ».

• Copie

La copie d'une œuvre protégée par le *droit d'auteur* (voir, dans le chapitre d'Emmanuel Pierrat, « Ce qui est protégé par le droit d'auteur ») entre dans le champ du droit de *reproduction*, défini par les articles L. 122-3 et L. 122-4 du CPI.

Les bibliothèques peuvent détenir des œuvres originales, au même titre que les musées ou les archives, par exemple des manuscrits, des lettres autographes, des dessins, des enregistrements... Pour leurs droits et obligations quant à l'utilisation de ces documents, voir les termes « Archives », « Consultation », « Inédit », « Œuvre d'art ». Mais, le plus souvent, les collections des bibliothèques, centres de documentation, etc., sont composées essentiellement ou exclusivement de documents *édités*, c'est-à-dire de *copies*, pour lesquelles le droit de reproduction a déjà été mis en jeu par l'édition ou toute autre forme d'exploitation par le cessionnaire de l'auteur (voir, dans le chapitre d'Emmanuel Pierrat, « Les droits accordés par la propriété littéraire et artistique, les droits patrimoniaux »). Ces « copies » constituent elles aussi, bien entendu, des documents protégés, dont la copie, intégrale ou partielle, est soumise à l'autorisation de l'auteur ou de ses ayants droit ou ayants cause (article L. 122-4 du CPI). Cependant, « les copies ou reproductions strictement réservées à l'usage privé du copiste et non destinées à une utilisation collective » sont permises sans autorisation[1] (article L. 122-5 du CPI). Mais la jurisprudence interprète restrictivement les exceptions prévues par la loi. Ainsi, pour prendre un exemple, les juges considèrent que des copies privées, pour être dispensées d'autorisation et de rémunération, doivent être « effectuées par l'utilisateur final lui-même sur sa propre machine » (Emmanuel Pierrat) et que, par conséquent, *toute copie réalisée dans une bibliothèque ou un établissement analogue, même si elle est destinée au seul usage du copiste, est soumise à autorisation.*

L'application de la loi du 3 janvier 1995 sur la reprographie permet désormais aux établissements de mettre licitement à la disposition de leurs usagers des photocopieurs destinés à la réalisation de ces copies à usage privé (étant entendu que la proportion d'usagers disposant chez eux d'un photocopieur reste infime) et ceci dans le cadre de conventions signées avec le CFC – et la Seam, anciennement Sem, en ce qui concerne la musique imprimée. Le détail du mécanisme mis en place par la loi du 3 janvier 1995 est expliqué au terme « Reprographie ».

En revanche, il doit être tout à fait clair, en ce qui concerne les documents édités évoqués plus haut – c'est-à-dire les œuvres divulguées – que les établissements ne peuvent *en aucun cas*, en application de l'article L. 122-4 du CPI, déjà cité, réaliser eux-mêmes des copies de ces documents sans autorisation expresse

1. À l'exception des copies d'œuvres d'art, de logiciels et de bases de données électroniques (voir ces termes).

des ayants droit : par exemple copier une cassette audio ou vidéo pour substituer un exemplaire en bon état à un autre usé, ou encore, comme la technique le permet aujourd'hui et comme une publicité de fournisseur spécialisé y invitait imprudemment en 1999[1], faire des copies de disques compacts ou de cédéroms à l'aide d'un graveur pour « prêter les copies » et préserver les originaux. Cette sorte de « contrefaçon artisanale » doit absolument être évitée.

Corrélats

Sur le statut de la copie dans le CPI, voir le chapitre d'Emmanuel Pierrat (Ire partie, chap. Ier).

Sur les questions posées par la reprographie en général et les développements à prévoir, voir le chapitre d'Henri Gay (IIe partie, chap. Ier).

Sur les différents aspects de la copie et les problèmes spécifiques posés par les diverses catégories de supports, voir « CFC », « Copie privée des phonogrammes et des vidéogrammes », « Logiciel », « Musique imprimée », « Reprographie (gestion collective) », « Seam ».

Le cas particulier des impressions de pages extraites de bases de données et des téléchargements, qui constituent, au sens du CPI, des reproductions, est traité dans le chapitres I et II de la IIe partie. Voir aussi le chapitre d'Emmanuel Pierrat.

Pour la numérisation, en tant qu'opération consistant en une reproduction, voir ce terme.

• Copie privée des phonogrammes et des vidéogrammes

C'est la seule possibilité de reproduction des documents sonores et audiovisuels autorisée expressément par le CPI. Ni les auteurs, ni les artistes-interprètes, ni les producteurs de phonogrammes ou de vidéogrammes ne peuvent s'y opposer.

Article L. 122-5 du CPI (extrait)

« Lorsque l'œuvre a été divulguée, l'auteur ne peut interdire :

« 1. [...]

« 2. Les copies ou reproductions strictement réservées à l'usage privé du copiste et non destinées à une utilisation collective, à l'exception des copies des œuvres d'art destinées à être utilisées pour des fins identiques à celles pour lesquelles l'œuvre originale a été créée. »

Article L. 211-3 du CPI (extrait)

« Les bénéficiaires des droits ouverts au présent titre [c'est-à-dire titulaires des droits voisins] ne peuvent interdire :

« 1. [...]

« 2. Les reproductions strictement réservées à l'usage privé de la personne qui les réalise et non destinées à une utilisation collective. »

---

1. Voir *Livres Hebdo*, n° 355, 29 janvier 1999, p. 10.

Concrètement, les seules copies licites sont donc celles réalisées par les usagers eux-mêmes pour leur usage propre et à leur domicile. Il est strictement interdit aux établissements de mettre à la disposition des usagers des appareils de duplication pour les documents sonores et pour les documents audiovisuels, et encore moins de réaliser des copies au bénéfice des usagers. La seule dérogation à cette interdiction concerne les établissements attributaires du dépôt légal (BnF, Ina, CNC) que la loi du 20 juin 1992 autorise à réaliser des copies à des fins de conservation.

Dans le cas contraire, on tombe sous le coup de la contrefaçon passible de fortes amendes et peines de prison.

Rémunération pour copie privée (articles L. 311-1 à L. 311-8 du CPI)

En contrepartie du fait que les copies privées de documents sonores et audiovisuels sont autorisées, la loi de 1985 a institué une rémunération compensatrice de l'ensemble des ayants droit. Cette rémunération est perçue auprès des fabricants et des importateurs de supports vierges (audio et vidéo) par deux sociétés civiles de perception et de répartition, la Sorecop (cassettes audio) et Copie France (cassettes vidéo), qui reversent les sommes collectées aux sociétés d'ayants droit. Le montant fixé en 1985 et toujours en vigueur est de 1,50 F par heure de bande pour les cassettes audio et 2,25 F pour les cassettes vidéo. Les producteurs demandent que ce mécanisme de rémunération soit aujourd'hui étendu au disque compact enregistrable (CD-R), sur une base beaucoup plus élevée, de l'ordre de 15 F par disque.

Le CPI prévoit néanmoins un certain nombre d'exceptions à cette rémunération dans son article L. 311-8. Il exonère ainsi les entreprises de communication audiovisuelle et les producteurs de phonogrammes ou de vidéogrammes pour l'ensemble des supports qu'ils achètent pour effectuer des copies pour leur propre usage professionnel. Il exonère également de cette taxe « les personnes morales et organismes, dont la liste est arrêtée par le ministre chargé de la culture, qui utilisent des supports d'enregistrement à des fins d'aide aux handicapés visuels ou auditifs ».

• Copyright

Littéralement : droit de copie. La protection des auteurs dans les pays anglo-saxons, en particulier aux États-Unis, est placée sous le régime du copyright (loi de 1976), qui ignore le droit moral et autorise un auteur à céder la totalité de ses droits sur son œuvre. D'autre part, la protection accordée par le copyright est subordonnée à des formalités de dépôt et d'enregistrement des œuvres, contrairement à ce qui se passe en France[1].

Sur un document édité (livre, disque compact, vidéo, article de journal, etc.) le

1. Du moins jusqu'en 1989, date d'adhésion des États-Unis à la Convention de Berne. Voir E. Pierrat, « Copyright ou droit d'auteur ? », *Livres Hebdo*, n° 375, 31 mars 2000.

terme copyright, sous la forme conventionnelle du signe ©, désigne également le titulaire des droits – représentation, reproduction, adaptation, etc. – sur l'œuvre.

• Dépôt légal

Le dépôt légal est l'obligation faite aux éditeurs et aux imprimeurs de documents imprimés, graphiques et photographiques, aux éditeurs ou aux producteurs de documents sonores, audiovisuels, multimédias, mis à la disposition du public, de remettre un ou des exemplaires de ces documents à un organisme dépositaire gérant ce dépôt pour le compte de l'État.

Institué dès le XVIe siècle pour les livres imprimés, le dépôt légal est aujourd'hui régi et organisé par la loi no 92-546 du 20 juin 1992 et le décret no 93-1429 du 31 décembre 1993.

Ces deux textes figurent dans le *Code de la propriété intellectuelle* (Appendice, Première partie : « Propriété littéraire et artistique », I : « Dispositions communes »), ainsi que dans le *Code de la communication* (1re éd., 1999).

L'accomplissement des formalités du dépôt légal qui incombent à tout éditeur ou producteur est complètement indépendant de l'attribution d'une protection par le droit d'auteur ; celle-ci ne nécessite en effet aucune formalité (voir le chapitre d'Emmanuel Pierrat).

• Directive européenne

Sur l'élaboration des directives européennes, leur base juridique, leur statut, les mécanismes d'introduction des directives dans les législations nationales, les conséquences d'une non transposition ou d'une transposition incomplète, voir, dans la Ire partie, le chapitre d'Anne-Sophie Étienne, « La protection harmonisée du droit d'auteur dans l'Europe communautaire ».

Sur le contenu des directives communautaires relatives au droit d'auteur, voir Anne-Sophie Étienne, ainsi que :

– sur le droit de prêt, le chapitre d'Yves Alix dans la IIe partie ;

– sur la directive relative à l'harmonisation de la durée, « Durée de protection » ;

– sur la directive du 11 mars 1996 concernant la protection juridique des bases de données, le chapitre d'Emmanuel Pierrat et « Base de données » ;

– sur le projet de directive le droit d'auteur dans la société de l'information, le chapitre de Michèle Battisti dans la IIe partie.

Nota : La présence de plus en plus prégnante, à travers les directives, du droit communautaire dans la vie quotidienne des Français, trouve des illustrations dans de nombreux domaines autres que le droit d'auteur. Lorsqu'il y a conflit entre les dispositions prévues par une directive et la législation ou la réglementation nationale, les réactions montrent la difficulté que de nombreux citoyens éprouvent à accepter la supériorité du droit communautaire sur la norme nationale. Le droit de prêt est certes un bon exemple, mais on peut en citer bien d'autres, comme la chasse. Ainsi, dans l'examen par le Conseil d'État de requêtes d'associations écologistes visant les lois des 15 juillet 1994 et 3 juillet 1998 fixant des dates de clôture et d'ouverture de la chasse aux oiseaux migrateurs non conformes avec une directive européenne de 1979, le commissaire du gouvernement ayant précisé que l'incompatibilité d'une loi avec une directive entraînait l'inapplicabilité de droit de la loi, l'avocate des chasseurs a pu voir dans cette « inversion de la hiérarchie interne des normes [...] un affaiblissement du pouvoir législatif au profit des fonctionnaires européens » (*Le Monde*, 28-29 novembre 1999).

• Domaine public

Une œuvre protégée par le droit d'auteur mais dont les droits patrimoniaux sont venus à expiration tombe dans le domaine public : la représentation et la reproduction de l'œuvre sont libres, sous réserve toutefois du droit moral (voir « Durée de protection »).

Les lois et règlements, les décisions judiciaires, les sujets proposés aux examens et concours, les œuvres du folklore, les hymnes nationaux appartiennent par nature au domaine public.

L'expiration des droits patrimoniaux reconnus à l'auteur (ou aux auteurs) d'une œuvre ne signifie pas nécessairement que l'utilisation du support matériel de l'œuvre par l'« utilisateur final » soit libre. Prenons deux exemples :

– Une bibliothèque possède un disque d'enregistrements d'œuvres de César Franck (œuvre tombée dans le domaine public). Le disque a été publié en 1972 : l'autorisation du producteur du disque reste nécessaire avant toute utilisation autre que l'usage privé et la diffusion dans un lieu public ou la radiodiffusion ouvrant droit à rémunération, au titre des droits voisins ;

– Une bibliothèque veut rééditer un texte rare de Théophile Gautier, à partir d'un exemplaire conservé dans ses collections. Elle peut certes reproduire le *texte* sans formalité (l'œuvre est dans le domaine public), mais pas l'*édition* (voir « Réédition »).

• Droit d'auteur

L'expression est employée dans le langage courant, par synecdoque, pour désigner l'ensemble de la propriété littéraire et artistique, voire de la propriété intellectuelle. On peut trouver aussi la même expression employée au pluriel, « les droits d'auteur », ce qui ajoute encore à la confusion : le juriste s'y retrouve, certes, mais non le profane.

Le droit d'auteur (au singulier), tel que défini au livre premier, titre premier, chapitre premier, article L. 111-1 du CPI, est le droit reconnu par la loi à l'auteur d'une œuvre de l'esprit sur celle-ci. L'emploi du pluriel s'explique par le fait que ce droit porte plusieurs attributs. Il demeure préférable cependant, à notre sens, de conserver le singulier et de n'employer le pluriel que pour désigner précisément, à l'instar du CPI (livre I, titre II), les droits qui en découlent pratiquement, droits moraux et droits patrimoniaux : les droits *des* auteurs (voir le chapitre d'Emmanuel Pierrat).

• Droit de prêt

Voir :

– dans la Ire partie, le chapitre d'Emmanuel Pierrat et en particulier « Les exceptions aux droits patrimoniaux », ainsi que le chapitre d'Anne-Sophie Étienne sur les directives européennes ;

– en ce qui concerne le prêt des bases de données (sur support édité tel que le cédérom), le chapitre de Michèle Battisti dans la IIe partie ainsi que le terme « Base de données » ;

– sur l'ensemble de la question, le chapitre d'Yves Alix « Le droit de prêt » dans la IIe partie.

En France, le droit de prêt n'est actuellement mis en œuvre, avec des modalités particulières et dans un cadre strictement conventionnel, c'est-à-dire en dehors de toute gestion collective, que pour les seuls vidéogrammes (voir « Adav », « Vidéogramme »).

• Droits voisins

Au contraire du terme « droit d'auteur », celui-ci est toujours employé au pluriel. Il désigne les droits reconnus par la loi depuis 1985 aux artistes interprètes, aux producteurs de phonogrammes et de vidéogrammes et aux entreprises de communication audiovisuelle, et relevant de la propriété littéraire et artistique. Comme tels, ces droits reconnus internationalement par la Convention de Rome de 1961 et faisant l'objet du livre II du CPI, sont dénommés « voisins » du droit d'auteur sans pouvoir être confondus avec celui-ci (voir le chapitre d'Emmanuel Pierrat).

• Durée de protection

Voir, dans le chapitre d'Emmanuel Pierrat, « La durée des droits d'auteur », et le CPI, livre I, titre II, chap. III, art. L. 123-1 et suivants.

Les droits patrimoniaux reconnus aux auteurs et, depuis 1985, aux titulaires de droits voisins (artistes-interprètes, producteurs de phonogrammes et de vidéogrammes, entreprises de communication audiovisuelle) accordent à ceux-ci un monopole d'exploitation limité dans le temps. Les droits moraux sont au contraire perpétuels.

Depuis l'entrée en vigueur de la loi du 27 mars 1997 transposant la directive européenne du 29 octobre 1993 « relative à l'harmonisation de la durée de protection du droit d'auteur et de certains droits voisins », les règles antérieures ont été modifiées : la durée de principe des droits patrimoniaux reconnus aux *auteurs* a été portée à soixante-dix ans après leur mort. Cette durée plus longue, qui s'applique désormais à tous les pays de l'Union européenne, ne bénéficiait jusqu'alors, depuis 1985, qu'aux auteurs de compositions musicales (compositeurs et paroliers ou librettistes).

Malgré l'apparente simplicité de cette règle unique, la durée des droits patrimoniaux est en fait très variable, selon qu'il s'agit des auteurs ou des droits voisins, selon la catégorie d'œuvre envisagée et selon le nombre des titulaires.

Auteurs

Œuvres à auteur unique : protection pendant toute la vie de l'auteur, puis pendant soixante-dix ans après sa mort, la période courant à partir du 1er janvier suivant l'année de la mort.

Œuvres dites de collaboration (deux ou plusieurs auteurs) : la durée de protection, qui est la même que ci-dessus, est calculée à partir de la date du décès du dernier des coauteurs. Ainsi, pour une œuvre audiovisuelle telle qu'un film par exemple, la période de soixante-dix ans court à partir du 1er janvier suivant la mort du dernier des collaborateurs suivants : scénariste, dialoguiste, compositeur de la musique, réalisateur.

Œuvres dites collectives (voir la définition dans le CPI, article L. 113-2) : la durée est calculée à partir de la date de divulgation de l'œuvre (publication, première exécution publique, première diffusion).

Œuvres anonymes ou divulguées sous pseudonymes : comme ci-dessus, soixante-dix ans à compter de la divulgation, seulement si l'auteur est réellement masqué ; s'il est connu, c'est le droit commun qui s'applique.

Œuvres composites : la durée se calcule comme pour une œuvre normale. Par exemple, l'orchestration par Ravel des *Tableaux d'une exposition* de Moussorgsky est protégée en tant qu'œuvre de Ravel, indépendamment de la durée de protection de l'œuvre originelle – qui est tombée, elle, dans le domaine public.

Œuvres anonymes, pseudonymes ou collectives publiées de manière échelonnée : le délai de soixante-dix ans court à compter de la divulgation de la dernière partie publiée et bénéficie à l'ensemble de l'œuvre.

Œuvres posthumes. Deux cas :

a) L'œuvre posthume est publiée avant l'expiration de la durée normale (c'est-à-dire que l'auteur n'est pas encore tombé dans le domaine public). Dans ce cas, les droits patrimoniaux appartiennent aux ayants droit de l'auteur décédé et c'est la durée normale qui s'applique ;

b) L'œuvre posthume est publiée après l'expiration de la protection, alors que l'auteur est déjà dans le domaine public. Dans ce cas, le droit d'exploitation revient au propriétaire de l'œuvre, au sens matériel, et la durée de protection est de vingt-cinq ans à compter de la divulgation. Cependant, celle-ci ne peut se faire, en vertu du caractère perpétuel des droits moraux, dont fait partie le droit de divulgation, qu'avec l'accord des héritiers de l'auteur.

Prorogations : comme l'explique Emmanuel Pierrat, la loi du 27 mars 1997 n'a pas traité la question des prorogations dues aux périodes de guerre, qui subsistent donc dans le CPI et compliquent singulièrement le calcul pour certains auteurs, heureusement de moins en moins nombreux avec le temps. Pour cette raison, en cas de doute, il est prudent de consulter une société d'auteur (SGDL, SACD, Sacem...) pour connaître la situation exacte de l'œuvre. Cette précaution ne vise du reste pas seulement la question des prorogations (6 ans et 152 jours pour la

Première Guerre mondiale, 8 ans et 120 jours pour la Seconde), ou le supplément de trente ans accordé aux auteurs morts pour la France, qui plongent dans l'embarras l'utilisateur, mais aussi les autres cas particuliers énoncés ci-dessus.

Auteurs de logiciels

Le régime juridique de protection des logiciels ayant été modifié par la loi du 10 mai 1994, la durée des droits patrimoniaux sur les programmes d'ordinateur est désormais la durée commune (soixante-dix ans). Si le logiciel est l'œuvre d'un auteur personne physique qui ne l'a pas réalisé dans un cadre salarié, l'œuvre est ainsi protégée soixante-dix ans après la mort de cet auteur. Si le logiciel, en revanche, a été réalisé par des salariés pour le compte de leur employeur, il est assimilé à une œuvre collective et la durée de protection se calcule à compter de la date de divulgation.

Artistes-interprètes

L'artiste-interprète jouit de droits moraux (art. L. 212-2 du CPI) non limités dans le temps. Il bénéficie également de droits patrimoniaux (art. L. 212-3) dont la durée est de cinquante ans à compter du 1er janvier de l'année suivant celle de l'interprétation faisant l'objet d'une fixation, d'une reproduction ou d'une autre forme de communication au public.

Producteurs de phonogrammes, de vidéogrammes, entreprises de communication audiovisuelle

La durée est de cinquante ans à compter du 1er janvier suivant l'année de la première fixation d'une séquence de son ou d'images (enregistrement, filmage) ou de la première communication au public d'un programme audiovisuel.

La loi du 27 mars 1997 a sensiblement modifié les dispositions antérieures en la matière, qui étaient fixées par la loi de 1985. En effet, désormais, toute nouvelle communication au public (autre que celles prévues par l'art. 214-1 ; voir « Licence légale », « Rémunération équitable »), d'un phonogramme ou d'un vidéogramme, effectuée avant l'expiration de la période de protection, prolonge celle-ci de cinquante ans. Ainsi, un producteur de disques procurant une nouvelle édition d'un enregistrement sur lequel il jouit déjà de droits peut voir prolongée d'autant son exclusivité sur cet enregistrement, dans la mesure où il aura effectué sur celui-ci un travail de restauration ou des modifications susceptibles de caractériser l'aspect de nouveauté de la communication qui en sera faite. Sur une séquence d'enregistrement donnée, la date à prendre en compte est celle qui suit le signe (P).

Il faut noter pour terminer que les durées exposées ci-dessus concernent la France et l'Union européenne mais que d'autres pays connaissent des durées de protection très différentes – souvent plus longues, comme aux États-Unis – et au moins aussi complexes. Mais il est impossible, dans le cadre limité de cet ouvrage, d'entrer plus avant dans le détail de la situation internationale.

• Exposition

Voir « Animation ».

• Gestion collective

Ce terme désigne les organismes créés par les titulaires de droits (auteurs, artistes-interprètes, producteurs de phonogrammes et de vidéogrammes) pour gérer et contrôler l'exploitation de leurs œuvres. En tant que telles, ils se substituent donc aux titulaires pour négocier les autorisations d'utilisation des œuvres, contrôler celles-ci, percevoir et répartir les produits tirés de l'exploitation. Ils deviennent donc les interlocuteurs obligés des utilisateurs que sont les bibliothèques. Il faut noter toutefois, s'agissant de ces dernières :

a) qu'en aucun cas un auteur, un artiste-interprète, un producteur, n'est tenu de confier l'exploitation de son œuvre à une société de gestion collective ;

b) qu'en ce qui concerne les vidéogrammes, précisément, la négociation des droits de prêt et de consultation se fait directement avec les producteurs (titulaires des droits par cession) et non à travers une société de gestion collective.

Les sociétés de gestion collective sont désignées par le CPI sous le terme de sociétés de perception et de répartition des droits (livre III, titre II, articles L. 321-1 à L. 321-12).

Voir, dans le chapitre d'Emmanuel Pierrat, « Les sociétés de perception et de répartition ». Voir aussi « CFC », « Sacem », « Seam », « Spre ».

• Inédit

Une bibliothèque ou un organisme documentaire quelconque peut conserver des œuvres inédites : manuscrits, autographes, documents graphiques, enregistrements sonores ou audiovisuels, etc.

Selon les conditions dans lesquelles l'œuvre a été acquise, sa consultation sur place peut être soumise à des restrictions particulières, suivant les termes de l'acte par lequel la propriété de l'œuvre a été transmise à l'établissement : don, legs, etc. Il peut aussi s'agir d'un simple dépôt, lui-même assorti de telles conditions restrictives.

Aucune reproduction intégrale ou partielle de l'œuvre n'est possible sans le consentement de l'auteur ou de ses ayants droit, tant que l'œuvre n'est pas tombée dans le domaine public (voir ce terme, et « Durée de protection »). Cette condition s'applique bien entendu à une reproduction sur un site Internet et même à une reproduction strictement limitée au site de la bibliothèque, à la seule exception des établissements appelés à en assurer la conservation au titre du dépôt légal, qui peuvent en faire une copie de sauvegarde et de conservation à long terme.

Si la bibliothèque envisage une publication ou une édition de l'œuvre, celle-ci n'est possible qu'à certaines conditions :

a) Au titre du droit moral, le droit de divulgation appartient à l'auteur et, après sa mort, est transmis aux héritiers, sans limite de durée. Il est donc indispensable, si de tels héritiers existent, d'obtenir leur autorisation (voir le chapitre d'Emmanuel Pierrat) ;

b) Au titre des droits patrimoniaux, le droit d'exploitation (reproduction) appartient au seul auteur et, après sa mort, à ses héritiers pendant soixante-dix ans. Dans ce cas, la bibliothèque devenant éditeur doit proposer un contrat d'édition aux ayants droit. Elle ne disposera du droit d'exploitation qu'à l'expiration de la durée de protection habituelle, en tant que propriétaire de l'œuvre.

Voir aussi « Posthume (œuvre) ».

• Internet

La question des rapports d'Internet et du droit d'auteur doit être envisagée sous deux angles : d'une part la mise à disposition des œuvres protégées via Internet, qui génère des modes d'utilisation inédits, et d'autre part la situation des internautes quant à la licéité de ces modes d'utilisation.

La nouveauté du phénomène Internet et l'extraordinaire rapidité avec laquelle l'usage s'en répand peuvent expliquer, parmi d'autres causes, l'impression de « vide » juridique et l'incertitude ressenties par les internautes en la matière. Les établissements publics, en particulier, sont souvent hésitants sur la conduite à tenir, qu'il s'agisse de la place à assigner à Internet dans la bibliothèque ou de la délimitation des usages. Pourtant, en matière de droit d'auteur, la situation, comme le montrent par exemple André Bertrand et Thierry Piette-Coudol dans un des ouvrages les plus récents sur le sujet[1], est finalement assez claire.

a) Pour mettre une œuvre à la disposition du public *via* Internet, il est nécessaire d'en faire la reproduction. S'il s'agit d'un document encore protégé par le droit d'auteur ou les droits voisins, cette reproduction est soumise à l'autorisation de l'auteur ou de son ayant droit et, pour les œuvres musicales et audiovisuelles, du titulaire des droits voisins. En effet, il ne peut s'agir d'une reproduction à usage privé, telle qu'elle est autorisée par les articles L. 122-5 et L. 211-5 du CPI, puisque l'œuvre reproduite va devenir accessible sur Internet, à un public. De récentes décisions de justice sont venues réaffirmer ce principe, qui est rappelé dans le texte du projet de directive « sur certains aspects du droit d'auteur et des droits voisins dans la société de l'information ».

b) Les bibliothèques qui ouvrent des sites ne peuvent donc faire figurer sur ceux-ci sans autorisation que des œuvres tombées dans le domaine public. Cette remarque vaut aussi, bien entendu, pour les musées, les services d'archives, etc. La mission d'archivage et de conservation des œuvres dévolue aux musées ne les autorise pas, par exemple, à reproduire les œuvres encore protégées dans des pages de catalogue ou d'information.

---

1. *Internet et le droit*, Puf, coll. « Que sais-je ? », n° 3504, 1999. Voir aussi le commentaire fait par J.-C. Zylberstein lors du colloque de la SGDL sur « La déconstruction du droit d'auteur » (compte rendu dans *Livres Hebdo*, n° 267, 31 octobre 1997).

Par exemple, une photographie d'œuvre d'art, la reproduction d'une illustration tirée d'un livre, d'une pochette de disque, d'une affiche, etc., ne peuvent en principe être utilisées qu'avec l'autorisation expresse – et donnée par écrit – des titulaires de droits sur ces œuvres (voir « Numérisation » et « Œuvre d'art »).

c) Un établissement public, bibliothèque ou centre de documentation, qui offre à ses usagers la possibilité d'accéder à Internet dans l'établissement, soit librement, soit en limitant l'accès à des sites préalablement choisis, doit impérativement déterminer l'étendue des usages qu'il va permettre :

– la consultation ;
– la copie sur papier ;
– la copie numérique.

Dans son état actuel, le projet de directive sur le droit d'auteur dans la société de l'information, déjà cité plus haut, inclut la consultation (visualisation) des données électroniques dans les usages soumis à autorisation et susceptibles de faire l'objet de rémunération. La possibilité de consulter les textes intégraux dans les bibliothèques fait partie des exemptions demandées par les professionnels des bibliothèques pour leurs usagers.

Une copie sur papier d'une page web contenant un document protégé par le droit d'auteur entre dans le cadre de la loi de 1995 sur la reprographie. Une bibliothèque qui autorise ses lecteurs à imprimer de telles pages doit donc inclure ces impressions dans ses conventions avec le CFC ou la Seam.

En revanche, une copie électronique, sur disquette ou sur un autre support, ou un téléchargement direct sur le disque dur d'un ordinateur, ne constituent pas des reprographies au sens de la loi du 3 janvier 1995. L'article 5.2.6. du projet de directive déjà cité *supra* prévoit que de telles copies, si elles sont destinées à un usage strictement privé, pourraient faire l'objet d'une dérogation au droit exclusif d'autorisation (licence légale).

Musique et audiovisuel

L'utilisation des œuvres musicales et audiovisuelles sur Internet fait intervenir en outre les titulaires de droits voisins (interprètes et producteurs de phonogrammes et de vidéogrammes) et les sociétés de gestion collective. Une œuvre musicale transmise sur Internet met en jeu, chronologiquement :

– droit de reproduction (enregistrement d'une interprétation faite en privé ou d'un enregistrement existant) ;

– dès que l'œuvre devient accessible au public sur un site, le droit de représentation, que celle-ci soit captée par une seule personne devant un écran ou plusieurs dans une salle ;

– à nouveau le droit de reproduction si l'utilisateur, dans l'établissement public, peut copier l'œuvre représentée, par téléchargement par exemple.

Sur cette question, voir A. Bertrand et T. Piette-Coudol, *Internet et le droit* (Puf, coll. « Que sais-je ? », n° 3504, 1999), particulièrement les pages 37 à 40.

Voir aussi, dans la IIe partie du présent ouvrage, le chapitre de Michèle Battisti, en particulier, « La gestion des droits d'auteur selon les différents supports, les sites web », et le chapitre d'Henri Gay sur la reprographie.

Nota : La technique de la stéganographie et celle du tatouage électronique (water-marking, filigrane) devraient dans un très proche avenir permettre un marquage (nom des ayants droit, référence des images ou des séquences de son) susceptibles de protéger les auteurs contre le piratage sur la toile. Voir à ce sujet *Le Monde Interactif*, 9 février 2000.

• Licence légale (phonogrammes)

Ce terme désigne un mécanisme tout à fait particulier institué par la loi du 3 juillet 1985 au seul profit des utilisateurs de documents sonores.

Article L. 214-1 du CPI (extrait)

« Lorsqu'un phonogramme a été publié à des fins de commerce, l'artiste-interprète et le producteur ne peuvent s'opposer :

« 1° à sa communication directe dans un lieu public, dès lors qu'il n'est pas utilisé dans un spectacle ;

« 2° à sa radiodiffusion, non plus qu'à la distribution par câble simultanée et intégrale de cette radiodiffusion. »

Concrètement, à partir du moment où elle acquiert des documents sonores dans le commerce, une médiathèque publique est dispensée de demander une autorisation préalable aux artistes-interprètes et producteurs qui ont permis l'existence de ces documents avant d'en faire usage. Le terme de licence légale signifie en fait que c'est la loi qui accorde elle-même *a priori* une licence de diffusion générale.

Aucune distinction n'est faite quant à la nature des fournisseurs des documents sonores concernés. À partir du moment où le disque a été réalisé pour être vendu dans le commerce, il peut l'être par les canaux de la grande distribution générale (grands magasins, hypermarchés) ou spécialisée (Fnac, Virgin, etc.), ou par des canaux plus marginaux (soldeurs, distributeurs professionnels) sans que cela modifie la portée de la licence légale.

En contrepartie de cette autorisation, l'établissement doit s'acquitter d'une rémunération, dite rémunération équitable (voir ce terme).

Exception à la licence légale : l'utilisation d'un document sonore dans un spectacle

La seule exception reconnue par la loi au mécanisme de licence qu'elle a créé est parfaitement compréhensible. En effet, l'utilisation d'un document sonore au sein d'un spectacle nous fait basculer vers une nouvelle exploitation de l'œuvre non prévue au départ par les différents créateurs. Dans le cas d'un spectacle, il vous faut demander l'autorisation des titulaires de droits voisins en plus de celle des auteurs en prenant contact avec la Sacem. Le contrat passé pour cette exploitation spécifique des œuvres au sein d'un spectacle prévoira donc les droits de représentation à verser pour les deux catégories de titulaires, à charge pour la Sacem de reverser les droits des artistes-interprètes et des producteurs à la Spre (voir ce terme).

Rappel

Attention, la licence légale n'étant reconnue que dans le cadre des droits voisins et ne concernant donc que les artistes-interprètes et les producteurs de phonogrammes, l'accord des auteurs, lui, doit être obtenu auprès de la Sacem pour tous les cas d'utilisation. Cet accord est obtenu par la simple signature d'un contrat général de représentation dans les cas de sonorisation individuelle ou collective. Attention également, la licence légale ne concerne que la communication directe de l'œuvre au public, c'est-à-dire quand celui-ci est à même de l'écouter, soit par sonorisation des locaux, soit par casques d'écoute (voir « Contrat général de représentation » et « Sacem »).

• Location

La location est un acte de commerce, par ailleurs défini, quant à son objet, par l'article 1, alinéa 2, de la Directive européenne du 19 novembre 1992 « relative au droit de location et de prêt. » C'est la « mise à disposition [d'un objet] pour l'usage, pour un temps limité et pour un avantage économique ou commercial direct ou indirect. »

Le CPI n'emploie en fait le terme *location* que dans ses articles L. 122-6 (location des logiciels, alinéa 3°) et L. 122-10 (droit de reprographie). Par ailleurs, le terme *louage* est employé dans les articles L. 213-1 et L. 215-1 relatifs aux droits voisins des producteurs de phonogrammes et de vidéogrammes.

Il va cependant de soi qu'en tant que mode d'exploitation de l'œuvre, la location est *toujours* soumise à l'autorisation de l'auteur, de ses ayants droit ou de son cessionnaire.

• Logiciel

Le mot désigne un programme informatique : système d'exploitation, logiciel de navigation, jeu, traitement de texte, programme comptable, bureautique, etc. La protection juridique des programmes d'ordinateur est assurée par la loi n° 94-361 du 10 mai 1994, modifiant et complétant le CPI et transposant par ailleurs la directive européenne du 14 mai 1991. Depuis l'adoption de cette loi, c'est donc bien sans conteste le droit de la propriété littéraire et artistique qui s'applique au logiciel, et cela dans toute son étendue.

Sur les particularités de la protection des logiciels (titularité des droits, disparition de l'exception pour copie privée, etc.), voir le chapitre d'Emmanuel Pierrat dans la Ire partie et celui de Michèle Battisti dans la IIe partie.

Par rapport au statut des autres documents dans les bibliothèques, on notera tout particulièrement que *la copie d'un logiciel à usage privé étant illicite* – seule une copie de sauvegarde, non destinée à une utilisation, est autorisée –, il est très imprudent de prêter à domicile un logiciel, car cela revient à donner les moyens à l'emprunteur d'en faire la copie pendant la durée du prêt ; la bibliothèque devient alors complice par « fourniture de moyens » d'un délit de contrefaçon, si la matérialité du fait est établie.

Sur l'ensemble des dispositions de la loi de 1994, consulter André Bertrand, *La Protection des logiciels*, PUF, coll. « Que sais-je ? » ; n° 2853, 1994.

Sur la durée de protection des logiciels, voir « Durée de protection ».

• Manuscrit

Voir « Inédit » et « Posthume ».

• Multimédia

Il est difficile de donner une définition satisfaisante de ce terme qui recouvre en fait plusieurs sens : à l'origine, le terme désigne l'association de textes, de sons et d'images sur un ordinateur. On parle d'ordinateurs multimédia, de bornes ou de consoles multimédias, c'est-à-dire équipés de cartes son, de hauts parleurs, de lecteurs de cédéroms ou DVD-rom, etc.

En matière de propriété intellectuelle, l'objet pris en compte est en fait l'*œuvre multimédia*, qui peut être rendue disponible sur plusieurs supports ou accessible en ligne. C'est sous cet aspect que le terme est employé ici.

Pour la place du multimédia dans le CPI et le statut des auteurs et des œuvres, voir, dans le chapitre d'Emmanuel Pierrat, « Les nouvelles technologies ».

Sur la place et le statut des œuvres multimédia dans les bibliothèques et centres documentaires, voir, dans le chapitre de Michèle Battisti, « La gestion des droits d'auteur selon différents supports, le multimédia ».

• Musique imprimée

En tant que support d'édition des œuvres musicales, ce qu'on appelle « musique imprimée » (et dans le langage courant, au prix d'une approximation, les « partitions ») est soumis aux mêmes conditions d'usage que les autres types de documents.

À ce titre, l'utilisation dans les bibliothèques, les conservatoires et écoles de musique, les centres culturels, etc., de musique imprimée met en particulier en jeu :[1]

– le droit de reproduction par reprographie ;

– le droit de prêt.

Pour ce dernier, non appliqué, consulter, dans la IIe partie du présent ouvrage, le chapitre « Le droit de prêt ».

Pour la photocopie des partitions (c'est-à-dire la reprographie de la musique imprimée), elle entre bien entendu dans le cadre des utilisations soumises à auto-

1. La représentation des œuvres ne concernant, quant à l'usage des partitions dans le cadre de concerts ou de spectacles, que les professionnels de la musique et les établissements d'enseignement musical, excède le cadre de cet ouvrage. Des renseignements élémentaires peuvent être obtenus sans difficulté auprès des délégations régionales de la Sacem. Voir, en fin de volume, la liste des adresses utiles.

risation des auteurs et ayants droit dès lors que ces photocopies ne sont pas réalisées par le copiste pour son seul usage privé (art. L. 122-4 et L. 122-5 du CPI). La loi du 3 janvier 1995 ayant institué la gestion collective du droit de reprographie, l'utilisation des photocopies pour l'enseignement, la mise à disposition d'appareils permettant au public (bibliothèque) ou aux élèves et enseignants (conservatoire ou école de musique) de photocopier tout ou partie des œuvres musicales, sont subordonnées, quant à leur caractère licite et à l'étendue des utilisations, à la signature d'une convention avec la Seam, société des éditeurs et auteurs de musique (voir ce terme).

Voir aussi, pour la reprographie en général, le chapitre d'Henri Gay dans la IIe partie.

• Numérisation

La numérisation d'une œuvre consiste à « traduire le signal analogique qu'elle constitue en un mode numérique ou binaire qui représentera l'information dans un symbole à deux valeurs 0 et 1 dont l'unité est le Bit » (TGI de Paris, 5 mai 1997). Elle a pour objet de transférer un document (imprimé, manuscrit, photographie, partition, mais aussi enregistrement sonore ou audiovisuel analogique sur bande magnétique) sur un support numérique, soit aux fins de stockage et de conservation, soit pour une édition, ou, *via* un serveur, une mise à disposition à distance.

Aussi bien les traités adoptés par l'OMPI le 20 octobre 1996, et à ce titre considérés comme un additif à la Convention de Berne, que le projet de directive européenne sur l'harmonisation de certains aspects du droit d'auteur dans la société de l'information, lequel projet a pour objectif la mise en œuvre de ces traités, considèrent tout à fait clairement que la numérisation est un acte de reproduction, donc soumis à autorisation des auteurs ou des ayants droit dès lors que les œuvres numérisées, quelle que soit leur forme, ne sont pas dans le domaine public.

L'ampleur des exceptions au droit exclusif qui s'applique ici fait l'objet de nombreuses discussions au niveau européen, dans le cadre de l'élaboration de la directive. Il en est rendu compte, d'une manière globale, dans les chapitres rédigés par Anne-Sophie Étienne dans la Ire partie de cet ouvrage et par Michèle Battisti dans la IIe partie.

Dans l'état actuel du droit interne, la jurisprudence la plus récente confirme qu'aux yeux des juges, « la numérisation d'une œuvre en constitue la reproduction » (TGI Paris, 5 mai 1997). Cette reproduction n'est donc licite sans autorisation que dans le cadre des seules exceptions prévues par l'article L. 122-5 du CPI, c'est-à-dire la copie ou reproduction strictement réservée à l'usage privé du copiste et non destinée à une utilisation collective.

Un arrêt de la Cour d'appel de Paris rendu le 29 septembre 1999 (commenté par Emmanuel Pierrat dans *Livres Hebdo*, n° 361, 10 décembre 1999) précise que « le simple stockage sous forme numérique d'une œuvre stockée constitue une reproduction qui nécessite l'autorisation des titulaires de droits ».

Si la Bibliothèque nationale de France, en s'appuyant sur la loi de 1992 sur le dépôt légal et sur le décret du 31 décembre 1993, en particulier les articles 3 et 4, peut estimer licite la numérisation aux seules fins d'une conservation dont le devoir lui est imposé par la loi, les autres établissements documentaires ne peuvent pas considérer que la numérisation, même hors de toute communication au public, leur est permise sans autorisation, dans la mesure où la reproduction ne peut en aucun cas, dans un établissement public, être assimilée à une copie privée.

• Œuvre d'art

Une bibliothèque, un établissement documentaire, une maison d'écrivain (ou de musicien, ou de plasticien)... sont susceptibles de conserver des œuvres uniques dont elles sont propriétaires, au même titre qu'un musée.

Au regard de la propriété intellectuelle, il importe de rappeler que le fait de posséder le support d'une œuvre, en serait-on l'unique possesseur, n'entraîne nullement la propriété des droits d'auteur. C'est l'application du principe d'indépendance des propriétés matérielle et intellectuelle énoncé par l'article L. 111-3 du CPI. Il s'ensuit de cette règle qu'une institution possédant « une œuvre d'art » ne peut la reproduire librement que si la période de protection légale qui s'applique aux droits patrimoniaux est écoulée, c'est-à-dire en principe soixante-dix ans après la mort de l'auteur. En revanche, si l'œuvre est encore protégée, toute reproduction, même partielle, est soumise à l'autorisation de l'auteur ou de ses ayants droit (article L. 122-4 du CPI). Il en va ainsi des photographies destinées à illustrer un catalogue, un dépliant d'information, un document d'animation, une affiche, mais aussi des numérisations permettant d'intégrer l'image de l'œuvre à un cédérom ou à un site web (voir « Cédérom » et « Internet »). Cette règle est intangible : sans l'autorisation expresse de l'auteur ou de ses ayants droit (ou de la société de gestion collective qui gère ces droits, l'ADAGP pour l'image) un musée ou une bibliothèque ne peut ainsi reproduire une œuvre incluse dans une exposition qu'elle organise, même si cela peut paraître paradoxal.

Si les œuvres reproduites sont dans le domaine public, la reproduction est en principe libre. Cependant, les propriétaires tels que les musées peuvent négocier l'accès aux œuvres et les conditions de leur reproduction, en particulier lorsqu'ils désirent commercialiser eux-mêmes celles-ci. Une décision de justice récente, rendue aux États-Unis dans un conflit opposant la Bridgeman Art Library et l'éditeur de cédérom Corel, vient cependant de remettre en cause ce principe : la reproduction par Corel d'œuvres « libres de droit » sans rémunération des musées propriétaires des œuvres a été jugée licite.

Voir l'article d'Emmanuel Pierrat, « Quels droits vendent les musées ? », *Livres Hebdo*, n° 324, 12 février 1999.

• OMPI

L'Organisation mondiale de la propriété intellectuelle est une organisation intergouvernementale dont le siège est à Genève. Elle a été établie par une convention signée à Stockholm le 14 juillet 1967 et entrée en vigueur en 1970. Les origines de l'OMPI telle qu'elle se présente actuellement remontent à 1883 et 1886, années au cours desquelles furent adoptées respectivement la convention de Paris pour la protection de la propriété industrielle et la convention de Berne pour la protection des œuvres littéraires et artistiques. Ces deux conventions furent gérées jusqu'en 1967 par un Bureau international placé sous la tutelle du gouvernement helvétique. De cette petite organisation initialement basée à Berne est issue l'actuelle Organisation mondiale de la propriété intellectuelle, qui a été rattachée aux Nations Unies en 1974.

Le nombre d'États membres de l'OMPI est aujourd'hui de 171. L'organisation, qui emploie près de sept cents fonctionnaires venus de soixante-quinze pays différents, a pour vocation de veiller à ce que les droits des créateurs et autres titulaires de droits de propriété intellectuelle soient protégés à travers le monde. À ce titre, l'élaboration et la mise en œuvre de normes et de principes internationaux constituent un aspect fondamental des activités de l'OMPI destinées à promouvoir la propriété intellectuelle. À l'heure actuelle, l'OMPI administre quinze traités de propriété industrielle et six traités de droit d'auteur[1] qui établissent des droits reconnus sur le plan international et des normes communes pour leur protection, que les États signataires s'engagent à appliquer sur leur territoire. Si la convention de Berne reste la fondation sur laquelle est érigé le système des traités de l'OMPI en matière de propriété littéraire et artistique, les traités ultérieurs ont étendu et approfondi la protection offerte en prenant en compte les évolutions techniques ainsi que les nouveaux modes de création et de diffusion (Convention de Rome de 1961 sur la protection des titulaires de droits voisins, Convention de Genève de 1971 sur la protection des producteurs de phonogrammes, traité de l'OMPI sur le droit d'auteur de 1996...).

• Phonogramme

Il n'y a pas de définition exacte du phonogramme dans le CPI. La seule référence précise est celle mentionnée au sujet de la définition du producteur de phonogrammes.

Article L. 213-1 du CPI

« Le producteur de phonogrammes est la personne, physique ou morale, qui a l'initiative et la responsabilité de la première fixation d'une séquence de son. » Le phonogramme est donc le terme générique qui permet de faire référence à tous les supports existants (et à venir) permettant la fixation d'une séquence de son : disque vinyle, disque compact, bande magnétique, cassette audio, cassette numérique, mini disque compact, etc.

On appelle phonogramme du commerce un document sonore publié pour être diffusé au sein des réseaux commerciaux (article L. 214-1 du CPI).

---

1. Dont le traité sur le droit d'auteur (texte dans le CPI, éd. 2000, Appendice, Ire partie, pp. 567 et suivantes), le traité sur les interprétations et exécutions et les phonogrammes, adopté par la Communauté européenne (texte dans le CPI, pp. 594 et suivantes, et JOCE C165 du 30 mai 1998).

Pour les droits applicables aux phonogrammes, voir IIe partie, chapitre IV, et les termes « Copie privée des phonogrammes et vidéogrammes », « Licence légale », « Rémunération équitable », « Sacem », « Spre », « Sonorisation ».

• Photocopie

Voir « Copie » et « Reprographie ».

• Posthume (œuvre)

Le droit de divulgation des œuvres laissées inédites à la mort d'un auteur appartient à ses héritiers. En tant qu'attribut du droit moral, ce droit est perpétuel.

Sous réserve du respect de ce droit moral, une bibliothèque peut envisager l'édition d'une œuvre posthume dont elle se trouve possesseur. Pour les conditions d'une telle édition, voir « Inédit ». Pour la durée des droits d'exploitation, voir « Durée de protection ».

• Prêt

Voir « Droit de prêt ».

• Producteur (de phonogrammes ou de vidéogrammes)

Les producteurs ont été reconnus titulaires de droits par la loi du 3 juillet 1985 relative aux droits voisins du droit d'auteur et inspirée par les principes de protection énoncée par la Convention de Rome de 1961. La France reconnaissait ainsi un certain nombre de droits aux auxiliaires de la création, c'est-à-dire à ceux qui participent directement à la création de l'œuvre même s'ils n'en sont pas à l'origine.

Articles L. 213-1 du CPI et L. 215-1 du CPI

« Le producteur de phonogrammes est la personne, physique ou morale, qui a l'initiative et la responsabilité de la première fixation d'une séquence de son. »

« Le producteur de vidéogrammes est la personne, physique ou morale, qui a l'initiative et la responsabilité de la première fixation d'une séquence d'images sonorisée ou non. »

Droits reconnus

Le producteur est donc celui qui permet, par son financement, la réalisation matérielle de l'œuvre sonore ou audiovisuelle. C'est-à-dire que, sans son intervention et son investissement financier, et malgré la création originale des auteurs et l'interprétation des artistes, l'œuvre n'aurait pas pu être diffusée ni donner lieu à une exploitation. C'est en vertu de ce rôle qu'il s'est vu reconnaître des droits par la loi du 3 juillet 1985.

Néanmoins, l'œuvre préexiste à l'intervention du producteur et il n'est pour rien dans le processus de création pure de l'œuvre, quand bien même il serait à l'origine de l'idée du produit qui sera conçu. De ce fait, et à la différence des artistes-interprètes, il ne s'est vu reconnaître que des droits patrimoniaux, et non des droits moraux.

Droits du producteur de phonogrammes

L'article L. 213-1 du CPI stipule : « L'autorisation du producteur de phonogrammes est requise avant toute reproduction, mise à la disposition du public par la vente, l'échange ou la louage, ou communication au public de son phonogramme autres que celles mentionnées à l'article L. 214-1. »

Lequel article L. 214-1 prévoit la mise en place du mécanisme de licence légale de diffusion des phonogrammes du commerce, selon laquelle les producteurs et les artistes-interprètes ne peuvent interdire la diffusion publique des œuvres déjà commercialisées, sauf dans le cadre de spectacles. voir « Licence légale (phonogrammes) », « Rémunération équitable »).

Droits du producteur de vidéogrammes

À l'instar de ce qui s'applique aux producteurs de phonogrammes, l'article L. 215-1 du CPI stipule : « L'autorisation du producteur de vidéogramme est requise avant toute reproduction, mise à la disposition du public par la vente, l'échange ou le louage, ou communication directe au public de son vidéogramme. »

Ce qui fait néanmoins une grande différence entre les deux secteurs d'activité, c'est qu'il n'existe aucun mécanisme de licence légale de diffusion dans le cas des œuvres audiovisuelles.

L'autorisation écrite du producteur et le paiement des droits afférents sont donc toujours nécessaires pour l'utilisation d'une œuvre audiovisuelle concernée. Cela oblige les utilisateurs à signer avec chaque producteur des contrats prévoyant l'utilisation des œuvres pour une diffusion ou pour le prêt ou à recourir aux services d'organismes intermédiaires qui proposent des catalogues d'œuvres avec droits négociés. Voir « Adav » et « Vidéogramme ».

Heureusement, dans le cas des œuvres audiovisuelles, le producteur de vidéogrammes est le seul interlocuteur des utilisateurs, puisque le même article L. 215-1 précise que « les droits reconnus au producteur d'un vidéogramme [...], les droits des auteurs et les droits des artistes-interprètes dont il disposerait sur l'œuvre fixée sur ce vidéogramme ne peuvent faire l'objet de cessions séparées ».

L'article L. 132-24 du CPI vient cependant renforcer cette disposition et l'éclairer d'un jour nouveau : « Le contrat qui lie le producteur aux auteurs d'une œuvre audiovisuelle, autres que l'auteur de la composition musicale avec ou sans paroles, emporte [...] cession au profit du producteur des droits exclusifs d'exploitation de l'œuvre audiovisuelle. » Cela confirme donc que le producteur d'une œuvre audiovisuelle est titulaire de tous les droits d'exploitation de cette œuvre, à l'exception des droits musicaux qui restent la propriété des auteurs représentés par la Sacem.

Cette dernière disposition explique pourquoi les utilisateurs d'œuvres audiovisuelles sont contraints de signer un contrat avec la Sacem pour obtenir l'autorisation de diffuser des œuvres audiovisuelles et de payer les droits correspondants, en plus de l'achat de supports nantis des droits de diffusion (voir IIe partie, chapitre IV). En ce qui concerne le prêt des œuvres audiovisuelles, voir « Droit de prêt ».

Au regard de la place qu'il occupe dans le processus de création d'une œuvre, le producteur n'est pas seulement titulaire de droits. Il est également redevable en tant qu'utilisateur d'œuvres, par exemple :

– lors de la fixation de l'œuvre sonore sur un support, même la première fois, il est redevable des droits de reproduction mécanique et donc l'un des innombrables interlocuteurs de la Sacem (voir ce terme).

– lors de la création d'une œuvre audiovisuelle, il est redevable des droits liés à l'utilisation des œuvres sonores pour la bande-son.

• Réédition

Dans le cadre d'un programme de mise en valeur de ses collections, une bibliothèque peut souhaiter rééditer une œuvre dont elle possède un exemplaire : livre, disque, album, vidéo, etc., et qui n'est plus disponible dans le commerce. On n'est donc pas ici dans le cas d'une œuvre inédite et le droit de divulgation n'entre pas en jeu. Les questions auxquelles devra répondre l'établissement avant de pouvoir entreprendre la réédition regardent le droit d'exploitation et ne se posent pas dans les mêmes termes selon le type de document.

Si l'*œuvre* que l'on souhaite rééditer est encore protégée (l'auteur est encore en vie ou la durée de protection *post mortem* n'est pas encore écoulée), le droit d'exploitation appartient à l'auteur ou à ses ayants droit. La bibliothèque doit donc proposer un contrat d'édition au titulaire des droits, qui recevra naturellement le fruit de cette exploitation, s'il accepte bien entendu qu'elle soit faite.

Si l'*œuvre* est tombée dans le domaine public, deux cas principaux peuvent être énumérés :

– pour les imprimés, l'édition du texte (l'œuvre elle-même) est libre, mais la bibliothèque ne peut *reproduire* à l'identique l'édition qu'elle possède si l'éditeur d'origine est encore en activité – ou qu'un successeur a repris son fonds – et n'a pas accordé son autorisation ou accepté de vendre ses droits à l'établissement. Une édition en fac-similé serait susceptible d'être attaquée en contrefaçon (dans le cadre de la propriété industrielle) ou en concurrence déloyale. Il y a donc lieu de chercher systématiquement si aucun propriétaire (de la maquette, d'un logo, d'une composition, voire d'une police de caractère) ne peut revendiquer de droits commerciaux sur l'objet à rééditer ;

– pour les phonogrammes et les vidéogrammes, entrent en jeu également les droits voisins. L'article L. 211-4 du CPI protège la première fixation d'une séquence de sons ou d'image sonorisée, au bénéfice du producteur, pendant cinquante ans. En cas de communication au public différée, la durée de protection se calcule à partir de la date de communication et non de celle de la fixation initiale. D'autre part, un producteur peut faire protéger à nouveau (pour cinquante ans) non l'enregistrement, mais s'il procure avec celui-ci une nouvelle édition, cette édition elle-même. Sur les documents, la date à prendre en compte pour le départ de la protection cinquantenaire est celle qui suit le signe (P), appliqué à chaque séquence de fixation sonore ou audiovisuelle.

En conséquence, en raison des droits voisins, une œuvre (musicale, dramatique, littéraire, cinématographique) fixée sur support phonographique ou vidéographique ne peut être rééditée, même s'il s'agit d'une œuvre du domaine public, que si l'édition que l'on veut utiliser est elle-même libre de droits.

Par exemple : un enregistrement de sonates pour clavier de Haydn (mort en 1809) publié avant 1950 est en principe libre de droits en 2000. L'enregistrement des mêmes œuvres publié en 1975 n'est possible que dans le cadre d'une licence obtenue du titulaire des droits, même si le disque est tout à fait épuisé.

• Rémunération pour copie privée

Voir « Copie privée des phonogrammes et des vidéogrammes ».

• Rémunération équitable

Ce terme désigne le mécanisme de perception prévu dans le cadre de la licence légale instituée par la loi du 3 juillet 1985 (voir « Licence légale »).

La communication directe au public et la radiodiffusion de phonogrammes du commerce, quel que soit le lieu de fixation de ces phonogrammes, n'est pas soumise à autorisation mais ouvre droit à rémunération au profit des artistes-interprètes et des producteurs.

Mode de calcul

La loi du 3 juillet 1985 prévoyait au départ que les barèmes et les modalités de perception devaient être fixés par le biais d'un accord spécifique. Aucun accord n'étant intervenu dans les six mois suivant l'entrée en vigueur de la loi, le ministère de la culture a recouru à la commission prévue à l'article L. 214-4 du CPI réunissant des magistrats et des représentants des professionnels du disque.

Une commission a établi en 1987 les barèmes et les modalités de perception de la rémunération équitable pour chaque type de redevables, c'est-à-dire : Radio France et l'ensemble des radios périphériques ; les radios FM à vocation nationale, régionale et locale ; la télévision ; les discothèques (où l'on danse) et activités similaires ; les établissements et lieux sonorisés (dont les médiathèques).

Le calcul de la rémunération équitable se fait soit à partir des recettes d'exploitation de l'établissement concerné, soit à partir d'une évaluation forfaitaire. Ensuite, une fois les sommes collectées, la rémunération équitable est répartie pour moitié aux artistes-interprètes et pour moitié aux producteurs.

Pour les médiathèques publiques, le barème a été fixé à 18 % des droits d'auteur versés à la Sacem en sus de ceux-ci. Comme ce type d'utilisateur ne fait pas de recettes d'exploitation et qu'il est impossible de définir la programmation exacte de l'établissement, l'évaluation de l'assiette de la rémunération équitable est forfaitaire et établie en fonction du nombre de mètres carrés sonorisés.

La rémunération équitable est collectée par la Spre (Société civile pour la perception de la rémunération équitable de la communication au public des phonogrammes du commerce), c'est-à-dire à la société de gestion de droits représentant les artistes-interprètes et les producteurs de documents sonores.

Mais la Spre, étant dans l'incapacité de déployer les moyens nécessaires à la perception de ces sommes, a confié ce soin à la Sacem, simplifiant du même coup la tâche des utilisateurs finaux. Les médiathèques publiques doivent donc s'acquitter de la rémunération équitable auprès de la Sacem, qui reverse ensuite à la Spre l'intégralité des sommes collectées.

• Représentation

L'article L. 122-2 du CPI définit la représentation comme « la communication de l'œuvre au public par un procédé quelconque ». Il s'agit plus précisément de la communication *directe*, ce qui distingue la représentation de la reproduction, laquelle suppose une fixation préalable de l'œuvre.

La diffusion d'un disque ou d'un film constitue une représentation, dont la particularité consiste dans le fait de représenter non l'œuvre, mais sa reproduction.

L'auteur (ou ses ayants droit) a le droit d'autoriser ou d'interdire toute représentation intégrale ou partielle (art. L. 122-4) à la seule exception des représentations privées et gratuites faites dans le cercle de famille. *Aucune représentation en bibliothèque ne saurait être considérée comme entrant dans ce dernier cadre.*

Voir :

– Pour une définition plus complète de la représentation et de ses exceptions ainsi que pour la difficulté de distinguer représentation et reproduction dans le cadre des utilisations actuelles des œuvres, le chapitre d'Emmanuel Pierrat, en particulier « Les droits accordés [...], Une distinction en voie d'obsolescence mais toujours impérative » ;

– Pour les différentes formes de représentation des œuvres en bibliothèque, le chapitre de Nathalie Léman sur les problèmes spécifiques posés par les documents sonores et audiovisuels, ainsi que les termes « Adav », « Animation », « Contrat général de représentation », « Licence légale », « Rémunération équitable », « Sacem », « Spre », « Vidéogramme ».

• Reproduction

L'article L. 122-3 du CPI définit la reproduction comme « la fixation matérielle de l'œuvre par tous procédés qui permettent de la communiquer au public d'une manière *indirecte* ».

Le droit d'autoriser ou d'interdire la reproduction intégrale ou partielle de l'œuvre fait partie du monopole de l'auteur (art. L. 122-4) et lui permet de demander une rémunération pour toute forme de copie, sauf dans les cas des exceptions expressément prévues par l'art. L. 122-5 du CPI. Voir le chapitre d'Emmanuel Pierrat, en particulier « Les droits patrimoniaux », « Les exceptions aux droits patrimoniaux ».

En bibliothèque, le droit de reproduction trouve essentiellement son application dans les pratiques suivantes :

– la reprographie, couverte par la loi du 3 janvier 1995 (voir « CFC », « Reprographie », « Seam », et le chapitre d'Henri Gay dans la IIe partie) ;

– les reproductions aux fins d'animation, de publication, etc. (voir « Animation », « Copie », « Internet » ;

– la numérisation (voir ce terme).

Dans son activité de service public, une bibliothèque fait ou permet de faire des reproductions qui ne sauraient être assimilées à des copies privées autorisées par l'exception prévue à l'article L. 122-5 du CPI, et qui sont donc toutes soumises à autorisation (licence contractuelle).

• Reprographie

La loi du 3 janvier 1995 relative à la gestion collective du droit de reproduction par reprographie (articles L. 122-10 à L. 122-12 du CPI) définit celle-ci comme « la reproduction sous forme de copie sur papier ou support assimilé par une technique photographique ou d'effet équivalent permettant une lecture directe ». La reprographie désigne donc essentiellement la photocopie, et par extension la télécopie et les copies obtenues par imprimante. En tant que telle, elle constitue un des aspects de la *copie*. Celle-ci relève en matière de propriété littéraire et artistique du *droit de reproduction* défini par les articles L. 122-1, L. 122-3, L. 122-4 et L. 122-5 du Code de la propriété intellectuelle.

Le droit de reproduction est un des aspects du monopole d'exploitation reconnu à l'auteur : la reprographie est donc soumise à autorisation, à la seule exception de la copie privée réalisée à l'usage du seul copiste (et avec son propre matériel). D'autre part, la loi mentionnée ci-dessus prévoit la cession obligatoire et automatique de ce droit à une société de gestion collective. L'auteur n'exerce donc plus son droit exclusif d'autoriser, sauf dans quelques cas précis.

L'arrêté du 7 avril 1997 a désigné en tant que cessionnaires du droit de reprographie le Centre français d'exploitation du droit de copie pour le livre et la presse, et la Société des éditeurs et auteurs de musique pour la musique imprimée.

Voir :

– sur la loi de 1995 et la question de la reprographie en général, le chapitre d'Henri Gay dans la IIe partie de cet ouvrage ;

– sur les problèmes posés par la copie en général, le terme « Copie » ;

– sur la gestion collective du droit de reprographie, les termes « CFC » et « Seam ».

• Revue de presse

Le CPI (article L. 122-5) inclut celle-ci dans les exceptions aux droits patrimoniaux. La réalisation par une bibliothèque de revues de presse constituées de copies d'articles et présentées sous forme d'affichage ou de dossiers de presse pourrait donc être considérée comme licite, « sous réserve que soient indiqués clairement le nom de l'auteur et de la source ». Cette exception est toutefois contredite, dans les faits, par l'application de la loi sur la reprographie du 3 janvier 1995, qui soumet la possibilité de copier à l'autorisation du CFC. Il importe donc que la convention signée par la bibliothèque avec cet organisme mentionne expressément ce type d'utilisation, et précise sa fréquence et son importance. Voir à ce sujet le chapitre de Henri Gay (IIe partie, chapitre Ier) et le terme « Reprographie ».

Le CFC distingue en effet les « panoramas de presse », compilations d'articles photocopiés nécessitant une autorisation préalable assortie d'une redevance et les « revues de presse », rubriques écrites ou audiovisuelles, commentant et comparant des articles publiés dans la presse, qui ne nécessitent pas d'autorisation. En toute logique, c'est le principe même du droit de reproduction (intégrale ou partielle) des œuvres qui s'applique.

D'autre part, la revue ou le dossier de presse peuvent être réalisés à partir d'une source électronique – la quasi-totalité de la presse d'information est ou va être accessible sur le Net. L'impression de pages écran sur papier ou support assimilé constitue elle aussi une reprographie, couverte par le dispositif rappelé ci-dessus.

Voir le chapitre de Michèle Battisti (IIe partie, chapitre IV).

• Sacem

À défaut d'être la plus ancienne, la Sacem, Société des auteurs compositeurs éditeurs de musique, est rapidement devenue la plus importante des sociétés de gestion de droits en France. Créée en 1851, après la SACD (Société des auteurs et compositeurs dramatiques) et la SGDL (Société des gens de lettres), elle rassemble les auteurs, compositeurs et éditeurs de musique. Ce souci de solidarité et de cohésion interprofessionnelle est du reste ce qui fait son originalité.

Aujourd'hui, la Sacem fait presque figure de « monstre tentaculaire » tant elle regroupe un nombre important de filiales et tant elle collecte de redevances en son nom propre ou au profit d'autres sociétés de gestion collective.

Avec un siège social à Neuilly-sur-Seine, dix directions régionales (Aix-en-Provence, Ajaccio, Bordeaux, Lyon, Orléans, Paris, Rennes, Rouen, Strasbourg, Toulouse) et 98 délégations régionales en métropole et outre-mer, la société emploie plus de 1 500 personnes et a collecté 3,551 milliards de francs en 1998.

Le répertoire de la Sacem

C'est un répertoire très vaste qui englobe une très grande diversité d'œuvres :

– les compositions musicales (originales ou arrangements), avec ou sans paroles (exemples : chanson, morceau instrumental, musique de film) ;

– les poèmes (qui appartiennent également au répertoire de la Scam) ;

– les sketches (qui relèvent également du répertoire de la SACD) ;

– les doublages et sous-titrages de films étrangers (la justification de l'intervention de la Sacem dans ce cadre est le fait qu'elle est la seule société de gestion de droits à percevoir des redevances directement auprès des exploitants de salles de cinéma) ;

– les extraits d'œuvres dramatiques ou dramatico-musicales dont la durée est inférieure à 20 minutes pour la télévision et 20 minutes pour la radio ;

– les réalisations audiovisuelles.

Ici, le partage de compétences est clair entre la Sacem et les autres sociétés de gestion de droits, en fonction du type d'œuvres protégées (exemples : une émission de variétés sera incluse dans le répertoire de la Sacem, une fiction télévisuelle dans celui de la SACD, un documentaire dans celui de la Scam).

Pour appartenir au répertoire de la Sacem, les œuvres doivent y être déposées (déclarées). Cette déclaration déclenche obligatoirement la protection des œuvres. Elle doit être faite avant toute exécution ou reproduction mécanique des œuvres, c'est-à-dire avant toute divulgation directe ou indirecte au public. Les bulletins de déclaration doivent être signés par tous les auteurs et compositeurs « ayant régulièrement participé à la création intellectuelle de l'œuvre », selon l'article 49 du règlement général de la Sacem.

Les bulletins de déclaration sont très pointilleux ; ils doivent en effet porter des informations très précises afin de rendre possible une identification affinée de l'œuvre en cas de suspicion de contrefaçon ou de plagiat :

– au recto : le titre et le genre de l'œuvre avec l'ensemble des noms des collaborateurs ; la durée d'exécution de l'œuvre ; le mouvement métronomique ; l'instrumentation ; le pourcentage de répartition des droits de reproduction phonographique et vidéographique ; éventuellement le titre du film dans lequel l'œuvre est incorporée ;

– au verso : pour les œuvres de musique instrumentale, les huit premières mesures sans accompagnement des thèmes principaux ; pour les œuvres vocales, les huit premières mesures avec paroles ; pour les œuvres sans musique, au moins les huit premières lignes.

Le réseau Sacem

Le terme de réseau est peut-être un peu fort et peut apparaître quelque peu péjoratif. Il recouvre pourtant une réalité. Depuis sa création en 1851, la Sacem a régulièrement contribué à la création de nouvelles sociétés de gestion de droits d'auteur, notamment en détenant une part du capital social de ces nouvelles sociétés. De plus, la Sacem a mis en place un certain nombre de structures appartenant au Groupe Sacem et qui développent des activités parallèles. Enfin, plusieurs sociétés de gestion de droits ont recours aux structures régionales et locales de la Sacem pour procéder à la collecte des redevances qui les intéressent (voir « Spre »).

L'élément principal du réseau de la Sacem est la SDRM, société pour l'administration du droit de reproduction mécanique, créée en 1935. Les deux sociétés ont pour ainsi dire le même répertoire et ont fusionné leurs services administratifs depuis 1974. Elles ont de ce fait également le même siège social. La SDRM bénéficie néanmoins d'une totale autonomie juridique et financière. La SDRM est chargée d'exercer le droit de reproduction mécanique pour le cinéma et la télédiffusion sur mandat de la Sacem, de même que pour la délivrance aux producteurs des autorisations nécessaires à la fabrication et à la commercialisation des phonogrammes et des vidéogrammes uniquement destinés à l'usage privé. Ce partage de compétences entre la Sacem et la SDRM est cependant relativement invisible pour l'utilisateur final.

Par le biais de cette filiale, la Sacem a également un accès indirect à d'autres sociétés de gestion de droits : celles qui ont en charge la rémunération pour copie privée sonore et audiovisuelle (voir « Copie privée des phonogrammes et vidéogrammes »).

La Sacem a également créé divers organismes :

– le Fonds d'action Sacem, association loi 1901 créée en 1977 pour conduire une politique de mécénat diversifiée afin d'encourager la création, la production et la diffusion en France et à l'étranger du répertoire national d'aujourd'hui (jeunes talents ; musique de cinéma ; découverte du jazz et du classique aux jeunes) ;

– le GIE « Musique et promotion », groupement d'intérêt économique qui édite et diffuse une documentation destinée à promouvoir le répertoire des membres de la Sacem et produit des concerts ;

– le CDMC, Centre de documentation de la musique contemporaine, au sein duquel la Sacem est partenaire de Radio France et du ministère de la Culture, chargé d'encourager et de développer des initiatives en faveur d'une meilleure connaissance et d'une plus large diffusion de la musique contemporaine ;

– le Studio des variétés, association loi 1901 fondée en 1983 avec le ministère de la Culture pour assurer la formation continue des artistes, auteurs et compositeurs du secteur des variétés, rock, chanson, rap, techno, fusion, world, hardcore, etc. ;

– et trois sociétés civiles immobilières, créées avec la SDRM pour permettre la construction et la gestion des immeubles nécessaires à leur fonctionnement respectif et commun.

Perception des droits

La perception des droits par les différentes sociétés de gestion de droits recouvre une réalité bien plus diverse que ne le laisse supposer la seule part qui intéresse les médiathèques publiques. En effet, avant d'être utilisée en médiathèque, une œuvre peut être exploitée (au sens juridique du terme) maintes fois par d'autres créateurs, artistes ou producteurs que ceux qui détiennent les droits. Dans ce cas, les sociétés de gestion de droits perçoivent également des droits auprès des premiers afin de rémunérer les seconds. Il y a donc parfois bien des étapes de perception de droits successives avant d'en arriver à l'utilisateur final.

La loi prévoit plusieurs méthodes de fixation des conditions d'exploitation des œuvres, et donc de détermination des droits à verser, dans lesquelles les sociétés de gestion de droits n'ont pas toujours le même degré de pouvoir :

– la première méthode consiste à fixer le coût d'utilisation des œuvres dans le cadre de conventions collectives. Seule catégorie de titulaires de droits visée : les artistes-interprètes à raison de leur statut de salariés. Le rôle des sociétés de gestion de droits se borne à appliquer les montants de redevances fixés par les organisations syndicales des artistes-interprètes. au moment de percevoir les droits versés par les utilisateurs finaux ;

– la seconde méthode consiste à fixer les rémunérations des créateurs par le biais d'accords spécifiques. Seuls trois cas sont prévus par le CPI : le contrat de commande de publicité, la réalisation d'œuvres audiovisuelles, la rémunération équitable des artistes-interprètes et producteurs. Dans les deux premiers cas, la rémunération est distincte pour chaque mode d'exploitation de l'œuvre et fixée par accord entre les organisations représentatives des différents titulaires de droits. Dans le troisième cas, le barème de perception est fixé par accord au sein de chaque branche d'activité (voir « Rémunération équitable ») ;

– la troisième méthode consiste à fixer les modalités de perception au sein de commissions *ad hoc*. Ces commissions sont utilisées dans deux cas : lorsque les négociations d'accords spécifiques évoquées ci-dessus échouent et dans le cas de la rémunération pour copie privée (voir « Copie privée des phonogrammes et vidéogrammes ») ;

– la quatrième méthode est celle qui confère le plus de pouvoir aux sociétés de gestion de droits puisqu'elle leur permet de fixer elles-mêmes les montants de droits perceptibles. Le droit d'autoriser ou d'interdire l'utilisation de ses œuvres confère en effet à l'auteur ou à l'artiste-interprète la liberté de fixer la redevance exigée en contrepartie de toute communication de son œuvre au public. La jurisprudence française a appliqué ce principe aux sociétés de gestion, refusant de considérer que l'intervention d'un intermédiaire entre titulaires de droits et utilisateurs des œuvres pouvait le remettre en cause.

Certains ont pu craindre que les sociétés de gestion de droits profitent de cette liberté pour tomber dans l'excès. On peut leur opposer l'existence de plusieurs garde-fous :

– le risque de voir les utilisateurs se tourner exclusivement vers l'utilisation d'œuvres tombées dans le domaine public et ne donnant lieu à aucune rémunération ;

– le risque de devoir faire face à une multiplicité d'actions en justice ;

– l'application du droit de la concurrence qui est un sujet très sensible, notamment au niveau européen ;

– la disposition légale de l'article L. 321-8 du CPI qui prévoit une réduction des redevances au profit des associations d'intérêt général pour leurs manifestations sans entrée payante.

On soulignera néanmoins que certains barèmes, et notamment ceux qui pèsent sur les activités des médiathèques publiques, s'ils ne sont pas forcément excessifs, sont souvent très peu adaptés à la diversité et à l'impact réel des pratiques de ces établissements, et parfois encore moins à leurs moyens financiers.

Les sociétés de gestion de droits disposent de plusieurs outils pour fixer elles-mêmes les redevances liées aux utilisations des œuvres de leur répertoire :

– les contrats généraux de représentation prévus par l'article L. 132-18 du CPI : ils accordent aux usagers la faculté d'utiliser les répertoires des sociétés (actuels et futurs, français et étrangers) en contrepartie d'un pourcentage des recettes. C'est ce type de contrat que la Sacem fait signer aux médiathèques publiques pour la sonorisation des locaux, avec des adaptations compte tenu du fait que les médiathèques ne perçoivent pas de recettes au sens juridique du terme ;

– les barèmes forfaitaires prévus par l'article L. 131-4 du CPI : ils s'appliquent lorsque la rémunération proportionnelle sur la base des recettes de l'utilisateur est impossible. Soit parce que la base de calcul – les recettes – ne peut être déterminée, soit parce que les opérations de calcul et de contrôle deviennent trop importantes par rapport aux sommes susceptibles d'être perçues, soit quand l'emprunt d'une œuvre à un répertoire est accessoire par rapport à l'œuvre en création. Toute une série de barèmes a ainsi été négociée avec les organisations représentatives des utilisateurs, sur la base de plusieurs critères : la nature du support, la durée d'utilisation, la nature de l'œuvre principale. Ces barèmes restent cependant modulables car les négociations n'ont porté que sur des minima de perception... Ces barèmes s'appliquent en médiathèque publique, notamment sur les casques d'écoute individuels. Néanmoins, cette application des barèmes aux médiathèques n'a pu se faire que par extension, aucune négociation n'ayant été menée avec nos organisations professionnelles ;

– les accords-cadres : ils sont le résultat d'une démarche de concertation entamée par les sociétés de gestion de droits dans plusieurs domaines d'activités. Signés avec des organisations syndicales d'usagers, ces accords-cadres ou contrats-cadres ou contrats-types ont permis de prendre en compte les intérêts de chacun.

La perception des droits dans la pratique

Pour cerner l'activité de la Sacem en terme de perception de droits, il est nécessaire de revenir sur les différentes catégories de redevables, c'est-à-dire les différentes catégories d'utilisateurs d'œuvres sonores. On trouve cinq grandes catégories :

– les organisateurs de spectacles avec danse (discothèques ; bals avec disques ; bals avec orchestre ; cabarets-dancings ; casinos ; associations ; collectivités publiques et privées) ;

– les organisateurs de spectacles sans danse (tournées professionnelles de variétés ; galas occasionnels de variétés ; concerts symphoniques ; concerts et spectacles divers ; grands établissements de spectacles) ;

– les responsables de lieux sonorisés (cafés ; hôtels ; restaurants ; commerces ; entreprises ; associations ; collectivités publiques et privées) ;

– les cinémas et diffuseurs de programmes audiovisuels ;

– les télédiffuseurs (radios et télévision).

À noter que les exploitants de discothèques, les organisateurs de bals avec musique enregistrée et les responsables de lieux sonorisés sont également regroupés sous la catégorie des « usagers communs » pour laquelle la Sacem perçoit en plus du droit de représentation le droit de reproduction mécanique lié à l'utilisation de musique enregistrée.

En plus de ces catégories, la Sacem opère une distinction entre les séances occasionnelles et les abonnés, qui sont désignés comme tels dès qu'ils organisent une « séance de musique » par semaine, sous quelque forme que ce soit.

La perception par la Sacem s'effectue de la façon suivante, dans le cadre de la quatrième méthode énoncée plus haut qui permet aux sociétés de gestion de droits de fixer librement les modalités de perception :

– quand la musique a un caractère essentiel au sein de la manifestation concernée : application du système de la rémunération proportionnelle ;
– quand la musique a un caractère nécessaire mais non essentiel : application du système de la rémunération proportionnelle avec une pondération en fonction de la nature de l'activité concernée ;
– quand la musique a un caractère accessoire : application du système de rémunération forfaitaire, avec des aménagements en fonction des conditions économiques dans lesquelles évolue le lieu de diffusion concerné (exemples : pour un salon de coiffure, la tarification varie selon le nombre d'employés, le mode de diffusion de la musique, le tarif protocolaire en vigueur ; pour une médiathèque publique, en fonction du nombre de mètres carrés).

Deux types de réduction des redevances sont possibles :
– les réductions légales prévues par le CPI au profit des collectivités locales, des associations d'éducation populaire et des associations d'intérêt général dans le cadre de leurs manifestations gratuites ;
– les réductions résultant de la signature d'accords-cadres dans lesquels les deux parties trouvent leur intérêt : les professionnels y obtiennent avant tout des abattements sur le montant des redevances ; la Sacem y trouve une information constante, l'intervention des organismes professionnels auprès de leurs adhérents en cas de contestation et de litiges, la réunion de commissions paritaires pour un règlement amiable avant toute action judiciaire.

Nul doute que la négociation et la signature d'un ou plusieurs accords-cadres soient une solution à rechercher pour les médiathèques publiques. Un compromis acceptable mettrait nos établissements en conformité avec la législation en tenant compte de la spécificité de nos activités.

Actuellement, en l'absence d'une telle négociation ou même d'une consultation de nos organisations professionnelles pour la détermination des barèmes, on constate trop souvent des différences de traitement importantes sur le terrain selon que l'on dépend de telle ou telle délégation régionale de la Sacem. Or, la loi est la même pour tous, elle doit être appliquée de la même façon sur l'ensemble du territoire. Et la Sacem risque une grande partie de sa crédibilité, si elle ne clarifie pas rapidement le fonctionnement de ses délégations régionales.

Pour l'année 1998, l'ensemble des droits encaissés par la Sacem était de 3,551 milliards de francs, soit une augmentation de 7,9 % par rapport à 1997[1].

---

1. L'origine des droits perçus est la suivante : 2 % proviennent de l'industrie cinématographique, 8 % du spectacle vivant, 16 % sont des droits perçus à l'étranger (on trouve en tête l'Allemagne, les États-Unis, la Belgique, l'Italie, les Pays-Bas, la Suisse, la Grande-Bretagne et le Japon), 20 % proviennent de la diffusion de musique enregistrée, 3,5 % de la redevance perçue sur la copie privée de phonogrammes et de vidéogrammes, 18,5 % de l'utilisation des œuvres pour la création de disques, de vidéos et de produits multimédias, 7,5 % de la diffusion d'œuvres par les radios publiques et privées, 24,5 % de la diffusion d'œuvres par les chaînes de télévision, publiques et privées, hertziennes et câblées. En 1998, 263 000 établissements (cafés, restaurants, bars d'ambiance, magasins,

La répartition des droits aux différents ayants droit

L'une des tâches les plus complexes à laquelle toutes les sociétés de gestion de droits ont à faire face est la répartition des sommes collectées aux différents ayants droit. Dans le cas de la Sacem, cette difficulté est augmentée par l'étendue du répertoire couvert et le nombre des auteurs protégés.

Dans certains cas, le législateur a souhaité faciliter le travail des sociétés de gestion en fixant lui-même une clé de répartition des sommes perçues. Il en est ainsi dans le cadre des licences légales (voir « Rémunération équitable » et « Copie privée des phonogrammes et vidéogrammes »).

Dans tous les autres cas, le processus de répartition tient du véritable casse-tête.

La première étape de la répartition des droits concerne les partages entre différentes sociétés de gestion. Par exemple, lorsqu'une chaîne de télévision signe un contrat général de représentation avec la Sacem, la SACD et la Scam, elle leur verse 4,5 % de la redevance et 4,16 % des recettes publicitaires. Les trois sociétés concernées doivent alors se partager ces sommes à l'aide de clés de répartition conventionnelles négociées entre elles.

La seconde étape de la répartition est opérée en fonction des titres des œuvres concernées. Ici, les choses se compliquent grandement. Soit on est dans le cas de figure où une autorisation ponctuelle a été accordée à un usager et l'identification des titres est claire. Soit on est dans le cas de figure des contrats généraux de représentation ou des accords-cadres et il s'agit d'identifier un très grand nombre d'œuvres.

Dans ce cas, trois méthodes d'identification sont envisageables :

– la communication écrite par les utilisateurs eux-mêmes de la liste complète des œuvres utilisées ; la Sacem identifie 80 % des œuvres concernées grâce à cette méthode de loin la plus précise et la plus rigoureuse ;

– les sondages effectués sur place, notamment pour les discothèques (de danse) et les bals avec orchestre puisqu'on ne peut connaître à l'avance leur programmation ; la Sacem procède par relevés d'écoute pour 15 % des sommes qu'elle doit redistribuer ;

– le raisonnement par analogie, adapté dans certains types de lieux sonorisés ; par exemple, les redevances versées par les cafés, les hôtels et les restaurants sont réparties par référence au contenu des programmes de radio ou de télévision que ces établissements diffusent ; hypothèse envisageable pour une médiathèque qui diffuserait un programme radio dans ses locaux ; c'est la raison pour laquelle il

---

salons de coiffure, entreprises, collectivités, parcs de loisirs et banquets) étaient titulaires d'une autorisation de diffusion. Le nombre de lieux publics sonorisés continue d'augmenter avec 13 000 établissements supplémentaires, notamment dans le secteur des collectivités (13 500 contrats signés avec des maisons de retraites, des cliniques, des hôpitaux, des foyers de jeunes, des centres de vacances, etc.). Sur l'ensemble de ces sommes, 15,9 % – soit 565 millions de francs – ont été prélevés en 1998 pour couvrir les coûts de gestion, ce qui représente une baisse de 1,5 % par rapport aux coûts de gestion de 1997.

est plus judicieux d'éteindre les autoradios des bibliobus lors de leur accès au public.

La troisième et dernière étape de la répartition concerne la redistribution à chaque ayant droit des œuvres identifiées. Les clés de répartition entre les différents titulaires de droits sont fixées soit par les statuts de chaque société de gestion de droits, soit par convention.

À tout cela vient s'ajouter le processus de répartition des redevances aux sociétés étrangères ayant conclu des accords de réciprocité avec les sociétés de gestion de droits françaises.

La répartition des droits en pratique

En 1998, la Sacem a reversé des droits à près de 75 000 créateurs français et étrangers pour l'utilisation de 650 000 œuvres différentes. Le montant total des sommes réparties pour 1998 était de 2 887 milliards de francs, soit 8,6 % d'augmentation par rapport à 1997.

Sur cette somme, 169 750 000 francs ont été versés aux créateurs au titre de l'action sociale de la Sacem (fonds de prévoyance, fonds de solidarité, fonds affectés en garantie des œuvres sociales) et 12 914 000 francs au titre de l'action culturelle (fonds de valorisation des œuvres, dotation des prix Sacem).

Le paiement de droits pour la diffusion publique reste majoritaire, avec 566 689 œuvres concernées à ce titre contre 351 552 œuvres reproduites sur disques vinyle, CD, cassettes et supports multimédias.

La répartition des droits perçus s'effectue par trimestre, en janvier et avril pour les droits d'exécution et de diffusion publique, en juillet et octobre pour les droits de reproduction mécanique, de copie privée et ceux provenant de l'étranger. Le délai entre la perception des droits par la Sacem et leur attribution effective aux ayants droit est de six mois à un an. En 1998, 38 288 sociétaires de la Sacem ont reçu des droits, dont près de 30 000 auteurs et compositeurs vivants.

Le contrôle des contrevenants

La Sacem a instauré un dispositif de lutte contre la fraude qui remplit deux fonctions :

– la recherche des contrevenants qui organisent des séances musicales sans les déclarer ;

– le contrôle des déclarations faites par les organisateurs des manifestations portées à la connaissance de la Sacem.

La signature d'un contrat général de représentation ne dispense pas en effet de ce dernier contrôle. Même dans ce cas, des agents de la Sacem peuvent venir vérifier sur place la véracité des déclarations initiales, en restant incognito. Si aucun contrat n'a été signé, la manifestation se déroule dans l'illégalité. Le contrôle est alors effectué à l'insu des organisateurs. Les agents de la Sacem établissent un constat de matérialité de l'infraction, afin d'ouvrir une action contentieuse devant le tribunal d'instance.

La Sacem fait ainsi en sorte que rien ne lui échappe, d'autant qu'elle n'hésite pas à intenter des procédures judiciaires de principe, même pour ne récupérer que 500 francs. Elle entend ainsi assurer sa crédibilité et appliquer une certaine non-discrimination : toute fraude, même minime, doit être sanctionnée.

Adresse : 225, avenue Charles-de-Gaulle, 92521 Neuilly-sur-Seine Cedex. Tél. : 01 47 15 47 15 ; fax : 01 47 45 12 94 ; site Internet : www.sacem.fr

• Seam

La Société des éditeurs et auteurs de musique, anciennement dénommée Sem, agréée en tant que société de perception et de répartition de droits (livre III, titre II du CPI), par un arrêté du ministère de la Culture du 17 avril 1996, est une des deux sociétés de gestion collective désignées en tant que cessionnaire du droit de reproduction par reprographie, l'autre étant le CFC[1] (voir le chapitre d'Henri Gay, « La Reprographie » dans la IIe partie de cet ouvrage, et les termes « CFC », « Copie », « Reprographie »).

Regroupant les auteurs et compositeurs de musique et les éditeurs de musique imprimée dans tous les genres, au sein de quatre collèges de sociétaires, la Seam propose aux établissements d'enseignement musical une convention autorisant l'utilisation d'un certain nombre de pages de photocopies (A 4) par élève et par année scolaire, extraites d'œuvres au répertoire de la société. Ces photocopies peuvent servir à l'enseignement individuel ou collectif ainsi qu'à des manifestations telles que auditions et concerts d'élèves. L'autorisation ne s'étend pas aux œuvres complètes, aux examens et concours, aux exécutions publiques à l'extérieur des établissements et aux classes d'éveil. La perception est proportionnelle au nombre d'élèves inscrits et au nombre de photocopies choisi par établissement. Elle est modulée en cinq tranches : la tranche 1 permet de 1 à 10 pages par élève et par an, pour 22,50 F HT par élève, la tranche 5 de 26 à 30 pages pour 37,50 F HT. Des conditions tarifaires spéciales sont accordées aux établissements rattachés à une organisation syndicale ou professionnelle ayant passé avec la Seam une convention-cadre, comme par exemple, la FFEM (Fédération française de l'enseignement musical). Le contrôle de la régularité des pratiques se fait à l'aide de timbres à apposer sur les photocopies.

D'autre part, la Seam, de concert avec le CFC, est partie aux négociations avec les Universités et avec l'Éducation nationale (voir le chapitre « La Reprographie »).

Les redevances collectées sont réparties entre auteurs et éditeurs selon des clefs statutaires.

Adresse : 175, rue Saint-Honoré, 75040 Paris Cedex 01. Tél. : 01 42 96 89 11 ; fax : 01 42 86 02 83 ; Minitel : 3615 Music Leader.

---

1. Arrêté du 7 avril 1997, *JO* du 15 avril 1997.

• Sonorisation

Si ce terme n'est pas employé par le CPI, il est en revanche utilisé par les sociétés de perception de droits, notamment la Sacem. Il se rapporte en grande partie à l'un des aspects techniques de la diffusion d'œuvres sonores.

Définition

La sonorisation de locaux désigne l'un des modes de communication directe au public des œuvres sonores (voir « Communication directe d'une œuvre au public »). Elle consiste en l'installation de matériel de diffusion de musique enregistrée (disques ou radios), au sein des locaux fixes ou mobiles d'une médiathèque. Elle permet une diffusion généralisée d'œuvres sonores que les usagers ne peuvent choisir.

Droits perçus

La sonorisation de locaux est l'un des modes de diffusion musicale qui met en jeu le droit de représentation des auteurs, des artistes-interprètes et des producteurs.

La sonorisation donne donc lieu à perception de droits par la Sacem pour les auteurs, mais aussi pour les titulaires de droits voisins pour lesquels la Sacem est mandatée par la Spre (voir ce terme).

La redevance à verser par les médiathèques pour la sonorisation de locaux est calculée sur la base de la superficie des établissements, à raison de 4,14 francs hors taxes par mètre carré, avec un minimum de perception de 462 francs hors taxes, jusqu'à 2 000 mètres carrés sonorisés. Au-delà de cette superficie, la Sacem applique à ses calculs des coefficients de pondération (voir également IIe partie, chapitre IV).

• Spre

La Spre – ou Société civile pour la perception de la rémunération équitable de la communication au public des phonogrammes du commerce – est l'une des sociétés de perception et de gestion des droits en France.

Comme son nom l'indique, elle est spécialisée dans la collecte et la répartition des sommes perçues au titre de la rémunération équitable accordée aux artistes-interprètes et aux producteurs de phonogrammes en contrepartie de la perte de leur droit d'autoriser ou d'interdire la diffusion et la radiodiffusion des phonogrammes publiés à fins de commerce (voir « Rémunération équitable »).

La Spre a été créée en 1985 par plusieurs autres sociétés de gestion de droits, toutes concernées par la rémunération équitable : l'Adami (Société pour l'administration des droits des artistes et musiciens interprètes), la Spedidam (Société de perception et de répartition des droits des artistes-interprètes de la musique et de la danse), la SCPP (Société civile pour l'exercice des droits des producteurs phonographiques), la SPPF (Société civile des producteurs de phonogrammes de France).

Concrètement, la Spre n'est pas un interlocuteur direct pour les médiathèques publiques, bien qu'elles doivent s'acquitter de la rémunération équitable. En effet, depuis 1991, la Spre fait appel aux structures de la Sacem – directions et délégations régionales – pour récupérer les redevances.

Ce type d'accord passé entre sociétés de gestion de droits a deux avantages :

– d'une part, il permet une simplification considérable des formalités des utilisateurs des œuvres en réduisant le nombre de leurs interlocuteurs ;

– d'autre part, il permet aux petites sociétés de profiter de l'infrastructure des plus importantes sans avoir à supporter le poids logistique et financier que nécessiterait l'organisation par leurs propres moyens de la collecte des redevances.

Il a cependant un inconvénient important, car il contribue à renforcer l'image tentaculaire et monopolistique de la Sacem.

Voir, pour le détail et la répartition des droits perçus, le terme « Rémunération équitable ».

• Vidéogramme

Il n'y a pas de définition exacte du vidéogramme dans le CPI. La seule référence précise est celle qui est mentionnée au sujet de la définition du producteur de vidéogrammes.

Article L. 215-1 du CPI

« Le producteur de vidéogrammes est la personne, physique ou morale, qui a l'initiative et la responsabilité de la première fixation d'une séquence d'images sonorisée ou non. »

Vidéogramme est donc le terme générique qui permet de faire référence à tous les supports existants (et à venir) permettant la fixation d'une séquence d'images animées : films, vidéocassettes (de formats variés : VHS, U-matic, etc.), DVD, etc.

Les contrats que signe l'Adav avec les producteurs audiovisuels pour la négociation des droits retiennent la définition suivante : « Vidéogrammes s'entend des supports audiovisuels tels que bandes magnétiques, vidéocassettes, vidéodisques, modules magnétiques, etc., dans tous formats (Pal, Secam, NTSC, etc.) et standards (VHS, SUPER VHS, etc.) présents ou à venir (connus ou inconnus). »

Droits applicables aux vidéogrammes

Voir IIe partie, chapitre IV, et les termes « Copie privée des phonogrammes et vidéogrammes », « Adav ».

Liste (non exhaustive) des fournisseurs de vidéogrammes avec droits négociés et d'organismes spécialisés dans les collections de vidéogrammes pour les bibliothèques

Adav (Ateliers de diffusion audiovisuelle) : 41, rue des Envierges, 75020 Paris. Tél. : 01 43 49 10 02.

Attica (méthodes de langue) : 64, rue de la Folie-Méricourt, 75524 Paris cedex 1. Tél. : 01 49 29 27 27.

Citelab (laboratoire de la mission pour l'audiovisuel du ministère de la Culture) : 133, rue du Théâtre, 75015 Paris. Tél. : 01 44 37 15 15.

Colaco : Tour de Saône, 13, quai du Commerce, 69009 Lyon. Tél. : 04 72 20 07 07.

CVS : 6-8, rue Gaston-Lauriau, 93100 Montreuil. Tél. : 01 48 58 80 14.

Images en bibliothèque : 54, boulevard Richard-Lenoir, 75011 Paris. Tél : 01 43 38 07 97.

Mémorimages : 28, enclos du Collet-Blanc, BP 526, 13804 Istres. Tél. : 04 42 55 16 93.

Mission pour l'audiovisuel : ministère de la Culture et de la Communication, Direction du livre et de la lecture, 27, avenue de l'Opéra, 75001 Paris. Tél. : 01 40 15 73 71.

Teletota (laboratoire d'Images en bibliothèque) : 2, rue du Bac, 92158 Suresnes. Tél. : 01 40 99 50 97.

VHS : 4, rue de Charenton, 94140 Alfortville. Tél. : 01 43 75 22 23.

Bibliographie

1. Généralités

Textes législatifs et réglementaires

Code de la propriété intellectuelle : parties législative et réglementaire, Éd. des Journaux officiels, 1999, ISBN 2-11-074585-1 (à jour le 12 février 1999).

Code de la propriété intellectuelle, éd. 2000, 2e éd., avec le concours de Pierre Sirinelli, Frédéric Polland Dulian, Sylviane Durrande ; sous la dir. de Georges Bonet, Paris, Dalloz, 1999, ISBN 2-24-703415-2.

Code de la propriété intellectuelle : 2000, annoté par Michel Vivant et Jean-Louis Bilon, 3e éd., Paris, Litec, coll. « Codes bleus Litec », 1999, ISBN 2-7111-2928-4.

Code de la propriété intellectuelle, éd. Yves Marcellin, Cedat, 1999, ISBN 2-86749-035-9.

Code de la communication : presse, cinéma, audiovisuel, postes et télécommunications, télématique, Internet, droit de l'information, éd. 2000, 1re éd., sous la dir. de Jérôme Huet et Herbert Maul, Dalloz, 1999, ISBN 2-24-702956-6.

Proposition de directive relative à certains aspects du droit d'auteur et des droits voisins dans la société de l'information, consultable sur Internet : http://europra.eu.int/dg15/fr/intprop/incpropr/1100.htm#ledr.

Propriété littéraire et artistique : ouvrages généraux, traités, cours, guides[1]

Benabou, Valérie-Laure, *Droits d'auteur, droits voisins et droit communautaire*, préf. d'André Françon, Bruxelles, E. Bruylant, 1997, ISBN 2-8027-1070-2.

Berenboom, Alain, *Le Nouveau Droit d'auteur et les droits voisins*, Larcier, 1998.

Bertrand, André, *Droits d'auteur et droits voisins*, 2e éd., Dalloz, 1999, ISBN 2-247-02422-X.

Colombet, Claude, *Propriété littéraire et artistique et droits voisins*, 9e éd., Dalloz, coll. « Précis Dalloz. Droit privé », 1999, ISBN 2-247-03318-0.

Desjonquères, Pascale, *Les Droits d'auteur : guide juridique, social et fiscal*, 3e éd. actualisée et augmentée, Juris-Service, AGEC, coll. « Les guides pratiques des entreprises culturelles », 1997, ISBN 2-910992-03-9.

1. Nous avons pris le parti de ne citer ici que les ouvrages les plus récents (postérieurs à 1994). Ne sont donc pas mentionnés certains des traités les plus classiques, dont le lecteur trouvera les références dans la bibliographie générale du CPI et dans la plupart des titres couramment disponibles.

Edelman, Bernard, *La Propriété littéraire et artistique*, 3e éd. mise à jour, Paris, PUF, coll. « Que sais-je ? », n° 1388, 1999, ISBN 2-13-045314-7.

Françon, André, *Cours de propriété littéraire, artistique et industrielle : maîtrise*, Litec, coll. « Les cours de droit », 1999, ISBN 2-7111-3099-1.

Gautier, Pierre-Yves, *Propriété littéraire et artistique*, 3e éd., Paris, PUF, coll. « Droit fondamental. Droit civil », 1999, ISBN 2-13-047946-4.

Linant de Bellefonds, Xavier, *Droits d'auteur et droits voisins : propriété littéraire et artistique*, Delmas, coll. « Encyclopédie Delmas pour la vie des affaires », 1997, ISBN 2-247-02517-X.

Lucas, André, *Propriété littéraire et artistique*, Dalloz, coll. « Connaissance du droit », 1994, ISBN 2-247-01791-6.

Lucas, André, Lucas, H.-J., *Traité de la propriété littéraire et artistique*, Litec, 1994, ISBN 2-7111-2332-4.

Propriété littéraire et artistique et bibliothèques : articles généraux et dossiers

« Droit d'auteur et copyright : où en est-on ? », dossier réuni par Françoise Danset et Claudine Belayche, *Bulletin d'informations de l'Association des bibliothécaires français*, n° 182, 1er trimestre 1999.

Bibliothèques, droits d'auteur et droits voisins, par Françoise Danset et Claudine Belayche : document diffusé par l'ABF, supplément au *Bulletin d'informations*, 1998.

Étienne, Anne-Sophie, « Actualité du droit d'auteur dans la société de l'information », *Bulletin des bibliothèques de France*, t. 43, n° 3, 1998.

« La propriété intellectuelle », dossier réuni par Pierre-Jean Benghozi, Thomas Paris, Paul David *et al.*, *Réseaux*, n° 88-89, mars-juin 1998.

« Les droits en question », dossier, *Archimag*, n° 114, mai 1998.

Aziza, Emmanuel, « Les bibliothèques partenaires de la chaîne du livre », dans Dominique Arot (dir.), *Les Bibliothèques en France : 1991-1997*, Éd. du Cercle de la Librairie, coll. « Bibliothèques », 1998.

« Les bibliothèques dans l'économie du livre : dossier », *Bulletin des bibliothèques de France*, t. 45, n° 2, 2000.

Voir aussi, *infra*, Aspects particuliers, Bibliothèques, Rapports annuels du Conseil supérieur des bibliothèques

2. Aspects particuliers

Administration et bibliothèques

Jarrige, Marie-Thérèse, *Administration et bibliothèques*, avec la collab. de Jean Péchenart, nouvelle éd., Éd. du Cercle de la Librairie, coll. « Bibliothèques », 1996, ISBN 2-7654-0634-0

Archives

Bastien, Hervé, *Droit des archives, Archives nationales*, La Documentation française, 1996, ISBN 2-11-003640-0

Audiovisuel, médias, communication

Chamoux, Jean-Pierre, *Droit de la communication*, PUF, coll. « Que sais-je ? », n° 2884, 1994, ISBN 2-13-046486-6

Code de la communication, éd. 2000 : voir *supra.*

Debbasch, Charles (dir)., *Droit des médias*, Dalloz, coll. « Référence », 1999, ISBN 2-247-02916-7.

Bases de données (voir aussi numérique)

Deloval, Danièle, « La directive du 11 mars 1996 relative à la protection juridique des bases de données », *Gazette du Palais*, 25 octobre 1996.

Pierrat, Emmanuel, « Sur le piratage des bases de données », *Livres Hebdo*, n° 358, 19 novembre 1999.

Bibliothèques

Arot, Dominique (dir.), *Les Bibliothèques en France : 1991-1997*, Éd. du Cercle de la Librairie, coll. « Bibliothèques », 1998, ISBN 2-7684-0886.

Bertrand, Anne-Marie, *Les Villes et leurs bibliothèques : légitimer et décider, 1945-1985*, Éd. du Cercle de la Librairie, coll. « Bibliothèques », 1999, ISBN 2-7654-0745-2.

Poulain, Martine (dir.), *Histoire des bibliothèques françaises*, t. IV : *Les bibliothèques au XXe siècle, 1914-1990*, Promodis-Éd. du Cercle de la Librairie, 1992, ISBN 2-7654-0510-7.

Rapports annuels du Conseil supérieur des bibliothèques, en particulier les rapports pour les années 1993 (« Le droit de prêt dans les bibliothèques ») et 1995 (« Les usages de l'édition électronique dans les bibliothèques, La gestion des droits d'auteur »), CSB, Palais Garnier, 8, rue Scribe, 75009 Paris. Textes accessibles sur Internet : www.enssib.fr/csb/

Droit de la culture

Pontier, Jean-Marie, Ricci, Jean-Claude, Bourdon, Jacques, *Droit de la culture*, 2e éd., Dalloz, coll. « Précis Dalloz », 1996, ISBN 2-247-0272-0.

Riou, Alain, *Le Droit de la culture et le droit à la culture*, Préface de Jack Lang, 2e éd. revue et augmentée, ESF, 1996, ISBN 2-7101-1157-8.

Droit de prêt

Borzeix, Jean-Marie, « La question du droit de prêt dans les bibliothèques : rapport pour Madame la Ministre de la Culture et de la Communication », Paris, Direction du livre et de la lecture, 1998.

Voir bibliographie complémentaire à la fin de le chapitre d'Yves Alix, dans la IIe partie, *supra.*

Durée de protection

Noël, Sophie, « Droits d'auteur : les nouvelles règles », *Livres Hebdo*, n° 244, 11 avril 1997.

Santantonios, Laurence, « Une loi à réveiller les morts », *Livres Hebdo*, n° 264, 10 octobre 1997.

– « La chasse aux droits est rouverte », *Livres Hebdo*, n° 292, 1er mai 1998.

Édition

Pierrat, Emmanuel, *Le Droit de l'édition appliqué : chroniques juridiques* de Livres-Hebdo, Cecofop/ProLibris/Éd. du Cercle de la Librairie, 2000, ISBN 2-7654-0783-5.

Pierrat, Emmanuel, *Le Droit d'auteur et l'édition*, Éd. du Cercle de la Librairie, 1998, ISBN 2-7654-0715-0.

Gestion collective

De Ridder, Frédérique, *Droit d'auteur, droits voisins dans l'audiovisuel : les sociétés de perception et de répartition*, Dixit, 1994, ISBN 2-906587-43-5.

Images

Collard, Claude, Giannattasio, Isabelle, Melot, Michel, *Les Images dans les bibliothèques*, Éd. du Cercle de la Librairie, coll. « Bibliothèques », 1995, ISBN 2-7654-0577-8.

Voir aussi IIe partie, chap. III, et IIIe partie, chap. Ier.

Internet

Bertrand, André, Piette-Cadol, Thierry, *Internet et le droit*, PUF, coll. « Que sais-je ? », n° 3504, 1999, ISBN 2-13-050289-X.

Tellier-Loniewski, Laurence, « La protection des droits d'auteur sur l'Internet », *Gazette du Palais*, 25 octobre 1996.

Logiciels

Bertrand, André, *La Protection des logiciels*, PUF, coll. « Que sais-je ? », n° 2853, 1994, ISBN 2-13-046158-1.

Alix, Yves, « La protection juridique des logiciels », *Écouter Voir*, n° 77, mai 1998.

Musique

Bouvery, Pierre-Marie, *Les Contrats de la musique*, Paris, IRMA Éditions, 1998, ISBN 2-907366-46-7.

Haumont, Guy, *Le Guide juridique et pratique des musiciens*, Ondine, 1993, ISBN 2-910291-00-3.

Léman, Nathalie, « La gestion des droits d'auteur et droits voisins en matière de phonogrammes et de vidéogrammes » : mémoire d'étude, Villeurbanne, Enssib, 1994.

Sineux, Michel (dir.), *Musique en bibliothèques*, Éd. du Cercle de la Librairie, coll. « Bibliothèques », 1993, ISBN 2-7654-0514-X.

- *Articles et dossiers*

« La bataille des droits d'enregistrements secoue l'industrie du disque », dossier réuni par Véronique Mortaigne, Sylvain Siclier, Stéphane Davet et Alexandre Dhordain, *Le Monde*, n° 17105, dim. 23-lun. 24 janvier 2000, p. 20-21.

« CD : Les nouveaux pirates des airs », enquête réalisée par François Granon, *Télérama*, n° 25777, 2 juin 1999.

« Dossier spécial piratage », par Pierre-Marie Dufour, F. Brousse, A. Bensoussan..., *Musique Info Hebdo*, n° 107, 21 janvier 2000 (9, allée Jean Prouvé, 92587 Clichy Cedex. Tél. : 01 41 40 34 00 ; fax : 01 41 40 34 10, mél : musinfo@éditions-lariviere.fr).

Numérique (documents numériques, édition électronique, multimédia)

- *Ouvrages généraux*

Asseraf-Olivier, Frédérique, *Le Droit du multimédia*, PUF, coll. « Que sais-je ? », n° 3219, 1996, ISBN 2-13-048138-8.

Bertrand, Dominique, « La constitution de collections de CD-Rom multimédias dans les bibliothèques publiques : gageure ou choix d'avenir », mémoire d'étude sous la direction de Jean-Marc Proust, Enssib, 1996.

Lucas, André, *Droit d'auteur et numérique*, Litec, coll. « Approfondir », 1998, ISBN 2-7111-2925-X.

Demnard-Tellier, Isabelle, *Le Multimédia et le droit : off line, on line, Internet*, Hermès, coll. « Mémento-guide Alain Bensoussan », 1996, ISBN 2-86601-663-7

- *Bibliothèques et ressources électroniques*

« L'accès aux documents numérisés dans les bibliothèques », dossier réuni par Françoise Danset, *Bulletin d'informations de l'ABF*, n° 178, 1er trimestre 1998.

« Droits et ressources électroniques », dossier, *Bulletin des bibliothèques de France*, 1998, n° 3.

Renzetti, Françoise, Galloul, Mahfoud, « Le droit d'auteur face à la révolution numérique : promouvoir une spécificité européenne », dans Rouhet Michèle (dir.), *Les Nouvelles Technologies dans les bibliothèques*, Éd. du Cercle de la Librairie, coll. « Bibliothèques », 1996.

Voir aussi les références données dans le chapitre de Michèle Battisti, IIe partie.

Reprographie

ADBS, commission Droit de l'information, *Le Droit de copie en questions*, Paris, ADBS Éditions, coll. « Sciences de l'information », décembre 1998, ISBN 2-84365-019-4.

Copies... conformes ? : La photocopie dans l'enseignement musical, supplément à la *Lettre d'information des Conservatoires de France*, juin 1994, Cachan, Éd. du Visage, 1994. [Ce document est antérieur à la loi du 3 janvier 1995 et donc caduc, mais il demeure intéressant par sa volonté de faire le point sur la photocopie de la musique imprimée.]

Dans *Livres Hebdo*, voir notamment n° 275, 9 janvier 1998, n° 279, 6 février 1998, n° 280, 13 février 1998, n° 358, 19 novembre 1999, « Photocopiller n'est plus tricher ».

Voir aussi la bibliographie à la fin de le chapitre d'Henri Gay, IIe partie, *supra*.

Adresses utiles

Principaux sites Internet consultables sur la propriété intellectuelle

Sources

www.culture.gouv.fr
www.dalloz.fr
www.europa.eu.int
www.juriscom.net
www.legifrance.gouv.fr
www.senat.fr

Sociétés de gestion collective (organismes professionnels)

adagp@wanadoo.fr
www.cfcopies.com
www.sacd.fr
www.scam.fr
www.sesam.org
www.sgdl.org

Bibliothèques (organismes professionnels)

www.abf.asso.fr
www.adbs.fr
www.eblida.org
www.enssib.fr/csb

Adresses utiles

AAM, Association des auteurs multimédias
3, rue Troyon, 75017 Paris. Tél. : 01 46 94 67 04 ; fax : 01 60 61 26 25.

ABF, Association des bibliothécaires français
31, rue de Chabrol, 75010 Paris. Tél. : 01 55 33 10 30 ; fax : 01 55 33 10 31 ; web : www.abf.ass.fr ; mél : abf@wanadoo.fr

ADBDP, Association des directeurs de bibliothèques départementales de prêt
Secrétariat permanent : BDP de l'Ain, 31, rue Juliette-Récamier, 01000 Bourg-en-Bresse. Tél. : 04 74 45 22 06 ; fax : 04 74 23 03 33 ; mél : adbdp@adbdp.asso.fr

ADBS, Association des Professionnels de l'information et de la documentation
25, rue Claude-Tillier, 75012 Paris. Tél. : 01 43 72 25 25 ; fax : 01 43 72 30 41 ; web : www.adbs.fr

ADBU, Association des directeurs de la documentation et des bibliothèques universitaires
Maison des universités, 103 boulevard Saint-Michel, 75005 Paris. Tél. : 01 44 32 92 27.

ADDNB, Association pour le développement des documents numériques en bibliothèque
Bibliothèque Grand-place, 5 Grand-place, 38100 Grenoble. Tél. : 04 76 22 91 30 ; fax : 04 76 09 40 54 ; mél : addnb@addnb.org

ADAGP, Société des auteurs dans les arts graphiques et plastiques, Société de répartition et de distribution des droits d'auteurs de l'image
11, rue Berryer, 75008 Paris. Tél. : 01 43 59 09 79 ; fax : 01 45 63 44 89 ; mél : adagp@adagp.fr

Adami, Administration des droits des artistes et musiciens interprètes
10 A, rue de la Paix, 75002 Paris. Tél. : 01 40 15 10 00.

Adav, Association diffusion audiovisuelle
41, rue des Envierges, 75020 Paris. Tél. : 01 43 49 10 02 ; fax : 01 43 49 14 82.

Alpa, Association de lutte contre la piraterie audiovisuelle
6, rue de Madrid, 75008 Paris. Tél. : 01 45 22 07 07 ; fax : 01 45 22 77 17.

Angoa, Association nationale de gestion des œuvres audiovisuelles
11 bis, rue Jean-Goujon, 75008 Paris. Tél. : 01 53 83 91 91 ; fax : 01 53 83 01 92.

APP, Agence pour la protection des programmes
119, rue de Flandre, 75019 Paris. Tél. : 01 40 35 03 03 ; fax : 01 40 38 96 43.

ARP, Auteurs réalisateurs producteurs
7, avenue de Clichy, 75017 Paris. Tél. : 01 53 42 40 00 ; fax : 01 42 93 57 58.

Association protection des ayants droit
41, rue des Archives, 75004 Paris. Tél. : 01 42 77 64 66.

CFC, Centre français d'exploitation du droit de copie
20, rue des Grands-Augustins, 75006 Paris. Tél. : 01 46 34 67 19 ; fax : 01 46 34 67 19 ; web : www.cfcopies.com

CNL, Centre national du livre
53, rue de Verneuil, 75007 Paris. Tél. : 01 49 54 68 68 ; fax : 01 45 49 10 21.

Copie-France, Société pour le recouvrement de la copie privée audiovisuelle
(Société commune à la SDRM, l'Adami, la Spedidam, la SCPP, la SPPF)
Cité de la Musique, 16 place de la Fontaine-aux-Lions, BP 11 593, 75920 Paris Cedex 19. Tél. : 01 47 15 47 15 ; fax : 01 47 15 49 72.

Eblida, European Bureau for Libraries, Information and Documentation Association
Head Office, P.O. Box 43 300, 2504 AH La Haye, Pays-Bas. Tél. : 31 70 3090608 ; fax : 31 70 3 090 708 ; mél : eblida@nblc.nl ; web : www.eblida.org

FCM, Fonds pour la création musicale
141, rue La Fayette, 75010 Paris. Tél. : 01 48 78 50 60 ; fax : 01 45 96 065 97.

FFCB, Fédération française de coopération entre les bibliothèques
54, boulevard Richard-Lenoir, 75011 Paris. Tél. : 01 43 57 85 02 ; fax : 01 43 57 84 17.

FFEM, Fédération française de l'enseignement musical (ex-FNUCMU)
5, rue Édouard-Nieuport, 92150 Suresnes. Fax : 01 41 38 08 16.

Grita, Groupement informatique et télématique des auteurs (Gestion informatique de la SACD, de l'Adami, de la SCPP)
12, rue Ballu, 75442 Paris Cedex 09. Tél. : 01 44 53 46 00 ; fax : 01 42 81 13 98.

INPI, Institut national de la propriété industrielle
26 bis, rue de Saint-Pétersbourg, 75008 Paris. Tél. : 01 53 04 53 04 ; fax : 01 42 93 59 30 ; web : www.inpi.fr

Ministère de la Culture
Bureau de la propriété littéraire et artistique : 3, rue de Valois, 75001 Paris. Tél. : 01 40 15 80 00 ; fax : 01 40 15 81 72.
Direction du livre et de la lecture, 27 avenue de l'Opéra, 75002 Paris. Tél. : 01 40 15 73 00 ; fax : 01 40 15 74 04 ; Minitel : 3615 Culture ; web : www.culture.fr

Procirep, Société civile des droits de représentation des films cinématographiques
11 bis, rue Jean-Goujon, 75008 Paris. Tél. : 01 53 83 91 91 ; fax : 01 53 83 91 92.

SACD, Société des auteurs et compositeurs dramatiques
11 bis, rue Ballu, 75009 Paris. Tél. : 01 40 23 44 44 ; fax : 01 45 26 74 28 ; web : www.sacd.fr

Sacem, Société des auteurs, compositeurs et éditeurs de musique
225, avenue Charles-de-Gaulle, 92521 Neuilly-sur-Seine Cedex. Tél. : 01 47 15 47 15 ; fax : 01 47 45 12 94 ; web : www.sacem.fr

SDRM, Société pour l'administration du droit de reproduction mécanique des auteurs, compositeurs et éditeurs de musique
225, avenue Charles-de-Gaulle, 92521 Neuilly-sur-Seine Cedex. Tél. : 01 47 15 47 15 ; fax : 01 47 15 49 73.

Scam, Société civile des auteurs multimédia
5, avenue Vélasquez, 75008 Paris. Tél. : 01 56 69 58 58 ; fax : 01 56 69 58 69 ; web : www.scam.fr

Scelf, Société civile de l'édition littéraire française
9, rue Bleue, 75009 Paris. Tél. : 01 53 34 97 10 ; fax : 01 42 46 21 95.

SCPA, Société civile des producteurs associés (société commune à la SCPP et à la SPPF)
159-161, avenue du Général-de-Gaulle, 92200 Neuilly-sur-Seine. Tél. : 01 46 40 10 00 ; fax : 01 46 40 13 17.

SCPP, Société civile des producteurs phonographiques
159, avenue Charles-de-Gaulle, 92200 Neuilly-sur-Seine. Tél. : 01 46 40 10 00 ; fax : 01 46 40 77 82.

Seam, Société des éditeurs et auteurs de musique
175, rue Saint-Honoré, 75001 Paris. Tél. : 01 42 96 89 11 ; fax : 01 42 86 02 83 ; Minitel : 3615 Music Leader.

Sesam, Société du droit d'auteur dans l'univers multimédia
BP 11 593, 16, place de la Fontaine-aux-Lions, 75019 Paris. Tél. : 01 47 15 49 06 ; fax : 01 47 15 49 76 ; mél : ddpv@pobox.oleane.com ; web : www.sesam.org

SGDL, Société des gens de lettres
Hôtel de Massa, 38, rue du Faubourg-Saint-Jacques, 75014 Paris. Tél. : 01 53 10 12 00 ; fax : 01 43 54 92 99 ; web : www.sgdl.org

Snac, Syndicat national des auteurs et compositeurs
80, rue Taitbout, 75009 Paris. Tél. : 01 48 74 96 30 ; fax : 01 42 81 40 21 ; web : www.snac.fr

SNE, Syndicat national de l'édition
115, boulevard Saint-Germain, 75006 Paris. Tél. : 01 44 41 40 50 ; fax : 01 44 41 40 77 ; web : www.snedition.fr

SNEP, Syndicat national de l'édition phonographique
27, rue du docteur-Lancereaux, 75008 Paris. Tél. : 01 44 13 66 66.

Société de l'image
Voir Scam

Sofia, Société française des intérêts des auteurs de l'écrit
Hôtel de Massa, 38, rue du Faubourg-Saint-Jacques, 75014 Paris. Tél. : 01 44 07 15 65 ; fax : 01 44 07 17 88.

Sorecop, Société pour la rémunération de la copie privée sonore (société commune à la SDRM, l'Adami, la Spedidam, la SCPP, la SPPF)
Cité de la Musique, 16 place de la Fontaine-aux-Lions, BP 11 593, 75920 Paris Cedex 19. Tél. : 01 47 15 47 15 ; fax : 01 47 15 49 72.

Spedidam, Société de perception et de distribution des droits des artistes interprètes de la musique et de la danse
16, rue Amélie, 75343 Paris Cedex 07. Tél. : 01 44 18 58 58 ; fax : 01 44 18 58 59.

SPPF, Société civile de perception des droits des producteurs de phonogrammes et/ou vidéogrammes
22-24, rue de Courcelles, 75008 Paris. Tél. : 01 53 77 66 55 ; fax : 01 53 77 66 44.

Spre, Société civile pour la perception de la rémunération équitable de la communication au public des phonogrammes du commerce
128, rue La Boétie, 75008 Paris. Tél. : 01 53 77 21 21 ; fax : 01 53 77 21 22.

Syndicat international pour la protection littéraire et artistique,
dépôt et protection œuvres tous domaines, conseils, assistance juridique, dépôt marques et noms d'artistes
255, rue Saint-Honoré, 75001 Paris. Tél. : 01 4 98 30 06 ; fax : 01 49 81 03 12 ; Minitel : 3615 GAMS.

Unac, Union nationale des auteurs et compositeurs, pour la protection et la défense des droits des auteurs et compositeurs.
2, rue du Général-Lanrezac, 92521 Neuilly sur Seine. Tél. et fax : 01 30 56 51 40.

Unesco, Division du livre et du droit d'auteur
31, rue François Bouvier, 75015 Paris. Tél. : 01 45 68 47 02 ; fax : 01 45 68 55 95.

Index analytique

Les mentions en gras renvoient à un article correspondant du Guide pratique.

COLLECTION BIBLIOTHÈQUES

Sous la direction de Martine POULAIN

Abrégé de la classification décimale de Dewey (nouvelle édition à partir de la XXIe édition intégrale en langue anglaise), par Annie BÉTHERY

Accueillir, orienter, informer. L'organisation des services aux publics dans les bibliothèques, par Bertrand CALENGE

L'Action culturelle en bibliothèque, sous la direction de Viviane CABANNES et Martine POULAIN

Administration et bibliothèques (nouvelle éd. 1996), par Marie-Thérèse JARRIGE, avec la collaboration de Jean PÉCHENART

L'Art d'informatiser une bibliothèque. Guide pratique (2e édition mise à jour et augmentée), par Pierre-Yves DUCHEMIN

La Bibliothèque « hors les murs », par Claudie TABET

Les Bibliothèques dans l'université, sous la direction de Daniel RENOULT

Les Bibliothèques en France, 1991-1997, sous la direction de Dominique AROT

Bibliothèques et documents numériques : concepts, composantes, techniques et enjeux, par Alain JACQUESSON et Alexis RIVIER

Bibliothèques et évaluation, sous la direction d'Anne KUPIEC

Les Bibliothèques municipales, par Anne-Marie BERTRAND

Les Bibliothèques publiques en Europe, sous la direction de Martine POULAIN

Le Catalogage : méthodes et pratiques. I. Monographies et publications en série, par Marie-Renée CAZABON et Isabelle DUSSERT-CARBONE

Choix de vedettes matières à l'intention des bibliothèques (nouvelle édition 1998), par Martine BLANC-MONTMAYEUR et Françoise DANSET

Concevoir, réaliser et organiser une bibliothèque, par Danielle TAESCH-WAHLEN

Conduire une politique documentaire, par Bertrand CALENGE

La Conservation, sous la direction de Jean-Paul ODDOS

Construire une bibliothèque universitaire. De la conception à la réalisation, sous la direction de Marie-Françoise BISBROUCK et Daniel RENOULT

Désherber en bibliothèque. Manuel pratique de révision des collections, par Françoise GAUDET et Claudine LIEBER

Drôles de bibliothèques (2e édition revue et augmentée), par Anne-Marie CHAINTREAU et Renée LEMAÎTRE

Économie et bibliothèques, sous la direction de Jean-Michel SALAÜN

Les Images dans les bibliothèques, par Claude COLLARD, Isabelle GIANNATTASIO et Michel MELOT

L'Informatisation des bibliothèques (nouvelle édition 1996), par Alain JACQUESSON

Jeux et enjeux du livre d'enfance et de jeunesse par Jean PERROT

Lectures, livres et bibliothèques pour enfants, sous la direction de Claude-Anne PARMEGIANI

Lire des livres en France des années 1930 à 2000, par Nicole ROBINE

Lire en France aujourd'hui, sous la direction de Martine POULAIN

Management des bibliothèques. Programmer, organiser, conduire et évaluer la politique documentaire et les services des bibliothèques de service public, par Thierry GIAPPICONI et Pierre CARBONE

Manuel de bibliographie générale (nouvelle édition 1996), par Marie-Hélène PRÉVOTEAU et Jean-Claude UTARD

Marketing des bibliothèques et des centres de documentation, par Jean-Michel SALAÜN

Musique en bibliothèques, sous la direction de Michel SINEUX

Nouvelles Alexandries. Les grands chantiers de bibliothèques dans le monde, sous la direction de Michel MELOT

Ouvrages de référence pour les bibliothèques, sous la direction de Marcelle BEAUDIQUEZ et Annie BÉTHERY

Ouvrages et volumes. Architecture et bibliothèques, par Anne-Marie BERTRAND et Anne KUPIEC

Le Patrimoine. Histoire, pratiques et perspectives, sous la direction de Jean-Paul ODDOS

Les Petites Bibliothèques publiques, par Bertrand CALENGE

Les Politiques d'acquisition, par Bertrand CALENGE

Revues et magazines. Guide des périodiques à l'intention des bibliothèques publiques (4e édition), par Annie BÉTHERY et Jacqueline GASCUEL

Science en bibliothèque, sous la direction de Francis AGOSTINI

Unimarc. Manuel de catalogage (nouvelle édition 1999), par Marie-Renée CAZABON

Les Villes et leurs bibliothèques : légitimer et décider 1945-1985, par Anne-Marie BERTRAND

Votre bâtiment de A à Z : mémento à l'usage des bibliothécaires, par Anne-Marie CHAINTREAU et Jacqueline GASCUEL

Sous la direction de Jacqueline GASCUEL,

Conservateur en Chef honoraire

Le Catalogage : méthodes et pratiques. II. Multimédias, par Marie-Renée CAZABON, Pierre-Yves DUCHEMIN, Isabelle DUSSERT-CARBONE et Françoise MOREAU

Censure et bibliothèques au XXe siècle, par Marie KUHLMANN, Nelly KUNTZMANN et Hélène BELLOUR

L'Édition électronique. Publication assistée par ordinateur. Information en ligne. Médias optiques, par Hervé Le CROSNIER

Les Logithèques, par Joëlle MULLER

Les Ludothèques, par Annie CHIAROTTO

Les Petits Français illustrés, 1860-1940, par Claude-Anne PARMEGIANI

Un espace pour le livre : guide à l'intention de tous ceux qui construisent, aménagent ou rénovent une bibliothèque (2e édition entièrement refondue), par Jacqueline GASCUEL

Photocomposition par PFC (Dole)

Achevé d'imprimer par Corlet, Imprimeur, S.A.
14110 Condé-sur-Noireau (France)
N° d'impression : 46634 — Dépôt légal : Juin 2000